U0873852

新编21世纪
高等职业教育精品教材
经贸类通用系列

客户服务与管理

（第四版）

主　编　王国玲　金宇黎　毕　波
副主编　马朝阳　李朝红　张闻环

KEHU FUWU
YU GUANLI

中国人民大学出版社
·北京·

图书在版编目（CIP）数据

客户服务与管理 / 王国玲，金宇黎，毕波主编 .
4 版 . --北京：中国人民大学出版社，2025.5.
（新编 21 世纪高等职业教育精品教材）. -- ISBN 978-7
-300-33851-4

Ⅰ. F274

中国国家版本馆 CIP 数据核字第 20256VV233 号

新编 21 世纪高等职业教育精品教材 · 经贸类通用系列

客户服务与管理（第四版）

主　编　王国玲　金宇黎　毕　波

副主编　马朝阳　李朝红　张闻环

Kehu Fuwu yu Guanli

出版发行	中国人民大学出版社		
社　　址	北京中关村大街 31 号	**邮政编码**	100080
电　　话	010－62511242（总编室）		010－62511770（质管部）
	010－82501766（邮购部）		010－62514148（门市部）
	010－62511173（发行公司）		010－62515275（盗版举报）
网　　址	http://www.crup.com.cn		
经　　销	新华书店		
印　　刷	北京密兴印刷有限公司	**版　　次**	2015 年 7 月第 1 版
开　　本	787 mm×1092 mm　1/16		2025 年 5 月第 4 版
印　　张	13.25	**印　　次**	2025 年 5 月第 1 次印刷
字　　数	302 000	**定　　价**	45.00 元

第四版前言

PREFACE

"客户服务与管理"是职业院校财经商贸类专业核心课程。本教材积极发挥教材培根铸魂的重要作用，做到知识传授与品德修养教育有机结合并相互促进。本教材以习近平新时代中国特色社会主义思想为指导，全面融入党的二十大精神，在进行相关知识阐述的过程中，始终把提高学生的思想道德素质与专业素养融为一体，培养学生诚实守信、爱岗敬业等优秀品质，并注重遵循职业教育规律，强调培养学生的科学思维和创新精神。

在设计思路上，本教材以现代企业客户服务岗位工作过程为逻辑线索，设计了走进客户服务、客户开发管理、客户沟通管理、客户满意度管理、客户忠诚度管理、客户互动管理、客户保持与客户流失管理、数字化时代客户关系管理、客户服务质量管理九个学习项目。项目的设计均以客户服务岗位不同业务阶段必备的业务知识和服务技能为主线，以精心设计的若干有趣、有用、有挑战性的拓展训练为核心，以大量取自企业客户服务实践的阅读材料和案例为补充，通过实施典型任务，让学习者能够"在学中做，在做中学"，在循序渐进的总结和分享中提升服务素养、改善沟通技巧、创新客户价值，逐步实现客户服务岗位职业角色的转换。

在内容编排上，本教材整合了客户服务与客户关系管理两大内容体系，将枯燥的理论内容整合为项目描述、项目分析、任务分解、任务引入、相关知识、任务实施等模块，让学习者能够真正实现从微观角色定位到宏观视野拓展的跨越。本教材根据职业教育的特点，各学习项目均安排了素养目标、知识目标、能力目标、项目小结、知识应用、在线测评和要点巩固等内容，可帮助学习者更有效地学习。

本教材建议总学时为 56 学时，其中理论教学 26 学时、实践教学 30 学时。

本教材由长春职业技术学院王国玲和毕波、长春师范高等专科学校金宇黎主编，由长春职业技术学院马朝阳和李朝红、长春师范高等专科学校张闻环担任副主编，具体编写分工如下：王国玲编写项目一和项目三，金宇黎编写项目二、项目八，毕波编写项目四和项目九，张闻环编写项目五，李朝红编写项目六，马朝阳编写项目七，夏天竺参与了教学资源的编写，王国玲负责全书的策划和统稿。

本教材在编写过程中参考了大量国内外教材、专著、论文和相关的出版物及网上资料等，虽然参考文献中列出了本教材已参考的主要资料和网站来源，但仍可能有遗漏和标注不完整的地方，在此深表歉意和谢意。同时，对其他参与和支持本教材出版的所有同志表示衷心感谢。限于编者水平，本教材难免有不妥之处，敬请广大读者批评指正。

编者

2025 年 2 月

目 CONTENTS 录

项目一 走进客户服务

素养目标

◎ 培养积极进取、永不言败、客户至上的良好服务意识和强烈的集体荣誉感；
◎ 能够认知忍耐与宽容是优秀客户服务人员的一种美德。

知识目标

◎ 了解服务、客户、客户服务等基本概念；
◎ 了解客户服务的特征；
◎ 熟悉客户服务对企业的影响，掌握客户服务的类型、客服人员应具备的素质。

能力目标

◎ 能够根据客户需求很好地开展客户服务工作；
◎ 能够树立良好的客户服务意识，开展客户服务工作，让客户满意；
◎ 能够在认识自身素质与客服人员素质差距的基础上，撰写个人客户服务素质分析报告。

项目描述

在激烈的市场竞争中，客户服务已经成为企业在市场上面临的重要问题之一。“客户服务是产品的重要组成部分”这个观点越来越被消费者接受和认可，现在同类产品在价格、性能上的差距逐渐缩小，要想突出产品个性化差异，获得消费者的青睐，新颖和完善的客户服务成为企业的制胜法宝，客户服务的差异性形成了产品的差异性，所以客户服务是至关重要的。

项目分析

服务客户就等于帮助自己。近年来，随着经济全球化的发展，越来越多的企业转变了经营观念，以服务客户为中心的理念开始大行其道。许多优秀的企业，尤其是国际著名企业，一方面通过向客户提供更多的、具有更高附加值的产品与更多的增值服务项目让客户满意，另一方面通过与客户缔结战略伙伴关系，帮助客户发掘潜在的市场机会，以此来提升客户的竞争实力，实现双赢。

任务分解

为了更好地帮助读者学习客户服务的相关知识，掌握客户服务的相关技巧，本项目分解为以下两项任务：

任务一　开展客户服务工作

任务二　提升客户服务意识

任务一　开展客户服务工作

任务引入

明年就要毕业的大学生李亮在人才招聘会上发现许多企业都在招聘客户服务代表，为了拓展自己的就业领域、增强自己的就业能力，他决定认真学习客户服务的相关知识。那么，什么是客户服务？如何开展客户服务工作？

相关知识

一、服务概述

（一）服务的含义

服务是一个含义非常模糊的概念，有人认为服务是帮助、是照顾，还有人认为服务是贡献的一种形式。学者们认为服务是一种态度，是一种想把事情做得更好的欲望；客户服务提供者时时站在客户的立场，设身处地地为客户着想，并及时了解与提供客户所需。

任何一个行业都有服务，比如家电企业售出冰箱、电脑，就要提供安装、维修等方面的售后服务，服务型企业根据客户的要求提供个性化服务等。

简单来说，服务就是达到或超越客户的期待。这个定义包含以下三个方面的内容：

首先是客户的期待，也就是客户怎样看待这件事情，是满意还是不满意，这是一种主观上的心理感知。另外，还存在客观上的客户利益需求是否得到了满足。

其次是达到，即满足了客户的客观需求和心理期待。

最后是超越，仅仅达到还不够，还要做到更好，即远远超出客户的期待，令人难忘。

小案例

王永庆的发家之路

王永庆是著名的企业家，他之所以能够取得辉煌的成就，一个重要的原因就是他为客户提供了比别人更多、更卓越的服务。

王永庆15岁时在台南一个小镇的米店做伙计，几乎所有王永庆送过米的客户都会成为米店的回头客。原来，在给客户送米时，王永庆不像其他伙计那样把米放下就走，而是找到米缸，先把里面的陈米倒出来，把米缸擦干净，然后把新米倒进去，再把陈米放在上面，盖上盖子。同时，王永庆还随身携带着两个“法宝”：一把软尺和一个小本子。当给客户送米时，他就用软尺量出米缸的宽度和高度，计算米缸的体积，以了解米缸能装多少米；小本子上则记录了客户的资料，包括人口数、地址、生活习惯、对米的需求和喜好等。晚上，其他伙计入睡后，王永庆依旧挑灯夜战，整理所有的资料，把客户资料转化为服务行动计划，所以经常有客户打开门就看到王永庆正面带微笑地背着一袋米站在门口说：“您家的米快吃完了，给您送来。”这时客户才发现原来家里真的快没有米了。王永庆接着说：“我在这个本子上记着您家吃米的情况，这样您就不需要亲自跑到米店去买米，我们会提前给您送过来。”客户很高兴，并成为米店的忠诚客户。后来，王永庆开始尝试自己开米店，由于他重视服务、善于经营，他的生意越做越大，最后他成了著名的企业家。

服务可以创造利润、创造财富、赢得市场；卓越的、超值的、令人满意的服务，才是企业经营之道；企业通过服务实施差异化策略赢得客户，及时挖掘客户的潜在需求，培养满意、忠诚的客户，才能在激烈的市场竞争中立于不败之地。

（二）服务的层次

根据服务水平，我们通常将服务分为基本的服务、满意的服务、超值的服务和难忘的服务四个层次，如图1-1所示。

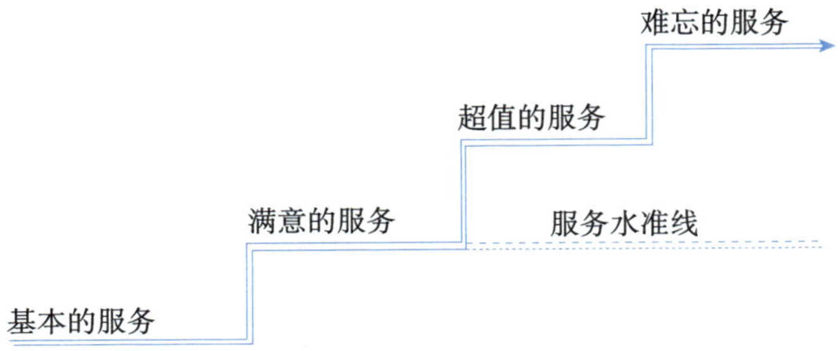

图1-1　服务的四个层次

1. 基本的服务

基本的服务，如顾客在商场里购买了500元的商品，付款后顾客带走商品，商家收到货款，等价交换，互不相欠。这时候顾客的基本物质需求得到了满足，这就是基本的服务。

2. 满意的服务

满意的服务即商家提供态度友善的服务，使客户得到精神方面的满足。如顾客去商场购物，商场的服务人员对顾客殷勤问候、礼貌热情接待、语气和蔼，这就是满意的服务。

3. 超值的服务

超值的服务即具有附加值的服务，指向客户提供超越其心理期待的满意服务。超值的服务一般有售前超值服务、售中超值服务和售后超值服务三类。

4. 难忘的服务

难忘的服务即客户根本没想到的、远远超出其预期的服务。

满意的服务是服务的水准线，因为优质的服务不但要满足客户物质方面的需求，还要满足客户精神方面的需求。

小案例

海尔的服务精髓

海尔的服务创新的确让人眼花缭乱，当许多企业仍在追赶它缔造的星级服务时，海尔的服务创新已经又以加速度开始了新的领跑，如海尔推出“神秘顾客”走进客户家庭为自己的服务“找碴”，海尔的社区服务站接受附近居民的委托为客户照顾放学后暂时无人照管的孩子。为自己的服务“找碴”是一种难得的自省，而客户找一个服务点“暂存孩子”，则体现了他们对海尔的“亲情寄托”，它的背后，是海尔人几十年持之以恒的人性化服务赢得的客户的心。

纵观海尔几十年的服务发展史，对内可以用两个字概括，那就是“找碴”，海尔人不停地为自己的服务“找碴”，这成为其服务创新的原动力；对外也可以用两个字概括，那就是“找乐”，为客户提供购物后的舒心和踏实。“找碴”也好，“找乐”也罢，都源自海尔“真诚到永远”的那份真诚。海尔几十年来在家电领域不断开疆拓土，其“卖产品”的背后是它无时无刻地在“买”，用自己的真诚“买回越来越多的用户”。站在这个角度上看，海尔的服务就不仅仅体现在售后环节。

海尔服务的管理很细，从服务规范、服务礼仪、服务用语、岗位衔接、互动制约到动态考核、政策激励、等级排序、星级升降等，都有明确的规定，甚至已经细化到了怎么敲用户的门。海尔服务的背后是一套庞大而高效的信息化保障系统，有管理学家称之为“闭环式服务体系”。

海尔的服务是什么？如果我们想用一种轻松的视角来解读这种“闭环式服务体系”，不妨看一看以下四个比喻。

服务是海尔产品质量的监测器

海尔每件产品的重要零部件上都有一个编码，服务中一旦发现质量问题可以“一追到底”，精细的售后服务能及时把客户对质量的投诉传递到设计、生产环节……

服务是海尔市场需求的感应器

海尔科研部门的墙上始终贴着这样一句话："用户的难题就是海尔的课题。"这实际上是海尔科研部门贯彻"从群众中来、到群众中去"的写照。"从群众中来"靠的正是海尔庞大的市场服务体系，是其服务介入产前环节的法宝。在海尔服务人员眼里，抱怨的背后是需求，通过信息化工具筛选出的数据足以物化出最受欢迎的产品。因此，海尔人理所当然地会给最终催生出产品的抱怨者"发奖金"。

服务是海尔人际情感的交换器

再回到开头的那个"暂存孩子"的服务，海尔的社区服务站不会势利到只为客户看孩子，因为只要创造了感动，今天的求助者就会变成明天的潜在客户。可见，海尔服务基层创新的小智慧其实也蕴含着朴素的大道理。因此，诟病海尔最终会被庞大的服务成本拖垮的人不会明白，服务其实也在赚，它赚取的是企业的未来。

服务是海尔品牌传播的助推器

通过优质的服务，可以感动一家人甚至形成邻里间的民间舆论场，持续提升服务水平就是努力做大做强舆论引导力，品牌会因此声名远扬，客户的口碑又会为公司设立新的服务标准。用不断创新的服务赢得客户忠诚度，最终将获得令竞争对手望尘莫及的竞争优势。

资料来源：唐树伶，王炎．服务礼仪．2版．北京：北京交通大学出版社，2012.

二、客户概述

在当下的市场中，对企业而言，客户是指对本企业产品和服务有特定需求的群体，包括股东、员工、顾客、合作者、供应商等，它是企业生产经营活动得以维持的根本保证。客户资源是企业生存、发展的战略资源，它的价值体现在"所有客户未来为企业带来的收入之和，扣除产品、服务以及营销的成本，加上满意的客户向其他潜在客户推荐而带来的利润"。

客户是企业销售与服务的主要对象，是销售人员薪金和报酬的来源，是企业的衣食父母。要想成为一名优秀的销售员，就必须了解客户的消费心理，与客户建立长期的合作关系，这样才能源源不断地从客户那里获取价值。

三、客户服务概述

（一）客户服务的含义

客户服务就是企业为客户提供各种各样的服务，不同的人对其含义有着不同的理解。

有人认为，客户服务就是为客户创造价值。它强调的是，企业通过为客户提供优质的服务，使客户获得产品或服务本身以外的辅助服务和尽可能多的便利，减少客户的支出；同时，企业在为客户提供优质的服务时，使客户得到精神上的满足。

有人认为，客户服务是企业为客户提供有偿的技术或智力上的帮助。它强调的是，服务是有价的而不是无偿的。

有人认为，客户服务就是企业致力于使客户满意并继续购买企业产品或服务的一切活动。它强调的是，客户服务必须令客户满意，从而使客户继续购买企业的产品或服务。

有人认为，客户服务就是企业以客户为对象，以产品或服务为依托，以挖掘和开发客户的潜在价值为目标，为客户开展的各项服务活动。它强调的是，客户服务的目标就是挖掘和开发客户的潜在价值，开展客户服务的方式可以是具体服务行为，也可以是信息支持，还可以是价值导向等。

真正的客户服务是一种以客户为导向的价值观。就广义而言，任何能提高客户满意度的内容都属于客户服务的范畴。客户满意度是指客户体会到的他所实际“感知”的待遇和“期望”的待遇之间的差距。

客户服务致力于满足客户的需要，并超越客户的期望。

综上所述，可以概括性地说，客户服务是企业在适当的时间和地点，以适当的方式和价格，为目标客户提供适当的产品或服务，满足客户的适当需求，使企业和客户的价值都得到提升的活动过程。开展客户服务工作必须考虑客户在时间和地点上的便利性；提供的服务必须以客户能接受的方式进行；收取的服务费用必须是客户能接受的、公平的；为客户提供的产品或服务必须能满足客户实际和适当的需要，最终通过为客户提供优质的、令客户满意的服务使企业和客户的价值都得到提升。

小案例

我并非无所不能　但我一定竭尽所能

“买得放心、住得安心”，这句话道出了很多购房者朴素而真实的心声。如何让客户在这个过程中感受到踏实和安全，是中骏一直在思考和探索的。经过三十多年的沉淀和实践，在持续积累交付经验的基础上，中骏聚焦客户体验，针对客户从选房到最终入住所必将经历的 5 个体验场景阶段，以及相应的需求及痛点，设定 5 大“FUN 心”维度和标准——FUN 心选房、FUN 心签约、FUN 心等待、FUN 心收房、FUN 心安居，期望通过每一个环节的标准践行，给予客户最放心的陪伴。

从线上到线下，从“面”上覆盖到“点”上发力，中骏以多渠道沟通平台，持续将“FUN 心”体系深化，让服务触手可及。

也许，在客户眼中，客服人员是一把“万能钥匙”。然而实际上，之所以能为客户排忧解难，是因为客服人员“竭尽所能”给予的“超能力”，去做到最大限度地让客户放心。买房可谓人生大事，在这件事上，大概没有什么比“所见即所得”更令人有安全感了。

资料来源：佚名．我并非无所不能，但我一定竭尽所能．(2021-08-13) [2021-08-08]. http://news.iresearch.cn/yx/2021/08/390818.shtml.

（二）客户服务的特征

企业的客户服务工作贯穿于产品或服务售前、售中和售后的全过程，包括企业向客户提供与产品或服务相关的技术、信息等。客户服务具有以下特征。

1. 双向互动性

一方面，企业和客户服务人员要主动了解和掌握客户的实际需要，在客户没有提出之前主动为客户提供其需要的满意服务；另一方面，在客户主动提出需要服务时，要尽可能地满足客户的需求，令客户满意。

2. 无形性

企业提供的服务贯穿于售前、售中和售后的全过程，它是无形的。但是，客户在获得服务的过程中可以感受到它的存在，客户会通过自身的感受对企业的服务质量进行评价。优质的客户服务能使客户得到精神上的满足。

3. 不可分性

区别于有形产品，服务的提供与接受是同时进行的。服务质量与服务提供者的素质密切相关。

4. 不确定性

服务的不确定性包括两个方面：一方面指客户向企业提出的其所需要的服务项目和程度、时间、地点等具有不确定性；另一方面指企业客户服务人员的服务态度、服务技术水平以及服务人员的调配等方面存在不确定性。服务的不确定性会导致客户产生不安全感，因此，企业一方面要精心选拔和严格培训客户服务人员，增强服务人员的服务意识、服务水准；另一方面，企业要针对客户需求，在时间、地点等方面采取 24 小时服务等措施，消除客户的不安全感。

5. 时效性

服务具有一定的时效性，不可储存、容易消失，必须及时享用，如保修期内的各项服务。企业应该在服务的有效期内，主动为客户提供其应享受的各项服务，从而使客户得到最大限度的满足。

6. 有价性

服务的有价性表现在两个方面：一方面指客户获得的服务是有代价的，包括购买商品、服务时的一次性付出和购买商品、服务后享受各项服务时的费用支出；另一方面指通过为客户提供服务能够提升客户和企业的价值。

7. 独特性

服务的独特性包括两个方面：一方面指不同的企业为客户提供的服务具有不同的特色；另一方面指不同的客户对企业的服务要求具有独特的个性特征。

8. 广泛性

所有的客户在购买商品或服务前、中、后都需要企业为其提供各种各样的服务；所有的企业也都要为其所有客户提供力所能及的服务。

（三）客户服务对企业的影响

目前，市场竞争越来越激烈，越来越残酷，很多企业都非常关注战略问题、成本问题、技术问题、人才问题，但往往忽略了影响企业长期生存和发展的客户服务。事实上，客户才是企业真正的“老板”，如果企业丧失了客户，就失去了生存的基础。企业为客户所提供的优质服务和劣质服务将会对企业产生截然不同的影响。

1. 优质服务对企业的影响

优质服务是最好的企业品牌。经营企业最经济的方式是为客户提供最优质的服务，而客户的推荐会给企业带来更多的客户，在这一点上，企业根本不用花一分钱。这就告诉我们，明智的企业知道如何为本企业树立起良好的口碑。良好的口碑会给企业带来更多的客户，这种口碑不是广告做出来的，而是由客户与客户之间信息的传递带来的。它可以使企业获利，但企业在这一过程中所花费的成本极低。

优质服务是防止客户流失的最佳屏障。现在市场竞争很激烈，客户的忠诚度越来越低，一些小的失误就可能导致客户“叛离”。唯一的“疗法”是以客户为中心，为客户提供最好的服务。只有这样，企业才有可能挽回“叛离”的客户，得到客户的理解。

企业提供优质服务会使95%的客户成为忠诚客户。一般情况下，开发新客户的成本是维护老客户的成本的5～8倍，而1个忠诚客户的价值相当于10次重复购买产品的价值，所以维护老客户至关重要。

优质服务对企业的影响是多方面的，具体如图1-2所示。

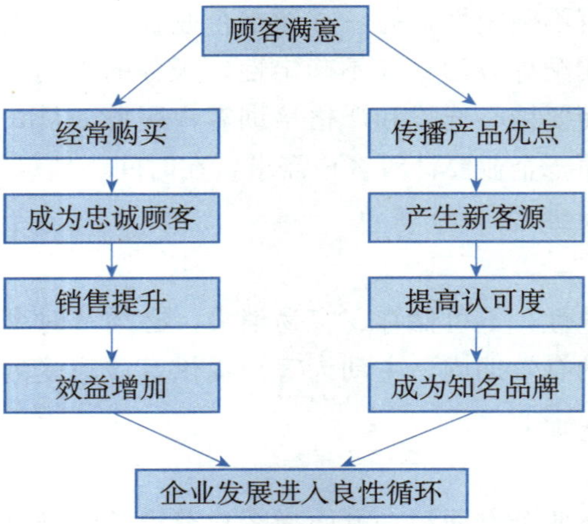

图1-2　优质服务对企业的影响

小案例

走进屈臣氏，能让人感觉到放松和随意，少了人为的叫卖与喋喋不休的推荐，顾客可以在屈臣氏自由消费和选择，顾客完全可以做到“我的地盘我做主”。屈臣氏所有的促销环节都采用温馨提示以及小标牌的方式告知顾客，只为提供优质服务，让店铺真正达到无为而无不为的极致境界。

2. 劣质服务对企业的影响

如果企业提供劣质服务，就会出现大量客户“叛离”，导致大批客户流失，这是一种严重的“传染病”。如果每个客户都把自己对企业的不满和抱怨告诉10个人，这10个人就会把抱怨传播给100个人。一般来说，企业只能听到少数人的抱怨声，大多数的抱怨客户就永远地消失了。劣质服务对企业的影响是多方面的，如图1-3所示。

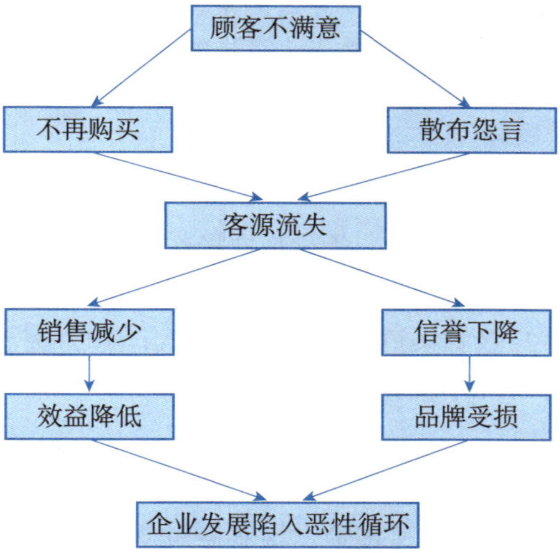

图 1－3　劣质服务对企业的影响

企业之所以会失去客户，是因为企业把利益置于服务之前。服务需要成本，我们不提倡付出大量的成本之后只有少量回报，但是必要的成本必须付出。优质服务可以提高客户的信任度、增加企业的信誉、带来更多的客源，是便宜而有效的广告宣传。口碑对于企业非常重要，很多产品并没有花大力气进行广告宣传，就是凭口碑一点一点地占领市场；有的企业不惜成本，做了很多广告，可是产品销售却不尽如人意，主要是因为产品在消费者中的口碑没有树立起来。

总之，客户对企业的态度，会对企业发展产生重大影响。

小看板

“五步一法”服务体系

“五步”：第一步，认识客户；第二步，了解客户；第三步，帮助客户；第四步，理解客户；第五步，感动客户。

“一法”是指“成就客户”的法则，即“满足客户成功需求”的服务法则。

任务实施

如何开展客户服务工作

在市场竞争日益激烈的今天，客户是每个企业生存和发展的基础。企业必须把客户需求放在首位。

企业开展客户服务必须全员参与才能收到良好的整体效果。具体而言，企业可以尝试从以下五个方面入手开展客户服务工作。

一、树立服务理念，强化服务意识

在全球经济一体化的时代背景下，企业的竞争逐渐转移到对客户的争夺方面，客户服务已经成为决定企业能否实现良好发展的重要因素。企业必须树立“人人都是服务员、行行都是服务业、环环都是服务链，服务是未来市场的利润，服务是树立品牌的捷径，服务是竞争优势的体现”的服务理念。即要想做好客户服务工作，就必须增强客户服务意识。

二、梳理和优化服务流程

企业应以客户满意为导向，梳理、优化现有操作和管理流程。梳理和优化的内容包括：(1) 优化岗位设置、岗位职责、协同工作方式等；(2) 从客户接触点入手，梳理服务作业流程；(3) 整合客户接触渠道和信息传递方式；(4) 完善客户咨询、投诉建议、客户回访、满意度测评等方面的服务标准。

三、完善基础资料

在实施服务前，企业首先要尽可能地掌握服务对象的情况。只有掌握了客户的基本信息，才能做好系统的维护；只有熟悉了客户信息，才能提供有针对性的服务。所以，企业应不断完善客户基础资料和客户档案。比如将客户信息按籍贯、年龄、职业、爱好等进行细分，通过细分可了解客户的结构及变化情况，确定工作的主导方向。

四、建立沟通渠道

良好的沟通是企业与客户建立信任关系的关键。企业通过上门拜访、工作简报、意见征询、座谈会、通知公告、电话等多种方式，与客户进行良好的沟通，了解客户深层次的需求，通过为客户提供服务，与其建立一种长期的信任和互动关系。总之，双方多一分认识就会多一分信任，多一分信任就会多一分理解和配合。

五、密切协作，强化执行

客户服务工作质量很大程度上取决于服务的及时性能否得到保障，及时性反映在执行力上，因此，确保各项工作得到强有力的执行是提高客户服务质量的根本保证。

总之，企业要以客户为导向，加强客户服务意识，从发掘客户需求入手，把握服务的关键点，在与客户直接接触的各个环节中，为客户提供更加主动、贴心、细致、周到的服务，建立更加和谐、融洽的客户关系，赢得客户的信赖。

任务二　提升客户服务意识

任务引入

在经济全球化的今天，第三产业已经成为国民经济发展的主体。李明深知作为一名国内知名服务型企业的客服人员，不仅要具备良好的专业素质和综合素质，而且要树立正确的服务理念，才能与客户建立联系并保持良好的关系，使自己的事业更上一层楼。

相关知识

一、客户服务类型

服务有以下两个特性：一个是程序性，即提供产品和服务有一定的程序；另一个是个体性，即与每个客户打交道时所采用的方法和技巧都不同。根据这两个特性，服务可分为四种类型，即优质型、友好型、生产型和冷淡型。

（一）优质型服务

优质型服务是最卓越的服务。在程序性上，优质型服务表现为办事效率高、解决问题及时；在个体性上，优质型服务表现为态度友好、为客户着想。优质型服务传递给客户的信息是：我们非常关心您，愿意为您服务。

（二）友好型服务

友好型服务的特征是态度很友好，但是解决问题的速度缓慢，即偏向于个体性而忽略了程序性。友好型服务传递给客户的信息是：我们在努力，但是抱歉，我们必须一步一步来。

小案例

客人到饭店就餐，等了很久都没有上菜，于是催服务人员，服务人员的态度很好，笑容可掬地说“马上就到”，但是客人等了10分钟还是没有上菜，再去催，服务人员抱歉地说“不好意思，今天客人比较多，您再等一会儿”，结果又过了10分钟还是没有看到菜的影子。这家饭店服务人员的态度很好，可是上菜的速度太慢了，这就属于典型的友好型服务。

友好型服务有时是一种有效的客户服务方法，尤其是当客户提出一些较高要求时，应当采取友好型服务，保持良好的态度，不与客户争执，但是对于客户过分的要求应坚决拒绝。

（三）生产型服务

生产型服务与友好型服务正好相反，生产型服务解决问题很迅速，但是不注重方式，对客户可能不够尊重。生产型服务传递给客户的信息是：你是一条流水线上的产品，我们在对你进行程序化操作。

小案例

顾客去火车站买票时，售票员的动作挺快，“唰”的一下就把票从窗口扔了出来，既没有说话，脸上也没有笑容，而且显出不耐烦的样子。这就属于典型的生产型服务。

（四）冷淡型服务

冷淡型服务最糟糕，不但态度不好，问题也解决不了。这种服务给客户的感觉就是：我们根本不关心你，不想为你服务。冷淡型服务会伤害客户的感情，给客户留下恶劣的印象，严重的还会造成客户流失，因此要避免和改正这种服务。

二、客户服务意识

意识是人的头脑对客观物质世界的反映，是感觉、思维等各种心理过程的总和。比如，走在大街上，如果听到汽车喇叭声，你会下意识地闪到一边。

客户服务意识是人们从事服务活动的主导思想，反映人们对服务活动的理性认知。它表现为全心全意地站在客户的立场，真心实意地为客户提供帮助，解决客户遇到的问题等。

客户服务人员树立了良好的客户服务意识，可以在工作中发现更多的乐趣，可以轻松地在工作中发掘更多更好的服务方法，可以更轻松愉悦地工作。只有树立良好的客户服务意识，才能更好地实现客户满意，同时不断提升自己的服务水平。

小案例

华为公司的优质服务

华为公司是一家全球知名的科技公司，致力于为客户提供优质的产品和服务。其服务优秀案例有很多，其中一个典型的案例是华为与沙特阿拉伯电信（STC）合作建设 5G 网络的项目。

2019 年，STC 决定在沙特阿拉伯国内首次推出 5G 网络，并选择华为作为其 5G 网络建设的合作伙伴。华为为 STC 提供了全方位的 5G 解决方案，包括基站设备、网络设备、技术支持和服务保障等。

在这个项目中，华为公司展现出了服务优秀的特质，从项目规划到实施阶段，华为团队一直与 STC 紧密合作，充分了解客户需求，并提供了定制化的解决方案。华为的工程师团队深入沙特阿拉伯当地，与 STC 团队合作，共同解决了网络建设中的技术难题，确保了 5G 网络的高效运行。

华为不仅在技术上提供了优质的服务，还在售后服务和维护方面表现卓越。5G 网络正式投入使用后，华为团队还提供了全天候的技术支持，确保网络的稳定性和性能优化。华为团队还为 STC 培训了一批本地工程师，提升了当地的科技人才水平，为当地的科技发展作出积极贡献。

华为在全球范围内还设立了众多的客户服务中心和技术支持中心，为客户提供及时的技术支持和解决方案。华为不断投入研发和创新，为客户提供更加先进和可靠的产品和服务。华为这种以客户为中心的服务理念，使得华为在全球范围内赢得了良好的口碑和信誉，也成为众多客户信赖的合作伙伴。华为将继续秉承以客户为中心的理念，不断提升自身的服务质量，为客户创造更大的价值，助力全球通信行业的发展。

资料来源：华为公司的优秀案例．(2024-01-12)[2024-10-29]．https://wenku.baidu.com/view/2009ff81497302768e9951e79b89680202d86bdb．有改编．

三、客服人员应具备的素质

客服人员是企业与客户之间沟通的桥梁，直接决定着客户服务的质量，也决定着企业的未来发展道路，所以企业对于客服人员的素质有着很高的要求。

（一）心理素质要求

1. “处变不惊”的应变力

所谓应变力，是指对一些突发事件的有效处理能力。作为客户服务人员，每天都会面对不同的客户，很多时候客户会给客户服务人员带来一些挑战。比如说，4S 店有个客户来投诉，他可能喝了一点酒，一进来就砸柜台。这个时候客户服务人员该怎么办？有些客户服务人员可能会被吓得惊慌失措，甚至被吓哭了，而一些非常有经验的客户服务人员就能很稳妥地处理这件事情。这就要求客户服务人员具备一定的应变力，特别是在处理一些恶性投诉事件时，更是要处变不惊。

2. 良好的心理承受能力

客户服务人员经常与客户打交道，难免会遇到一些挫折，比如被客户误解，或被客户迁怒。联想的客户服务人员小张接到客户电话，上门给客户解决问题。因为电脑瘫痪，客户花了大半年时间精心设计的方案及相关资料都没有了。这个客户由于遭到巨大打击，有一肚子怨气，当小张上门服务时，客户就把所有的怨气都发泄到小张身上。电脑瘫痪可能是联想产品的问题，但也可能是因为客户接收电子邮件时感染了病毒，但客户并不考虑这么多，而是把问题都归咎于客户服务人员。很多客户服务人员每天都要面对各种各样客户的误解甚至辱骂，这时就需要客户服务人员有一定的承受能力。更有甚者，客户越过客户服务人员直接向其上级主管投诉。有些投诉可能夸大其词，本来这个客户服务人员没有做得那么差，但到了客户嘴里就变得很差了，恶劣到应该马上被开除。那么，主管事后就会找客户服务人员谈话。因此，客户服务人员需要有良好的心理承受能力。

3. 情绪的自我掌控及调节能力

情绪的自我掌控及调节能力是指什么呢？比如：你每天接待 100 个客户，可能第一个客户就把你臭骂了一顿，你因此心情变得很不好，情绪很低落。但你也不能撂挑子不干了，后边 99 个客户还在等着你。这时候你会不会把第一个客户带给你的不愉快转移给下一个客户呢？这就需要你掌控并调整自己的情绪。一些电话客户服务中心的在线服务人员一天要受理几百个投诉咨询，要对每个人都保持同样的热情，做到这一点容易吗？

答案是非常不容易。因为只要中间有一个环节出了差错，跟客户有了不愉快的口角，客户服务人员就很难用一种特别好的心态去面对后面的客户。因此，优秀的客户服务人员要有情绪的自我掌控及调节能力。

4. 满负荷情感付出的支持能力

满负荷情感付出就是客户服务人员对每一个客户都提供最好的服务，不能有保留。不能说因为今天需要对 100 个人笑，估计笑不了那么长时间，所以一开始要笑得少一点。做客户服务时这样可以吗？不可以。客户服务人员对待第一个客户和对待最后一个客户，需要付出同样饱满的热情。因为这是公司对客户服务人员的要求，只有这样，才能够展现出公司良好的服务形象。对每一个客户而言，他不知道客户服务人员前面已经接了多少个电话，并不理解客户服务人员已经累了，只知道客户服务人员现在接的是他的电话。这种满负荷情感付出的支持能力因人而异，有的人比较弱，有的人比较强。一般来说，客户服务工作做的时间越长，这方面的能力就越强。

5. 积极进取、永不言败的良好心态

积极进取、永不言败的良好心态是指客户服务人员在自己的工作岗位上能够不断地调整自己的心态，遇到困难、遇到各种挫折都不轻言放弃。比如客户凌晨两点钟打来电话，告诉客户服务人员昨天已经谈好的一笔业务取消了，并且没有任何理由。面对这样的挫折，客户服务人员需要拥有良好的心态。

（二）品格素质要求

1. 忍耐与宽容是优秀客户服务人员的一种美德

忍耐与宽容是应对无理客户的法宝，是一种美德。客户服务人员要有包容心，要包容和理解客户。真正的客户服务是根据客户本人的喜好使他满意。客户的性格不同，世界观、人生观、价值观也不同。即使这个客户在生活中不可能成为朋友，但在工作中他是客户，客户服务人员要像对待朋友一样去对待他，因为这就是客户服务人员的工作。客户服务人员要有很强的包容心，包容别人的无理，包容别人的小家子气。因为很多客户就是这样，斤斤计较、蛮不讲理、胡搅蛮缠，什么样的情况都会碰到。

2. 不轻易承诺，承诺了就要做到

对于客户服务人员，很多企业都要求：不轻易承诺，承诺了就要做到。这就要求客户服务人员不要轻易承诺，否则会给工作造成被动。同时，客户服务人员必须注重履行自己的承诺，一旦答应客户，就要尽心尽力做到。

3. 勇于承担责任

客户服务是一个企业的服务窗口，应该包容整个企业给客户带来的所有损失。因此，在客户服务部门，不能说这是别的部门的责任，而要积极面对，妥善解决，勇于承担责任。

4. 拥有博爱之心，真诚对待每一个人

博爱之心是指对周围的人要心存爱心。很多企业在招聘客户服务人员时，都非常重视这一点。

5. 要谦虚地对待客户

谦虚是一种美德。客户服务人员需要掌握一定的专业知识，但一些客户服务人员认为自己掌握的知识和技能较多，客户说的话都是外行话。如果客户服务人员不具备谦虚的美德，在客户面前炫耀自己的专业知识，揭客户的短，就会遭到客户的抛弃，这在客户服务中是很忌讳的，客户服务人员务必注意这一点。

6. 强烈的集体荣誉感

企业客户服务人员需要互相帮助，要有团队精神。人们说某个球队特别有团结精神、特别有凝聚力，就是指球队的每个队员在赛场上不是为自己进球，他所做的一切都是为了全队获胜。作为客户服务人员也是一样，每一位客户服务人员所做的一切，不是为了表现自己，而是为了能把整个企业的客户服务工作做好。这就是团队的集体荣誉感，也是对客户服务人员品格方面的要求。

（三）技能素质要求

1. 良好的语言表达能力

良好的语言表达能力是实现与客户沟通的必要技能和技巧。

2. 丰富的行业知识及经验

丰富的行业知识及经验是解决客户问题的基础。客户服务人员要做到不仅能与客户沟通，而且要成为产品专家，能够解决客户提出的问题。如果客户服务人员不能成为业内人士或专业人才，有些问题可能就解决不了。作为客户，最希望得到的就是客户服务人员的帮助。因此，客户服务人员要具备专业知识和丰富的经验。

3. 熟练的专业技能

熟练的专业技能是客户服务人员开展服务工作的前提。每个企业的客户服务部门和客户服务人员都需要学习和掌握多方面的专业技能。

4. 优雅的形体语言表达技巧

优雅的形体语言表达技巧可以体现客户服务人员的专业素质。优雅的形体语言可以体现一个人的气质，举手投足、说话方式、笑容都会显示出客户服务人员是不是一个专业人士。

5. 思维敏捷，具备对客户心理活动的洞察力

思维敏捷，具备对客户心理活动的洞察力，这是做好客户服务工作的关键所在，客户服务人员需要掌握这方面的技巧。

6. 良好的沟通能力

客户服务人员具备良好的沟通能力，会让自己与客户之间的交流十分顺畅。

7. 专业的客户服务电话接听技巧

专业的客户服务电话接听技巧是客户服务人员的另一项重要技能，客户服务人员必须掌握，尤其要关注怎么接听客户服务电话、怎么提问、怎么回答。

8. 良好的倾听能力

良好的倾听能力是实现与客户沟通的必要保障。

（四）综合素质要求

1. “客户至上”的服务观念

客户服务人员要将“客户至上”的服务观念始终贯穿于客户服务工作的全过程。

2. 独立的工作处理能力

优秀的客户服务人员必须能独当一面，具备独立的工作处理能力。一般来说，企业都要求客户服务人员能够处理客户服务中的棘手问题。

3. 各种问题的分析、解决能力

优秀的客户服务人员不但需要做好客户服务日常工作，还要有分析、解决问题的能力，能够帮助客户分析、解决一些实际问题。

4. 人际关系的协调能力

优秀的客户服务人员要善于协调与同事之间的关系，以达到提高工作效率的目的。人际关系协调能力强，是指在客户服务部门中能和自己的员工、自己的同事协调好关系。同事之间关系紧张、不愉快，会直接影响客户服务工作的效果。

总之，作为一名优秀的客户服务人员，要从心理素质、品格素质、技能素质和综合素质四个方面对自身有一个清楚的认识。客户服务人员只有了解了自己应该具备的素质和技能，才有可能在工作中不断地提升自我，进而做好客户服务工作。

四、企业客户服务存在的问题

随着信息技术的迅速发展，企业越来越重视客户服务，许多企业还在客户服务中采用了一些高科技手段，但总体而言，很多企业的客户服务依然存在不少问题。

（一）硬件的完善不能弥补软件的缺陷

硬件是指为客户提供服务的设施，软件是指客户服务人员的服务技巧，好的硬件设施不等于好的服务。现在很多企业非常重视服务设施建设，但忽视了服务人员的服务意识、服务技巧的提升和良好服务观念的树立。

小案例

从硬件设施来看，某国际机场新建的候机楼比过去的老候机楼好多了，但是服务人员的服务态度和服务技巧没有任何提升，所以给人的感觉非常差。如客服人员提供服务时没有微笑，说话的口气都是命令式的，给人的感觉不是客户服务人员，而是管理人员。因此，仅仅改善硬件是远远不够的，客户服务人员的素质如果得不到有效提升，企业就难以做好客户服务工作。

（二）客户服务人员普遍缺乏服务意识

很多客户服务人员不是站在客户的立场上思考问题，而是站在自己或企业的角度思考问题。当有客户投诉时，客户得到的回答往往是“我们先得分清楚是你的错还是我们的错，再来谈我们是不是应该赔偿你”。这种客户服务人员虽然也会说“您好”“谢谢您光临”，但是给人的感觉却是言不由衷。

（三）企业各部门之间缺乏沟通协调，服务不到位

企业各部门之间缺乏沟通协调导致客户服务效率低下的现象也是普遍存在的，涉及生产部门、财务部门、管理部门等与客户服务部门之间的协调。如客户基本信息和销售信息不能及时归档，查询不方便；无法有效满足客户需求，对客户满意度和诚信度没有衡量的标准；信息共享度和有效利用率低，若相关人员离职，客户信息也会随之丢失等。这些问题都会导致客户抱怨。

（四）企业与客户的沟通渠道不畅

企业与客户的沟通渠道不畅也是低质量客户服务的重要根源：被迫等待服务的时间过长；客服人员缺乏解答问题所需的技能；客户受困于自助服务，无法通过免费电话与客服联系；需要重复说明；无法轻松改变沟通渠道；最差的沟通渠道是网络自助服务，只有5%的人认可这种服务方式。这些因素往往会使客户觉得企业的服务质量差。

（五）客户服务体系不成熟和不健全，缺乏整体性与完整性

在当前激烈竞争的市场环境中，客户服务已经从过去的维修保养等战术层面上升至客户创造价值的战略层面，很多企业尚没有认识到这一点，客户服务工作的重点仍停留在传统战术层面，导致客户流失。

五、客户服务发展新趋势

随着社会的发展与进步，“客户至上”的服务理念已经成为企业立足与成长的根本，客户的服务体验已经不局限于使用企业的产品或服务，而是向科技化、专业化等方向延伸。

（一）客户服务科技化

客户服务部门与客户间的互动沟通日趋明显地依赖于科技手段。因为企业的客户太多了，如果为10万客户同时提供服务，没有高科技手段是不可能实现的。因此，客户服务部门与客户之间的互动沟通，需要借助科技手段。

（1）服务电话答复中心。目前，很多企业的客户服务都是通过答复中心来实现的。客户购买一件产品，会得到这件产品的维修电话。客户有问题可以打电话进行咨询、要求维修或进行投诉，这些都是通过答复中心来完成的。

（2）广播传真。广播传真是通过计算机来实现的针对几万、十几万甚至几十万客户同时进行的客户服务工作。

（3）呼叫中心。目前呼叫中心在我国已普遍使用，它以电话接入为主，为客户提供各种电话响应服务。

（4）声讯邮件、声讯响应系统及受话方付费电话（800）。

（5）视频电话服务。现在网络很发达，提供视频电话服务非常方便，如我们经常使

用的 QQ 聊天工具本身就有视频聊天功能。

（二）客户服务产业日趋专业化

目前，客户服务产业日趋专业化，客户服务外包业务也正在兴起。客户服务外包业务是指企业自己不提供客户服务，而把客户服务工作外包给专业公司来做。

小案例

康佳曾把客户服务工作外包给了深圳的一家企业——瑞讯寻呼。康佳业务量巨大，面对许多客户的咨询、投诉等问题，电话多得没有办法承受，但外包就解决了这一难题。怎么付钱呢？一条电话线一年几万元，连人带线一起租。对瑞讯寻呼来讲，可能有 100 条电话线，有 100 人，它可以将其中的 10 条线、10 个人租给康佳。这 10 个人在接到电话时就说："您好，我是康佳客户服务中心。"这就起到了替康佳做客户服务工作的作用。

（三）客户服务亲情化

随着科学技术和企业管理水平的不断提高，企业的产品、质量、价格、种类等竞争优势已不十分明显，经济的不断发展使顾客的购买能力不断增强，而且顾客正从单纯地追求物质消费转变为更看重、更追求物质消费以外的附加消费及心理感受。这一变化使服务因素已逐渐取代产品质量和价格成为市场竞争的新焦点。亲情化的核心是服务的个性化和精确化，是指以无限的热情，深入地洞察和准确地把握顾客希望的商品或服务的个性，找准顾客，精确而又恰当地介入顾客购买和更新产品的意愿，通过满意的服务实现企业的营销目标。

小案例

四川丹巴："亲情式"服务让八方游客感受家的温暖

记者 3 日从四川省甘孜藏族自治州丹巴县委宣传部获悉，"五一"小长假期间，当地迎来各地众多游客，宾馆酒店、民宿和接待站床位满员，当地用"亲情式"服务让来自远方的游客感受到热情与温暖。

丹巴县提供的统计数据显示，2021 年 5 月 2 日零时至 5 月 3 日 11 时，进入甘孜藏族自治州丹巴县的自驾车辆共计 11 794 辆。其中外地车辆 10 500 辆，游人总量 4 万人次以上，除去过境车辆，住宿缺口压力大。

"全家 10 来个人，上有老下有小，到了丹巴县城，到处都找不到住宿的地方，我们急得像热锅上的蚂蚁。焦急万分之时，咨询服务点工作人员把我们带到了体育馆，给我们一家人免费提供被子、方便面、热水和火腿肠，像亲人一样待我们，真的是特别感动，特别暖心。"说起此次自驾丹巴"美人谷"的经历，重庆游客蒋朝庭很激动。

据了解，为高效应对此次“五一”小长假旅游接待压力，确保广大游客乘兴而来满意而归，丹巴县相关部门及时启动了旅游接待应急预案。不论是领导还是一般工作人员都是游客的服务员，大家向远道而来的客人及时提供关心和照顾，让客人的丹巴之行充满阳光和温暖。绵阳游客罗蓉到丹巴后也有相似经历，对此次旅行，她感慨万千：“都凌晨1点多了，工作人员有的为我们打地铺，有的给我们递上热水，医生还给我们做心理辅导，像这样热情对待游客的情况，我还是第一次遇到。”

此次应急接待服务中，焦点是住宿。为快速有效地解决游客的住宿问题，丹巴县将甲居景区游客中心、县体育馆、县城新区广场（帐篷区）等确定为游客临时安置点，紧急调配800余套棉被、毛毯等物资，安置游客1 000余人。同时，涉旅部门和涉旅乡镇还在县城提供旅游咨询服务、临时安置点，积极做好游客的分流安置工作，免费向游客提供棉被、方便面、热水、纯净水等，组织医护人员现场开展健康咨询、心理疏导等工作，所有值班人员24小时全员在岗在点。

在体育馆接待点，公安、综合执法、市场监管、卫生等部门的工作人员帮助刚到丹巴的游客铺床。“一群平日里十分严肃的执法人员，没想到还有这么温情的一面，丹巴的经历令我永生难忘。”来自成都的游客张琴说。

截至5月3日，丹巴县接待游客量同比增长84%，门票收入同比增长309%，未发生一起旅游安全事故、投诉事件，市场秩序井然。

资料来源：刘忠俊．四川丹巴：“亲情式”服务让八方游客感受家的温暖．(2021-05-04) [2021-08-08]．https：//baijiahao.baidu.com/s?id=1698818735239234888&wfr=spider&for=pc.

(四) 客户服务柔性化

由于服务经营环境迅速变化，企业之间的竞争态势日趋激烈，服务柔性问题开始引起人们的关注。专家普遍认为，成功的服务需要动态地适应需求特性和数量的变化，适应的程度如何就看它在服务运作中融入的柔性有多少。

传统的服务模式更多的是把顾客当作一类人、一个群体和一个细分市场，但在顾客需求多样化的时代，需要把顾客看作独立的需求个体。同时，依靠质量、价格和顾客满意的传统的服务竞争战略也需要变革，需要更加突出不同层次的顾客价值，需要从服务组织内部寻求企业竞争优势等。突出顾客价值和提升服务企业竞争优势的最有效的方法之一，是更加快速地回应顾客，满足顾客的需要——这是在服务领域导入柔性概念的基本出发点。

较早提出“服务柔性化”这一概念的不是学者或者理论家，而是美国芝加哥银行、西北航空公司和许多IT企业，它们率先推出服务柔性能力管理计划。由于这一管理计划更多来自管理实务领域的实践探索，而不是管理学家的推理和演绎，因此，服务柔性至今还没有形成一个公认的理论体系。

服务具有无形性、不稳定性，以及由无形属性所引起的各种独特属性。也就是说，服务产品是无法储存的。譬如，酒店的客房、飞机的座位，如果当班当次没有销售出去，那么它就永远浪费了。此外，在服务提供过程中，服务的消费方必须作为共同的生产者参与服务的生产过程，这也是服务有别于有形产品的独特属性。

任务实施

提升客户服务意识

在资讯异常发达的今天，产品经济时代正在向服务经济时代过渡，“以产品为导向”的企业逐渐向“以客户为导向”转变。如果企业还用老眼光看待客户服务，认为客户服务就是客户购买产品后的售后服务，认为客户服务就是给客户解答问题而已，那就远远跟不上时代发展的步伐了。企业必须意识到，客户是至高无上的，是企业利润的源泉，是企业的经济命脉。因此，企业要更新服务理念，提升客户服务意识。

一、以客户需求为导向

（一）为客户提供更多便利

如今所有的企业都在尽最大努力去优化自身的工作流程，增加更多的附加服务，采取更为灵活的工作方式（如收款、付款、邮寄、咨询等方面），以期提高工作效率，给顾客带来更多的便利，节约客户的时间和成本，从而占有更多的客户资源和更大的市场份额。

（二）对价格的关注

互联网的高速发展与应用，使得现在的人们比以往任何时候都更加容易了解到同一产品和不同厂商的价格以及其他相关情况。通过网络，客户可以在几分钟内知道某一商品的价格及生产厂商的相关情况。

（三）对获取专业信息及时性的需求

现在很多行业都在提供及时定价服务，如金融行业、旅游行业、酒店行业等，如果这些行业不能提供及时、准确的定价信息，客户很可能就流失了，甚至流向企业的竞争对手。企业需要通过各种媒介和信息渠道让客户知道能买到什么、多久能买到或以什么方式进行，如果企业不能及时提供信息，客户就会另寻别处。

（四）对环境的需求

客户对于环境的需求，不一定是高档的装潢、豪华的设施等，这些方面的需求在某些时候是需要的，如五星级酒店。但是我们强调的不是这些硬件条件，而是针对客户具体情况，预测客户对环境的需求，从而给予满足。比如：天气炎热的时候，客户需要一个凉爽的环境；如果购物需要排队或等候，则客户可能需要一把椅子；如果需要用电话进行沟通，客户则希望有一个安静的环境。可见，客户对环境的需求并非只是简单的硬件条件。

（五）对情感上获得理解和认同的需求

我们要做好客户服务工作，最关键的就是要留住客户的心，也就是要满足客户的情感需求。只有满足了客户的情感需求，企业才能真正留住客户。通常情况下，客户都有被赞扬、被同情、被认可、被尊重的情感诉求，客户服务工作也应围绕这些方面精心开展。

为让客户满意，在了解客户需求后，企业应根据客户需求，为客户提供个性化服务。

二、一切为了客户

企业要赢得市场和客户，就必须树立“一切为了客户”的理念。该理念具体包含以下两方面内容。

（一）客户至上

企业要把客户放在企业经营管理与营销战略的第一位，站在客户的立场上研究和开发产品，预先把客户的“不满意”从设计、制造和供应过程中剔除，使客户在心理上对企业产生认同感和归属感，进而产生客户满意的网络群体效应。

（二）客户永远是对的

这是客户满意服务战略的重要表现，它包括三层意思：第一，客户是商品或服务的购买者，不是麻烦的制造者；第二，客户最了解自己的需求、爱好，这也恰恰是企业最需要收集的信息；第三，不要同客户争吵，同一个客户争吵就是同所有客户争吵。

总之，“一切为了客户”要求一切从客户的角度考虑问题，想客户之所想，急客户之所急，重视客户意见，让客户参与决策，不断完善产品服务体系，最大限度地使客户满意。

项目小结

当客户感到企业是在真诚地为他们服务、满足他们的特殊要求时，企业就获得了竞争的优势，这种优势称为服务个性。

企业的客户服务水平越高，就会有越多的客户光顾，就会产生更多的忠实客户，企业也会获得更多的利润。

客户服务产品是无形的，看不见也摸不着，而普通意义上的产品是有形的，看得见也摸得着。在推销服务产品时，客户服务人员只能通过语言描绘，告诉客户购买这个服务产品后，他能得到什么样的服务。所以，企业需要研究如何把无形产品变为有形产品，即通过客户服务人员、服务环境以及各种具体方式，把服务这种无形的产品变成可感知的产品。

知识应用

一、自测题

请回答下列问题：

1. 在企业中，你认为下列哪些部门更重要？请依次排序。

客户服务部、市场营销部、财务管理部、销售部、采购部、研究开发部、人事部

____

____

2. 你认为下列哪些是专业客户服务给企业带来的好处？

带来回头客、扩大市场占有率、降低成本、稳定的客源、口碑比较好、增加销售额、吸引潜在客户

____

____

二、客户服务情景模拟及现场应对分析总结报告

班级：	姓名：	学号：
所属小组：		
1. 情景剧编导设计工作过程描述 编剧设计人员及具体角色分工： 导演组成员具体分工及突出优势： 演员组成员及角色分配： **2. 情景剧情节简述（不需要详尽的对话细节）** 情节 1——被接待的客户： 情节 2——被理解的客户：		

情节 3——被及时帮助的客户：

情节 4——被拒绝的客户：

3. 客户情景表演总结

（1）对客户表演的评价：

（2）对客服应对的评价：

优势细节：

失误或错误细节：

（3）更完善的升级版客服方案描述：

4. 客服情景应对总结

（1）客服应对具体评价：

优势细节：

失误或错误细节：

（2）客户方小组及教师点评中提出的建议和意见：

（3）升级版客服方案描述：

5. 综合感言（300 字以上）

在线测评　　要点巩固

项目二 客户开发管理

素养目标

◎ 培养在工作中精细、务实的服务理念，诚信至上的可贵品质和创新精神；
◎ 能够在开发客户时积极乐观、自我激励，努力提升业绩；
◎ 热爱本职工作，认同本企业文化；严格遵守工作流程，勇于承担责任。

知识目标

◎ 了解客户信息、客户分析、客户开发等基本概念；
◎ 掌握客户开发策略和客户开发技巧，熟悉客户开发流程；
◎ 掌握客户分析的内容，熟悉如何进行客户分级管理。

能力目标

◎ 学会建立客户资料库；
◎ 能够依据客户资料分析客户需求；
◎ 能够根据客户给企业创造的收益大小对客户进行分级管理，并进行客户开发。

项目描述

任何一名优秀的销售人员，都无法使销售区域内的所有人成为自己的客户。因此，销售人员有必要花费更多的时间去开拓新的客户。开拓新客户的第一步是寻找准客户，即销售人员应该明白向谁销售产品、哪些顾客有可能购买自己推销的产品，从而使销售活动有明确的目标与方向，使潜在客户成为现实客户。

项目分析

对于企业而言，客户开发是一项十分重要的工作。企业拥有了客户，就拥有了资本，拥有了成功的希望；如果没有客户，企业就无法实现经营成果的转化。因此，企业应不断寻找并发展新客户。

任务分解

为了更好地帮助读者学习客户开发管理的相关知识，掌握客户开发管理的相关技巧，本项目分解为以下四项任务：

任务一　客户信息管理

任务二　客户分析

任务三　客户分级

任务四　客户开发方法、策略与技巧

任务一　客户信息管理

任务引入

某大型综合企业为了拓展市场，准备进入某一领域，但在没有详细调研市场之前不敢贸然进入该领域。现在董事会需要了解这一领域的客户信息以作为决策依据，并希望两周内能看到调查报告。这项工作交由市场部张航去完成，张航能否利用有效方法获取客户信息，大家拭目以待。

相关知识

一、客户信息的含义

在竞争激烈的市场环境中，企业越来越认识到客户的重要性，客户不仅是企业的资源，而且还是企业的财富，无论是维护老客户还是开发新客户，客户信息管理都是最基础、最重要的工作，很多企业已经把客户信息当成企业的核心资产来管理和维护。

客户信息是指客户喜好、客户细分、客户需求、客户联系方式等关于客户的基本资料。客户信息主要分为描述类信息、行为类信息和关联类信息三种。

小案例

一位销售代表去拜访一位重要客户。由于时间的原因，销售代表不可能多次拜访这个客户，必须在一次拜访中了解客户的资料，迅速与他建立互信的关系并计划下一步行动。

销售代表来到客户的办公室，敲门进去。拜访对象刘主任（采购主管）正在打电话，他示意销售代表坐下来。销售代表坐在沙发上，并利用这段时间仔细观察客户的办公室。这是一间很大的办公室，办公桌靠近窗口，上面堆放了很多资料。办公桌的对面是一个书架，书架上摆满了书籍。办公桌和书架的左边是沙发和茶几，茶几上有很多技术方面的杂志。在门口左边的墙角里有一台放在电脑桌上的台式电脑。沙发离电脑很近，可以看到电脑上有客户下载的股票和围棋的软件图标。

“我来之前就了解到您是技术出身，对计算机非常在行。桌上的这些资料都是很专业的杂志，您一直都在看吗？”

“对，每一期我都会看。”

“您都关心哪些内容呢？”

“我主要看一些产品的动态和一些应用方面的文章。”

“这确实是一个了解行业状况的好方法。我这次从总部过来是专门拜访电信系统的客户的，您已经采购了不少我们的产品，我希望听取您的使用意见。另外，我们也有很好的高端产品，希望利用这次机会了解一下您这方面的需求。您看好吗？”

“好吧。”

半个小时以后，销售代表认为已经可以告一段落了，便说：“刘主任，您书架上的书很多，我能看看吗？”

“好吧。”刘主任离开座位，与他一同来到书架前。

“哦，《资治通鉴》，我正想买一套。《资治通鉴》有很多版本，您的这套是柏杨版的，您觉得怎么样？”

“柏杨版的比较通俗，还不错。”

“您喜欢看哪方面的书？”

“我最近对历史方面的书比较有兴趣。另外我一直在看技术方面的书。”

“我也是。我可以去机房参观一下吗？小李告诉我您的机房的设计是一流的。”

结束拜访回到总部以后，销售代表写了一封信给刘主任，对他的热情接待表示感谢。与信一起寄给客户的还有一套二月河著的《雍正皇帝》和《乾隆皇帝》。另外，经理要求销售代表尽快与刘主任进行一次新产品的技术交流。销售代表也喜欢围棋，便开始约刘主任在联众网上下棋，两人很快成了棋友。

在与客户见面的同时要注意观察客户的表情、办公室的布置、桌子上的物品等一切可以看到的情况，这些资料都可以成为销售的切入口。例如，销售代表看到刘主任有很多技术方面的资料，说明他对技术非常在行，一定会欢迎技术交流之类的活动。当看到客户在读《资治通鉴》，说明他喜欢历史，销售代表可以寄一套类似的书籍给他。客户的电脑里有围棋软件，证明他经常利用休息时间上网下围棋，销售代表可以每天中午在客户经常上的联众网上找他。客户对炒股票有兴趣，销售代表可以请客户与自己在证券公司工作的大学同学一起吃饭。销售代表可以在与客户相处时观察到很多，这些细节会对销售有很大的帮助。

资料来源：营销人员发掘客户资源实战例子．（2022－07－03）［2024－10－29］．https：//wenku.baidu.com/view/5cd74730ecf9aef8941ea76e58fafab068dc4447.html．有改编．

二、获取客户信息的渠道

一般来说，企业在获取客户信息时必须选择合适的信息来源渠道，具体包括直接渠道和间接渠道两种。

（一）直接渠道

1. 在调查中获取客户信息

这是指调查人员通过面谈、问卷调查、电话调查等方法得到第一手的客户资料，也可以指通过仪器观察被调查客户的行为并加以记录而获取的信息。

2. 在营销活动中获取客户信息

比如，广告发布后，潜在客户或者目标客户与企业联系或者打电话，或者剪下优惠券寄回，或者参观企业的展室等，一旦潜在客户或目标客户有所回应，企业就可以把他们的信息添加到客户数据库中。

在与客户的谈判中，客户的经营作风、经营能力及对本企业的态度都会得到体现，谈判中还往往会涉及客户的资本、信用、目前的经营状况等，所以，谈判也是收集客户信息的极好机会。

3. 在服务过程中获取客户信息

为客户提供服务的过程是企业深入了解客户、联系客户、收集客户信息的最佳时机。在服务过程中，客户通常能够直接并且毫不避讳地讲述自己对产品的看法和期望、对服务的评价和要求、对竞争对手的认识，以及其他客户的意愿等，其信息量之大、准确性之高是在其他条件下难以达到的。

4. 在终端收集客户信息

终端是直接接触客户的前沿阵地，企业通过面对面的接触可以收集到客户的第一手资料。但是，终端收集客户信息的难度较大，因为这关系到终端的切身利益，因此要通过相应的激励机制，调动终端的积极性，使终端乐意将客户信息提供给企业。

5. 通过博览会、展销会、洽谈会等方式获取客户信息

博览会、展销会、洽谈会的针对性强且客户群体集中，是收集客户信息的重要场所。

6. 网站和呼叫中心是收集客户信息的新渠道

随着电子商务的开展，客户越来越多地转向通过网站去了解企业的产品或服务，以及即时完成订单等操作。因此，企业可以通过客户访问网站须进行注册的方式，获取客户信息。

此外，客户拨打客服电话时，呼叫中心可自动将客户来电信息记录在客户信息数据库中。在客户订货时，通过询问客户一些基本的送货信息等，也可以建立客户信息数据库。

信息技术及互联网技术的广泛运用，为企业开拓了新的获得客户信息的渠道。同时，由于网站和呼叫中心收集客户信息成本低，因此通过网站、呼叫中心收集客户信息越来

越受到企业的重视，已成为企业收集客户信息的重要渠道。

7. 从客户投诉中收集客户信息

客户投诉也是企业了解客户信息的重要渠道，企业可将客户的投诉意见进行分析整理，同时建立客户投诉档案资料，从而为改进服务、开发新产品提供基础数据。

在以上渠道中，客户与企业接触的主动性越强，客户信息的真实性和价值就越高，如客户呼入电话，包括投诉电话、求助电话或者抱怨时所反馈的客户信息，就比呼叫中心呼出电话得到的客户信息价值高。

同时，客户与企业接触的频率越高，客户信息的质量就越高，如在营业厅或呼叫中心获取的客户资料一般比在展会中得到的客户信息更真实，而且成本较低。

（二）间接渠道

1. 各种媒介

这是指企业从各种公开的媒介中获取客户信息。国内外各种权威性报纸、杂志、图书和国内外各大通讯社、互联网、电视台发布的有关信息，都会涉及客户信息。

2. 市场监督管理部门及驻外机构

市场监督管理部门一般掌握客户的注册情况、资金情况、经营范围、经营历史等，是可靠的信息来源。对国外客户，企业可委托我国驻各国大使馆、领事馆的商务参赞帮助了解客户的资信情况、经营范围、经营能力等，也可以通过我国一些大公司的驻外业务机构来帮助了解上述信息。

3. 国内外金融机构及其分支机构

一般来说，客户均与各种金融机构有业务往来，因此通过金融机构调查客户的信息，尤其是资信状况是比较准确的。

4. 国内外咨询公司及市场研究公司

国内外咨询公司及市场研究公司具有业务范围广、反应速度快、信息准确等优势，可以充分利用这个渠道对指定客户进行全面调查，从而获取客户的相关信息。

5. 从已建立客户数据库的公司租用或购买

小公司由于实力有限或者受其他因素的限制，无力自己去收集客户信息，可通过向已经建立客户数据库的公司租用或者购买来获取客户信息，这往往比自己去收集客户信息的费用要低很多。

6. 其他渠道

企业还可以从战略合作伙伴或者老客户，以及行业协会、商会处获取相关客户信息。另外，企业可以与同行业不具有竞争威胁的企业交换客户信息。

总之，客户信息的收集有许多途径，在具体运用时要根据实际情况灵活选择，有时也可以把不同途径结合在一起综合使用。相对来说，银行、保险公司、电信公司、医院、教育机构、旅游业、航空运输业等最容易在企业内部收集客户信息，因为这些机构和行业在与客户交易的过程中会产生很多客户信息，只要进行加工整理就可以应用。

三、客户信息收集流程

（一）明确调查的问题

（1）初步情况分析。

（2）非正式调查。

（二）确定收集信息的方法

（1）确定调查需要收集什么资料。

（2）确定用什么方法进行调查。

（3）确定由谁提供资料。

（4）确定在什么地方进行调查。

（5）确定在什么时间进行调查。

（6）确定是一次调查还是多次调查。

（三）准备调查所需的表格

（1）客户基本信息调查表。

（2）客户类型调查表。

（3）客户需求调查表。

（4）客户构成调查表。

（5）客户满意度调查表。

（四）确定调查对象

调查方法确定以后，就应确定调查对象。调查对象的代表性会直接影响调查资料的准确性，具体应根据调查的问题及人力、财力、时间等因素确定。

（五）实施调查

实施调查即到现场去收集资料。现场调查工作的好坏直接影响调查结果的正确性。为了做好实地调查，还必须做好现场调查人员的选择和培训工作。要求调查人员既要有工作热情、踏实肯干，又要有较强的语言表达能力和专业知识。

（六）整理分析资料

（1）检查和评定所收集的资料。

（2）将资料分类统计，并制成各种计算表、统计表、统计图。

（3）对调查所得的资料数据和事实情况进行分析并得出结论，进而提出改进建议。

（七）撰写调查报告

调查报告应包括封面、前言、调查目的、情况描述、问题分析、对策或建议、附录等。

四、通过大数据获得精准客户

随着获客成本的日益增加，营销人员需要把目光投向如何对数据进行充分分析并精准利用，以求降低线上线下的获客成本，提升获客质量。大数据环境下，企业可以将收集到的信息进行分类汇总，通过数据运算和分析，找出每个细分市场中不同特点客户的画像，再通过各种营销渠道将广告精准投放给不同的目标受众，进而提高客户转化率。

利用大数据优化客户获取，首先将客户行为映射到市场细分模型中，然后找到生命周期价值更大的客户，而不是只专注于下一次的交易。

（一）将数据转化为参与度

企业利用大量的数据分析，能够找到影响企业营销情况的关键因素。结合数据分析结果，企业能够预测不同情况对营销结果的影响，及时调整营销策略，提升获客质量。

（二）优化不同渠道的策略

企业通过多种渠道与潜在客户进行互动。通过大数据的分析结果，企业能够更清楚地了解不同渠道的获客能力，优化不同渠道的获客策略，提升客户转化率。

（三）提供更合适的报价

相关研究表明，大部分企业 80%的未来收入都来自 20%的现有客户。其原因是：满意度较高的现有客户更容易接受企业的产品或服务，再次转化的可能性为 60%～70%，而通过其他获客渠道转化为客户的可能性仅为 5%～20%。大数据能够帮助企业进行价格优化，为不同的客户提供更合适、更吸引人的价格，可以提升客户黏性，延长客户生命周期，增加企业收入。

（四）评估营销策略

大数据不仅能够帮助企业对用户画像进行详细分类，而且能通过不同的用户旅程来校准用于提升获客能力的渠道或策略。

（五）创建预测模型

通过大数据分析，企业可以创建预测模型，专注于获取更有价值的客户，以节约获客的时间成本。

总而言之，大数据可以帮助企业创造新的增长机会，更加准确地分析客户行为，收集客户偏好；同时，企业通过大数据也能够分析竞争对手的信息。此外，大数据还能够帮助企业优化业务流程。企业可根据社交媒体数据、网站搜索趋势生成预测模型，提升获客效率。

任务实施

如何建立客户资料库

完备的客户资料库是企业的宝贵财富。客户资料库一般包括客户原始记录、统计分析资料、企业投入记录三部分内容。那么如何建立客户资料库呢？

一、掌握获取客户信息的方法

企业可以通过直接购买法、原始记录法、无限连锁法、新增记录法、熟人法、名单寻找法、互利互惠法、报刊名册法、询问记录法、直接访问法、反馈信息法、社会关系法、重复销售法、电子邮件法等多种方法获取客户基本信息。

二、收集个体客户信息

个体客户信息包括个体客户档案内容、教育背景、家庭情况、业务背景、兴趣爱好、个人生活等。

三、收集企业客户信息

企业客户信息通常包括基础资料、客户特征、业务状况、交易现状四个方面的内容。

四、填写客户资料卡或录入客户数据库

收集好客户信息后，要及时将相关信息填写在客户资料卡上。

小资料

企业建立客户档案的好处

（1）系统性了解客户情况：通过客户档案，企业可以系统性地了解客户的具体情况，包括客户的交易习惯和需求，从而更好地为客户提供服务。

（2）方便销售和服务：建立客户档案便于销售人员和客服人员快速查找客户信息，提高工作效率，同时也方便为客户提供个性化的服务。

（3）促进客户关系管理：客户档案有助于企业更好地与客户进行沟通和互动，建立起良好的客户关系，增加客户满意度和忠诚度。

（4）支持决策制定：通过对客户档案的分析，企业可以了解市场需求和趋势，制定更有效的市场营销策略。

（5）提高工作效率：使用客户关系管理系统可以大大提高查询客户档案的效率，并且不受时间和地点的限制。

（6）保障数据安全：客户关系管理系统可以保证企业数据的安全，防止数据丢失或被未经授权的人员访问。

（7）支持规范化管理：客户档案的建立有助于企业实现规范化管理，提高管理效率和质量。

任务二　客户分析

任务引入

张航通过两周的辛勤工作，收集了大量的客户资料并进行了整理建档，但工作

还要继续深入。企业如果想了解不同的客户的具体需求，就必须分析客户消费特征与企业效益的关系，以制定最佳的运营策略；同时，企业还需要通过分析客户资料发现潜在客户，以进一步提升经营效益，使企业得以快速发展。

相关知识

一、客户分析的定义

客户分析就是企业根据各种客户信息和数据了解客户需要，分析客户特征，评估客户价值，从而制订相应的营销策略与资源配置计划。

企业通过合理、系统的客户分析，可以知道不同类型的客户有着不一样的需求；分析客户消费特征与商务效益的关系，可使企业运营策略得到最优的规划，更为重要的是，企业可以借此发现潜在客户，从而进一步扩大商业规模，使企业得以快速发展。

二、客户分析的内容

（一）商业行为分析

商业行为分析是指企业通过客户的资金分布情况、历史交易记录等方面的数据来分析客户的各种状况。商业行为分析主要包括以下四个方面。

1. 产品分布情况分析

分析客户在不同地区、不同时段所购买的不同类型的产品数量，企业可以了解企业产品在各个地区的市场销售状况。

2. 消费者保持力分析

企业通过分析详细的交易数据，细分出企业希望保持的客户，并将这些客户名单发布到各个分支机构，以确保这些客户能够享受到最好的服务和优惠。细分标准可以是单位时间交易次数、交易金额、结账周期等指标。

3. 消费者损失率分析

企业通过分析交易数据，可判断客户是否准备结束商业关系，或正在转向自己的竞争者。消费者损失率分析的目的在于对那些已经结束了交易的客户进行分析，以寻找他们结束交易的原因。

4. 升级/交叉销售分析

企业对那些即将结束交易周期或有良好交易信用的客户，或者有其他需求的客户进行分析，以便于企业识别不同的目标对象。

（二）客户特征分析

1. 客户行为习惯分析

根据客户购买记录评估客户价值，并根据客户价值来对客户进行分类。

2. 客户产品意见分析

根据不同客户对各种产品所提出的各种意见，以及对各种新产品或服务推出时的不同态度来确定客户对产品的接受程度。

（三）客户忠诚度分析

客户忠诚度是基于对企业的信任度、来往频率、服务效果、满意程度以及继续接受同一企业服务可能性的综合评估值，它可根据具体指标进行量化。维护老客户要比寻找新客户更加经济，因此企业应保持与客户之间的不断沟通，维持和增强与客户之间的感情联系。这种巩固客户忠诚度的竞争具有隐蔽性，竞争者几乎看不到企业在策略方面的任何变化。

（四）客户注意力分析

1. 客户意见分析

根据客户所提出的意见类型、意见产品、发生和解决问题的时间、销售代表和区域等指标来识别与分析一定时期内的客户意见，指出哪些问题能够成功解决、哪些问题不能成功解决，并分析其原因。

2. 客户咨询分析

根据客户咨询产品、服务和受理咨询的部门以及发生和解决咨询的时间来分析一定时期内的客户咨询活动，并跟踪这些咨询的处理情况。

3. 客户接触评价

根据企业部门、产品、时间区段来评价一定时期内各个部门主动接触客户的数量，并了解客户是否在每个星期都会收到企业各部门的多种信息。

4. 客户满意度分析与评价

根据产品、区域来识别一定时期内感到满意的20%的客户和感到不满意的20%的客户，并描述这些客户的特征。

（五）客户收益率分析

对每一个客户进行成本和收益分析，判断出哪些是能够为企业带来利润的客户。

企业可以利用收集到的信息，跟踪并分析每一个客户，这样不仅可以知道每一个客户的需求，同时还能观察和分析客户行为对企业收益的影响，优化企业与客户的关系，进而不断提高企业利润。客户服务人员要填写客户分析表（见表2-1），并建档留存。

表2-1　客户分析表

客户名称				国家	
客户联系人		职位		性别	
联系手机		联系电话		联系传真	
邮箱		注册域名		注册人	
客户来源		收到时间		跟进时间	
客户初步分析					

续表

客户性质		是否跟进	是□	否□
领导意见				
后续跟进计划及记录				
跟进次数	跟进时间和方式	跟进内容	是否有回复	下次跟进计划
第一次跟进				
第二次跟进				
第三次跟进				

在客户关系管理（Customer Relationship Management，CRM）中，企业的生产、营销、服务都是围绕客户进行的。客户分析是成功实施 CRM 的关键，可帮助企业最大限度地提高客户满意度，同时降低企业的运作成本，提高企业的运作效率。

任务实施

如何了解客户需求并做好分析

客户通常有两种需求：一种是能明确说出的需求，可称为“有声的需求”；另一种是没有说出来的需求，可称为“沉默的需求”。通常情况下，有声的需求是任何一个行业中大多数企业都试图满足的需求，了解这种需求并不困难，困难的是识别客户沉默的需求。很多时候，某些企业之所以能够领先一步，就在于它了解到了客户的沉默的需求。

一、把定期调研变为随机调研

为什么产品功能与客户的需求总是不一致呢？是不是要对客户的每一个需求都要满足？如何把握客户需求层次以更好地满足客户需求？

每当出现这些问题时，就会有人说：需求的前期调研不足。其实，客户需求不是仅仅通过调研就能够了解的。单凭几百个样本并不能够完全了解客户的核心需求，即了解客户需求不能仅仅依靠市场调研这种方式，而是需要随时随地关注客户需求。例如：行业变化会产生客户需求，日常的销售反馈就是客户需求，客户的抱怨也是需求，售后服务人员的电话记录单中也有客户需求。实际上，无论是在市场之内还是在市场之外，客户都在不断地表达着自己的需求。因此，企业只有时刻保持对客户的关注，才能真正做到充分了解客户需求。

二、不提产品只问问题

有一个经典的商业案例：某公司从通用电气公司购买了价值 50 万美元的办公用计算

机。通用电气并不制造计算机，那么这家公司为什么不直接从制造商那里购买计算机呢？答案是：制造商只卖计算机，这种产品很多厂家都能生产。而通用电气不仅向这家公司出售计算机，还提供定制方案、附件、服务和融资。这家公司与其客户的联系是通过电子方式进行的，公司需要计算机来支持对其客户的服务，而融资提供了资金的来源，使企业能够更好地统筹收入和支出，进行一项为期三年的技术改造。通用电气看到了这一系列需求，满足了客户的需要，为客户提供了解决方案。

可能很多人会说，通用电气有实力做到这些。但请注意，这里重要的是通用电气了解到了客户需求，才可能去实现。通常情况下，客户并不十分清楚或不能清晰地表述自己的问题或需求。因此，在没有完整、清楚地把握客户的需求之前，即使将全球最好的产品和服务推荐给客户也无济于事。总之，谁能帮助客户真正解决问题，向客户提供便利，谁才能赢得客户。要站在客户的立场去了解需求，要分配更多的时间去关注客户，并能与客户“换位思考”。例如：回想一下在上个月中花了多少时间与你的 5 位最重要的客户在一起；与他们的交谈仅仅是礼貌性的寒暄，还是关于客户最重要需求的实质性讨论。

假设你是你的 5 个最重要客户中某一家企业的首席执行官，试着问自己几个问题：

——你的总体目标是什么？

——什么是你最关心的事情？

——为了实现自己的目标，供应商应该怎么做？目前的供应商是否符合你的要求？为什么？

企业只有从实际出发，以客户为本，才能真正实现对客户需求的了解。

一名营销人员在联络一位重要客户前，可以先通过 CRM 系统了解这个客户的全部情况，包括该客户以前的购买情况、资信状况、应用需求、谁是决策人、公司内部哪些人与本企业联络过、出现过哪些问题、是如何解决的等诸多信息。如果不借助这个系统，这些信息是根本不可能了解到的。

任务三　客户分级

任务引入

企业通常按照客户价值来区别对待客户，对高价值的客户提供高价值的服务，对低价值的客户提供一般的服务。此外，企业还将客户分为长期客户和临时客户，对长期客户采用优惠策略，对临时客户则主要进行宣传服务。对客户进行分类有利于企业针对不同类型的客户进行客户分析，分别制定客户服务策略。

相关知识

一、客户分级

客户分级是企业综合考虑客户对企业的不同价值和重要程度等各种因素，将客户区分为不同的层级，从而使企业能够高效地分配资源，创造更大的效益。

二、客户分级管理

客户分级管理就是根据客户对企业的贡献率等指标进行多角度衡量与分级，最终按一定的比例进行加权。根据分类标准对企业客户信息进行分类处理，在同类客户中根据销售信息进行统计分析，发现共同点，开展交叉销售，做到在客户下订单前就能了解客户需要，从而有针对性地进行商品推荐，实现精准营销。

三、为什么要对客户进行分级

市场是不均衡的，每个客户能带给企业的收益也是不均衡的。客户分级有助于对客户的消费行为进行分析，也有助于对客户的消费心理进行分析。企业可以对不同行为模式的客户提供不同的产品内容，对不同消费心理的客户运用不同的促销手段。客户分类是客户分析的基础，对分类后的数据进行有针对性的挖掘，可以得到更有意义的结果。

（一）不同的客户带来的价值不同

比如：16%的家庭消费了蛋糕总量的62%，17%的家庭购买了79%的速溶咖啡。

美国大通银行将其所有的客户分为五级，具体如下：

（1）蓝色客户：每年能为银行提供500万美元的综合收益或300万美元的中间业务价值。

（2）绿色客户：每年能为银行提供300万美元的综合收益或100万美元的中间业务价值。

（3）红色客户：需求比较单一，能给银行带来的利润较少，但却是银行的忠诚客户。

（4）转移客户：需求复杂，却不能给银行带来很多利润。

（5）清退客户：基本上不能给银行带来利润。

（二）不同的客户有不同的需求，企业应分别满足

客户个性化、多样化、差异化的需求决定了企业应提供个性化、定制化的产品或服务，即每个客户的需求不同，其对企业的预期也会有所差别。

（三）客户分级是有效进行客户沟通、提高客户满意度的前提

有效的客户沟通是指企业应对不同的客户采取不同的沟通策略，如客户的重要性和价值不同，就应当根据客户的重要性和价值差异采取不同的沟通策略。提高客户满意度也要根据客户的不同需求采取不同的策略，因为不同客户的满意标准是不一样的。

小案例

W 公司为一家医疗器械销售公司，年销售收入约 5 000 万元，客户数量约 500 家，其中三年以上长期客户约 450 家，前 100 家大客户销售收入占公司销售收入的 80%以上。W 公司将销售规模前 100 的客户定义为重点客户。该公司应收账款的规模大约为 1 200 万元，从 2024 年年底应收账款情况看，欠款前 100 名的客户的应收账款金额约为 800 万元。但这 100 家客户并不都是重点客户，欠款大户与重点客户的重合度为 80 家，这 80 家客户的应收账款额为 350 万元。可以看出，W 公司应收账款的管控并不合理，非重点客户占用了公司过多的资源。

依据上年度 500 家客户销售回款率的高低，W 公司将客户划分为 A、B、C、D 四类。例如，根据 2024 年对客户销售额等相关数据，计算出每个客户的销售回款率。回款率在 100%以上的重点客户为 A 类客户；回款率在 100%以上的非重点客户（计为 B1）或回款率在 90%～100%的重点客户（计为 B2）为 B 类客户；回款率在 80%～90%的为 C 类客户；回款率低于 80%的客户为 D 类客户（其中重点客户以 D2 列示），D 类客户不予赊销；新增客户视同 D 类客户管理。

在实际工作中，公司需要根据客户的经营状况、财务状况、信誉、业务往来等信息建立客户档案，综合评定资信等级。通过不断完善客户档案，W 公司实现了对客户的动态管理。

四、如何对客户进行分级

莎士比亚说过："闪光的不一定都是金子。"同样，客户也不一定都是有价值的。一项研究表明，企业在客户开发工作上，平均有 38%的潜在客户白白浪费了企业的时间和精力，最终企业还是放弃了这些客户。所以企业须做好客户分级管理，区别对待，以实现绩效最大化。

对客户进行恰当分类，不仅可以对不同的客户提供合适的服务，而且也是有效制定客户服务策略、综合衡量客户目前价值和未来价值的一种有战略意义的做法。根据客户的目前价值和未来价值，客户可分以下几种类型。

（一）重要客户

重要客户是客户金字塔最高层的客户，是能够给企业带来最大价值的前 1%的客户。重要客户对企业忠诚，是企业客户资源中最稳定的部分，他们为企业创造了绝大部分和长期的利润，而企业则只需支付较低的服务成本；他们对价格不敏感，也乐意试用新产品，还可帮助企业介绍潜在客户，为企业节省了开发新客户的成本；他们不但在当前有很高的价值，而且具有巨大的增值潜力，未来在增量销售、交叉销售等方面仍有潜力可挖。

（二）主要客户

主要客户是客户金字塔中次高层的客户，是除重要客户以外能给企业带来较大价值的客户。主要客户也许是企业产品或者服务的大量使用者，也许是中度使用者，但是他们对价格的敏感度比较高，因而为企业创造的利润和价值没有重要客户那么高；他们也没有重要客户那么忠诚，为了降低风险，他们会同时与多家同类型的企业保持交易关系；他们也在真诚、积极地为本企业介绍新客户，但在增量销售、交叉销售方面已经没有多少潜力可挖了。

（三）普通客户

普通客户是客户金字塔中处于第三层的客户，是除重要客户与主要客户之外的、为企业创造价值的客户。普通客户的数量较多，但他们的购买力、忠诚度、能够带来的价值却远低于重要客户与主要客户。

（四）小客户

小客户是客户金字塔中最底层的客户，是指除了上述三种客户之外的客户。小客户既包含了利润低的“小客户”，也包含了信用低的“劣质客户”。这类客户是最没有吸引力的一类客户。他们的购买量不多，忠诚度也很低，偶尔购买，却经常延期付款甚至不付款；他们还经常提出苛刻的服务要求，能为企业带来的利润极少却又消耗企业的资源；有时他们还是问题客户，会向他人抱怨，破坏企业的形象。

任务实施

如何实现对客户的分级管理

一、对关键客户的管理方法

重要客户和主要客户构成了企业的关键客户，它们是企业的核心客户。关键客户可为企业创造 80%的利润，只有维持与关键客户的关系才能保证企业持续发展。关键客户管理是企业对未来业务的一种投资。关键客户管理的目标是提高关键客户的忠诚度，并且在“保持关系”的基础上提升关键客户给企业带来的价值。为此，企业要做好以下三个方面工作。

（一）成立关键客户服务机构

为关键客户提供服务的专门机构负责联系关键客户，为企业高层提供准确的关键客户信息，利用客户数据库分析每个关键客户的交易历史，关注关键客户的需求和采购情况，及时与关键客户就市场趋势、合理的库存量进行沟通，以强化对关键客户的跟踪管理。

（二）集中优势资源服务于关键客户

关键客户服务机构要为 20%的客户花费 80%的努力，要准确预测关键客户的需求，领先一步提供能为其带来最大效益的全套方案。同时增加关键客户的财务利益，创建关键客户服务通道。

（三）通过沟通和感情交流，密切关注双方的关系

关键客户服务机构要有目的、有计划地拜访关键客户，经常性地征求关键客户的意见，及时、有效地处理关键客户的投诉或者抱怨，充分利用包括网络在内的各种手段同

关键客户建立快速、双向的沟通渠道，增进与关键客户的感情交流。

二、对普通客户的管理方法

（一）针对有提升潜力的普通客户，努力将其培养成关键客户

企业要想从普通客户那里获得更多价值，就要设计鼓励普通客户消费的项目；根据普通客户的需要扩充相关产品线，或者为普通客户提供“一条龙”服务；鼓励现有客户购买价值更高的产品或服务。

（二）针对没有升级潜力的普通客户，可减少服务，以降低成本

企业针对没有升级潜力的普通客户，可以采取“维持”战略，在人力、财力、物力等方面不断降低投入，甚至减少促销努力，以降低交易成本；可以要求普通客户现款支付甚至提前支付；可以减少对普通客户的服务时间、服务项目、服务内容，或对普通客户只提供普通档次的产品或一般性的服务，或不提供任何附加服务。

三、对小客户的管理方法

对于低价值的小客户，有些企业的做法有两种：一种是坚决剔除，不再与这些小客户联系和交易；另一种是坚决保留，无论小客户多么难缠、价值多么微小，都不遗余力地与其保持关系。这两种做法都是错误的。

（一）判断有没有升级的可能

企业对小客户要采取科学的评判方法，如果有升级的可能，企业应帮助其成长；如果没有升级的可能，就要考虑将其淘汰。

（二）要考虑开发客户的成本

企业开发一个新客户的成本要远远高于维持一个老客户的成本，所以要考虑开发新客户的成本问题。

（三）有礼节地淘汰

对于企业要淘汰的客户，一定要注意礼节，不要引起客户投诉，这样会影响企业在客户心目中的形象。

任务四　客户开发方法、策略与技巧

任务引入

张明刚进入市场部工作，他发现开发客户、寻找潜在客户并不是一件容易的事。他深深意识到客户越来越明白如何满足自己的需要和维护自己的利益，因此他认为在开发客户时要采取一定的策略和技巧。

相关知识

开发客户是企业实施客户服务与管理的第一步。在竞争激烈的市场中，能否通过有效的方法获取客户资源是企业经营成败的关键。

一、客户开发方法

客户开发为企业提供了一个增进客户关系、提高客户资产的机会，但也同样会给企业带来增加成本、损害信誉的潜在危机，所以做客户开发工作时一定要小心谨慎，要将客户开发工作建立在科学、定量分析的基础之上，不能仅凭经验或直觉盲目决策。

常用的客户开发方法有以下类型。

（一）线上平台类

1. 公众网络推广

利用商业网站、行业协会网站、商会网站、专业网站、区域网站、展会网站及区域组织网站等进行客户开发。

2. 自媒体推广

利用微博、即时聊天工具、视频网站等自媒体进行客户开发。

3. 自主开发

通过海关数据、各种平台渠道获取客户信息等。

（二）线下平台类

1. 电话拜访

通过网络电话、语音软件、普通电话等方式直接沟通，运用谈话技巧开展客户开发工作。

2. 短信发送

利用短信软件、电信公司软件和网页等，介绍公司产品或发布能够引起客户兴趣的信息。

3. 关联合作单位

与同行业的公司或个人、相关联的组织机构（协会、会展公司）等共享或交换区域信息，合作开发客户。

（三）直面互动类

1. 搜索式拜访

针对前期调研的某一特定区域进行地毯式拜访，达到挖掘客户的目的。

2. 目的式拜访

经过调查和分析后，对某一个或某一些客户有了较为深入的了解后，进行专门拜访，达成合作意向或成交。

3. 展会会议

举办或参加产品展会、贸易洽谈会、产品推介会等，宣传自己的产品和公司理念，进行客户开发。

(四) 连锁效应类

1. 转介绍

通过维护好老客户，以达到宣传和介绍其他需求客户的目的。

2. 二次开发

通过对老客户市场区域的发展预判，推荐扩大客户需求，达到二次拓展开发效果。

3. 分析拓展

根据现有客户信息，调查分析上下游关系网，从而找到更有价值的客户。

二、客户开发策略

(一) 两步走策略

两步走策略指的是对于那些刚进入某行业的制造商，在渠道成员的选择上，不必固守一步到位的原则，而是分两步走：第一步，在渠道建立初期，可接受与一些低层次分销成员的合作；第二步，待到时机成熟，即产品和服务在市场上逐步树立起品牌后，逐渐淘汰低层次的分销成员。

(二) 亦步亦趋策略

亦步亦趋策略指的是制造商可与某个参照公司的分销成员合作。参照公司多为该公司的竞争者或该行业的市场领先者，例如，饮料行业中的可口可乐。首先，渠道起着“物以类聚”的作用，即可将同类产品聚集起来销售以更好地满足消费者的需求；其次，行业中的市场领先者通常是渠道网络中的领先者，其网络中的分销成员必定有丰富的经验和良好的判断能力。

(三) 逆向拉动策略

逆向拉动策略指的是通过刺激消费者，由消费者开始，拉动整个渠道的选择和建立。一般来讲，拥有差异化竞争力产品的厂家适合采取这一策略。

总之，客户开发策略的制定和选择需要根据竞争品牌情况、企业自身资源状况而定。

三、客户开发技巧

现在很多销售人员在拜访客户时很盲目，见了面不知道该说什么、该怎么说，只是简单地介绍自己，然后就极力向客户推销产品，被客户拒绝后，便只能灰溜溜地走了，灰心丧气之下，拜访下一家也就没有激情了。今天这样，明天还是如此，日复一日，没有业绩，便想着改行，结果在其他行业中也做得不尽如人意，最后还是弄不明白为什么现在的客户这么难开发。其实不是没有市场，也不是没有客户，关键是做销售的人是否是合格的销售员、是否掌握了客户开发技巧。如果能够多思考，善于学习别人成功的方法，善于行动，善于总结，那么开发客户就会变得很轻松。

（一）以专业取信于客户

销售人员在拜访客户之前，要充分了解客户的情况和行业情况。比如，对于客户的实力、客户的销售情况、客户的人际关系、客户的性格等，要尽可能多地了解。在与客户洽谈时，销售人员更要时刻彰显自己的专业水平，包括自己公司的介绍、公司产品的介绍、公司产品特点的介绍、竞争对手产品的介绍、行业分析、产品的价格政策、促销活动、品牌宣传、供货方式、结账方式等，要能很熟练地说出，不能吞吞吐吐，让客户觉得你不专业。当然，对于客户所提出的条件也要灵活应对，自己答复不了的不要当场表态，可承诺在下次拜访时再详细回复。

（二）以利益打动客户

销售人员具备专业水平可以博得客户信任，但这只是推销的第一步。客户相信了销售人员所推广的产品，也不一定会与公司合作，因为客户关注的还有利益问题。所以，在向客户推销产品时，销售人员不要极力地把产品展示给客户，或者一直说产品或者服务如何如何好，这样是打动不了客户的，客户所关注的是产品与服务能给自己带来什么，或者与别的产品相比有什么优势。销售人员要“投其所好”，向客户解释合作带来的利润，以及给客户提供的发展机会，从而引起客户的兴趣，让洽谈能够顺利地进行下去。另外，销售人员还可以通过案例说服法打动客户，比如介绍某经销商销售该产品，带来了较好的利润，从而为签单做铺垫。

（三）以态度感染客户

销售人员与客户洽谈要做好心理准备，即使受到挫折，信念和精神也不能垮，这一点很重要。销售人员要始终保持积极向上的心态，不要把不良情绪带给客户，要有激情与活力，要在客户面前展示自己博大的胸襟和坚定的态度与意志，让客户即使拒绝商业上的合作，也不会拒绝你这个朋友。销售人员要转变观念，销售人员不是去乞求客户，而是平等地与客户谈判，是追求双赢。如果能抱着这种想法去洽谈，那么即使洽谈不成功，也没有什么可懊恼的。销售人员要展示自己的个人魅力，展示自己的精神面貌，用积极的态度去感染客户，最终达成交易。

（四）以情感感动客户

人都是有感情的，有些客户可能在开始时不太容易沟通，但销售人员坚持下来或许就能感动客户。客户可能不仅在比较产品，更是在考察销售人员的人品，所以要学会用情感去感动客户。销售人员可以经常给客户发信息、打电话，节日送上祝福，生日送点礼物等，让客户先成为自己的朋友，然后再谈合作。

（五）以行动说服客户

销售人员不仅要感动客户，更要落实到行动上，不要只想着让客户进货，还要想办法帮助客户销售。如帮助客户整理库存，或者帮助客户摆放产品，还可以帮助客户张贴海报，帮助客户策划促销活动等。销售人员不要认为这些小事与自己的产品没有关系，其实不然，很可能自己的一个举动就会感动客户，客户就会乐意与销售人员合作。在很多业务员的观念里，认为把客户的钱拿到手里就是最终目标，其实这是最初级的销售，做业务要站在客户的角度去考虑，为客户服务，通过把自己的真诚传递给客户，让客户感觉到企业不是在卖产品而是在交朋友，这样成交的概率就很高。

在做业务的过程中，销售人员要把经销商当成朋友看待，要去帮助经销商，而不是只求回款，因为只有经销商的货到了消费者的手中，经销商才会不断地进货。如果只顾回款而不管经销商的销售和库存，那么最终受损的还是企业的利益。

（六）用心成就客户

作为一名销售人员，要将心比心，真心付出，用心思考，善于总结，真诚地为客户服务，真正地帮助客户实现销售与发展的目标。

任务实施

如何进行客户开发

企业在确定客户开发战略后，就要安排销售人员去实施。销售人员一般都需要经过以下几个步骤来完成客户开发工作。

一、扫街调查

（一）扫街前的准备工作

（1）对被调查客户的区域市场做初步了解，了解其经济发展状况、人文地理、当地市场所在位置等。

（2）制订调查计划，拟定拜访路线，并对所有潜在客户一一拜访，避免遗漏。

（3）准备拜访所需的物品，如企业介绍资料、产品展示资料、名片等。

（二）扫街调查的主要内容

（1）在经营环境方面，应侧重了解本地市场的规模、客户的分布特点。

（2）在渠道与经销商层面上，除了解老板的自身素质、经营作风和理念外，还应重点调查经销商所处的地理位置、经营面积、经营历史、经营状况；店面员工的素质与数量、店面布置、管理水平、经营模式、分销能力、产品种类、主推品牌及销量情况等。

（3）在竞争对手方面，要了解主要竞争对手的销售政策、品种组合情况、渠道分布与管理情况、占有密度、批零价格、展示及促销办法。

（4）在消费者层面，主要通过客户公司负责人或促销导购人员了解消费者购买产品时考虑的要素以及要素排序，了解高、中、低档消费层次所占的比重等。

（三）扫街调查记录

（1）对每个拜访过的客户，都要填写《××客户调查表》，并将调查结果进行汇总和分析，完成《客户扫街日报表》，每周填写《客户调查阶段（周）总结表》。

（2）客户调查表要妥善保管，一次很可能无法收集所有要了解的信息，需要 2～3 次拜访才能填全。

（3）调查记录作为未来该区域市场管理的基础资料，应及时汇总、建档，由区域办事处存档后报公司备案。

（四）扫街调查工作开展方式

（1）调查方式以观察和询问为主。通过仔细观察，销售人员可以了解本区域市场渠道的总体布局、客流量、经销商的整体印象等；询问方法包括间接的、直接的、侧面的和变换不同身份的询问。

（2）调查过程中要注意资料的收集与汇总，同时对调查了解的资料要在调查小组或区域办事处内部进行分析、讨论。一般情况是白天出去调查，当天晚上讨论。

二、识别目标客户

客户选择和培养的关键点是基于长远的战略考虑，而不追求短期的销量。销售人员在扫街过程中，对渠道的关注主要有两点：一是客户是否符合公司发展要求；二是客户是否有合作意向。

符合公司发展要求的客户，可以归结为以下两点：

（1）有相同或相近的经营理念。比如：赞同公司的营销思想，有一定的营销理念；对行业变化比较关注、注重诚信等。

（2）有较强的实力或发展潜力。在拜访过程中，销售人员要通过观察和沟通判断该客户的实力。公司要想有长远的发展，必须有一批有实力的客户形成公司的营销网络。

对于有意向的客户，可以根据以上两点，对该客户是属于公司的核心经销商还是属于一般经销商或者分销商作出初步判断，并在下一步的沟通中逐步确认。

三、访问目标客户

（一）制订访问计划

客户经理根据以上目标客户的基本信息，对目标客户进行初步价值判断，并据此确定访问方式，制订相应的访问计划。

根据目标客户的特点、需求和销售经理对目标客户的初步价值判断确定访问方式，对于规模较大、对企业产品需求量大、能力较强的目标客户，要采用多次分级访问的办法。第一次由销售经理访问，一般来说不可能马上成交；第二次由销售经理的上级经理访问或者采用联合访问的方式。

访问计划的内容包括以下方面：

（1）参加访问的人员及分工。

（2）访问的时机。

（3）访问的方式。

（4）需要向目标客户了解的信息。

（5）拟向目标客户介绍的情况和提供的宣传材料。

（6）目标客户可能会提出的问题及如何解答问题的设计。

（二）预约访问

预约访问主要采用电话、传真、电子邮件或微信等方式。预约主要确定以下内容：

（1）选择合适的人。

（2）选择恰当的时间。

（3）选择合适的地点。

（4）选择重点的访问内容。

（三）访问的程序

一般来说，对目标客户的初次访问按照以下程序展开：

（1）通过寒暄营造融洽气氛。

（2）相互介绍，交换名片。

（3）相互介绍基本情况。

（4）提出问题，探讨合作。

（5）就双方下一步的合作作出安排。

（6）交换材料。

（四）访问过程中应注意的问题

（1）不要指望初次访问就能达成合作意向，要以相互了解、建立桥梁、给对方留下良好印象的心态，为再次访问和今后的合作打下基础。

（2）多倾听客户介绍情况，了解客户的需求。

（3）不要轻易承诺，也不要轻易拒绝。

（4）不要向目标客户透露其他客户的商业秘密。

（5）不要直接反驳同事和目标客户。

（6）注意对方和自己的形体语言。

（7）关闭通信工具。

（8）注意访问节奏，控制访问时间。

（五）访问后续工作

（1）销售经理在访问结束后，应尽快撰写《客户扫街日报表》，就目标客户的基本情况和应该采取的相应对策提出建议。

（2）初次访问如果取得良好效果，就合作达成了一定共识，销售人员则可在访问日报表的基础上，建立目标客户的信息档案，进一步收集目标客户资料，连续跟踪目标客户。

（3）如果初次访问没有取得预期效果，销售人员应分析访问失败的原因，以便调整和制定下一步的营销策略。导致访问失败的原因主要有：

1）企业的产品、服务或销售政策难以满足客户需求。

2）客户不认同企业的经营理念等。

3）客户存在资金或业务开发方面的障碍。

4）客户有兴趣，但碍于目前与其他竞争对手的合作关系，难以与企业建立新的合作关系等。

四、评价目标客户

销售人员通过访问收集目标客户资料，并根据这些资料从以下几个方面对目标客户进行分析和评价。

（一）市场地位评价

（1）在所在专业市场中的影响力。一般来说，实力强的经销商影响力较大，和这些经销商合作有助于业务的迅速开展。

（2）是否经营一些大厂家的产品。

（3）客户在市场中是否拥有广泛的人脉资源。

（4）目标客户在业内的信誉。

（二）财务评价

（1）资金实力是否雄厚：主要看客户所经营产品的出货率以及所经营产品是否是有实力的品牌。

（2）盈利能力：主要看客户所经营产品的分销利润率，可以通过观察和间接访谈经销商的分销合作伙伴得知。

（3）财务信用：评价客户是否讲信用，有无不良记录，可以通过拜访其他客户或目标客户的合作伙伴获得信息。

（三）管理评价

（1）业务团队的规模和能力评价：可以通过和目标客户的交流或与其他业务人员的交流得知。

（2）管理体制：对员工的管理是否规范，是否有较完善的激励与约束机制。

（3）高级管理者的品质、能力、个性，管理层的整体结构和协作能力。

（四）技术服务水平评价

（1）是否有专门的技术人员。

（2）售后服务是否良好。

（五）营销评价

（1）是否有独立和健全的营销网络。

（2）营销网络的布局和效率。

（3）营销队伍的素质。

在对客户进行分析评价时，应将以上各种因素结合起来。首先，选择若干个指标，分别给定每个指标在总评价中的比重；其次，确定标准比率，并与实际比率进行比较，根据实际比率与标准比率的差异程度评出每项指标的得分；最后，求出总评分，并根据总评分判断客户的优劣。

五、确定合作关系

企业通过评价目标客户确定合作关系。如果企业认为存在与该客户进行合作的价值或可能，就可以就合作方式、后续服务、付款条件等细节与对方进行深入、具体的洽谈，并签署相应的合作意向和合作协议。

合作关系建立之后，企业应设立专门的销售经理甚至成立专门的销售业务小组与客户保持日常联系，向客户提供产品和深度营销服务。

项目小结

客户开发工作是销售工作的第一步，通常来讲就是业务人员通过调查初步了解市场和客户情况，与有实力和有意向的客户进行重点沟通，最终完成目标区域的客户开发工作。以上只是企业客户开发工作的一个方面，要想做好企业客户开发工作，企业需要从自身情况出发，制定适合企业实际的客户开发战略，再由销售一线人员去执行，这是一个系统工程。

在激烈竞争的市场中，客户越来越懂得如何满足自己的需要和维护自己的利益，因此，加强客户开发管理工作对企业的发展至关重要。

知识应用

一、情景模拟训练

业务员：“王小姐，很高兴能有这样的机会和您结识并为您提供服务，对我的服务，您还满意吗？”

客户：“不错，还好！”

业务员：“谢谢！王小姐，如果有一天您在百货公司买了一件很满意又很实用的商品，同时您刚好知道您有一位朋友也需要这件商品，您会介绍给他吗？”

客户：“会，我当然会。”

业务员：“我也觉得您一定会的，因为我已察觉您是一个热心豁达的人。现在您既然觉得我们提供的产品和服务都不错，那么我想您一定希望您的朋友能有机会了解，对吗？不知道您的朋友中有谁刚生了宝宝的？（递上笔和纸）我会和他们及时联系，为他们提供我们的产品和服务。当然了，我会把与他们联络的情况及时向您汇报，您放心吧！”

熟记上述情景，两人一组进行角色互换演练。

二、潜在客户开发实训

潜在客户开发实训相关内容如表 2－2 所示。

表 2－2　潜在客户开发实训

任务名称	实训内容
任务描述	利用所学到的知识，结识 5 名陌生人，要求获取对方的简单资料，如姓名、性别、职业、学历、工作单位等，并要求必须获得与对方保持联系的联络方式。 与本组同学分享开发客户的情况。 小组总结，每组派一名代表汇报。
任务实施	客户 1 信息： 客户来源： 客户 2 信息： 客户来源： 客户 3 信息： 客户来源： 客户 4 信息： 客户来源： 客户 5 信息： 客户来源： 经验分享：
反思与改善	

三、案例分析

屈臣氏在个人立体养护和护理用品领域，不仅聚集了众多知名品牌，而且还开发生产了 600 余种自有品牌。在 CRM 战略中，屈臣氏发现在日益同质化竞争的零售行业锁定目标客户群是至关重要的。

屈臣氏纵向截取目标消费群中的一部分优质客户，横向做精、做细、做全目标客户市场，倡导“健康、美态、欢乐”经营理念，锁定 18～35 岁的年轻女性消费群，专注于个人护理与保健品的经营。屈臣氏认为这个年龄段的女性消费者是最富有挑战精神的，她们喜欢用最好的产品，寻求新奇体验，追求时尚，愿意在朋友面前展示自我，她们更愿意用金钱为自己带来大的变化，愿意进行各种新的尝试。

屈臣氏之所以更关注 35 岁以下的消费者，是因为年龄更长一些的女性大多早已有了自己固定的品牌和生活方式。

屈臣氏深度研究目标消费群体心理与消费趋势，自有品牌产品从品质到包装全方位考虑顾客需求。同时，屈臣氏降低产品开发成本，创造价格优势，依靠自有品牌产品掌握了大量的上游生产资源，从而可以将终端消费市场的信息第一时间反馈给上游生产企业，进而不断调整商品。

屈臣氏从商品的原料选择到包装、容量直至定价，每个环节几乎都是从消费者的需求出发，因而屈臣氏所提供的货品就像是为目标顾客量身定制的一般，哪怕是一瓶卸妆水，不论是造型还是颜色，都可以看出屈臣氏与其他产品的不同。自有品牌在屈臣氏店内是一个独特的类别，消费者光顾屈臣氏不但选购其他品牌的产品，也购买屈臣氏的自有品牌产品，自有品牌产品每次推出都以消费者的需求为导向和根本出发点，不断带给消费者新的理念。

在实施自有品牌策略的过程中，屈臣氏积极推动零售商参与新产品的开发设计，这样不仅降低了风险，同时也降低了产品开发成本。屈臣氏的价格策略中包括“买贵退差价”“发誓保证低价”，但屈臣氏也通过差异化和个性化来提升品牌价值，一直以来并不是完全走低价路线。屈臣氏还加强对顾客的价值管理，不断推出凭贵宾卡可以购物积分、积分换购店内任意商品、双周贵宾特惠等优惠政策，给顾客带来了更多的消费乐趣。

思考题：屈臣氏是如何开发开户的？

在线测评　　要点巩固

项目三 客户沟通管理

素养目标

◎ 通过衣着、外表等有形的展示，给客户留下着装得体、气质优雅、干净利落、恰到好处的职业化的第一印象；

◎ 通过微笑、言行举止等细节，潜移默化地感染和温暖客户，彰显敬业、乐业的服务态度和对职业、岗位的荣誉感和自豪感，以及对企业和产品的热爱和信心；

◎ 选择合适的沟通方式，掌握良好的沟通技巧，保持积极的沟通心态，与客户建立并维持良好的相互信任的关系。

知识目标

◎ 了解客户需求、沟通的含义；

◎ 掌握客户需求层次、沟通的技巧，熟悉客户沟通方式；

◎ 掌握对不同类型客户的沟通策略，熟悉客户沟通的语言技巧。

能力目标

◎ 学会如何接近客户；

◎ 能够针对不同类型客户采取不同的沟通策略；

◎ 明白如何与客户沟通。

项目描述

在信息时代，做市场就是做服务。只有不断地、有针对性地为客户提供个性化服务，才能提升服务质量，达到工作目标。在实际工作中，沟通与服务相辅相成，缺一不可。只有通过有效沟通，为客户提供贴心的服务，才能赢得客户的心，企业才能更好地维系与客户的情感。

项目分析

在客户关系管理活动中，客户沟通的重要性尤为突出。无论是前期的客户获取，还是后期的客户关系保持和客户关系恢复，都离不开客户沟通这一重要环节。谁与客户的沟通更为有效，谁就能成为其中的佼佼者。

任务分解

为了更好地帮助读者学习客户沟通管理的相关知识，掌握客户沟通管理的相关技巧，本项目分解为以下三项任务：

任务一　了解客户需求

任务二　选择沟通方式

任务三　提高客户沟通技巧

任务一　了解客户需求

任务引入

营销界有一句广泛流传的话：只有了解客户，你才能驾驭客户。还有一个成语，叫作“对症下药”。作为销售人员，只有了解客户需求，才能有针对性地介绍产品，投客户所好，销售才能成功，而不是生硬地向客户推销自己想卖出去的产品。

相关知识

一、客户需求概述

客户的需求往往是多方面的、不确定的，需要去分析和引导。客户需求是指通过买卖双方的长期沟通，对客户购买产品的欲望、用途、功能、款式等进行逐步发掘，将客户心理模糊的认识以精确的方式描述并展示出来的过程。

可以说，只有了解客户需求，才能做到有的放矢，才能准确地对客户的基本信息作出判断，从而确定客户的需求满足情况和需求满足层次，继而形成满足客户需求的策略。

二、客户需求层次

客户的需求是复杂的，即使在一项单一的销售行为中也是如此。客户的需求分为五个层次，即产品需求、服务需求、体验需求、关系需求、成功需求，如图 3-1 所示。

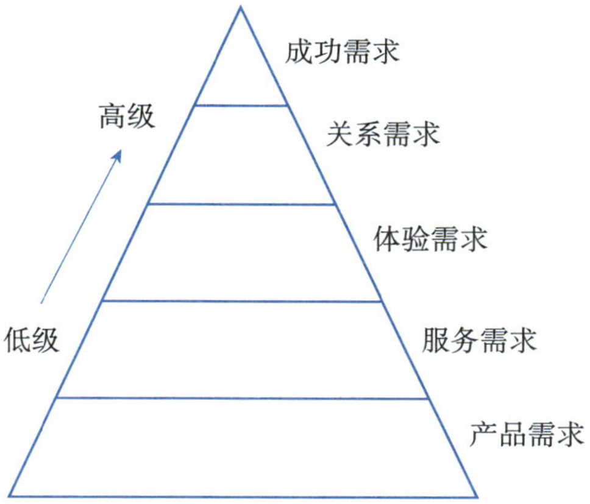

图 3-1 客户需求层次

下面对客户需求层次进行分析。

（一）产品需求

客户的产品需求与人的生理需求一样，是客户的基本需求，与产品有关，包括产品的性能、质量以及产品的价格。一般情况下，客户都希望以较低的价格购买到高性能、高质量的产品，这是客户最基本的要求。很多客户以产品的质量及价格作为购买的前提条件。

（二）服务需求

随着产品科技含量和复杂性的增加，产品使用效能和收益的实现不仅取决于良好的产品质量和安装、培训服务，还取决于好的产品应用实施方案以及及时有效的技术支持。所以，人们在购买产品时除了关注产品、售后服务（包括产品送货上门、安装、调试、培训及维修、退货等）外，还对产品应用实施方案提出了要求（包括精确、及时的技术支持以及优秀的解决方案）。

（三）体验需求

有些客户在购买产品时，不愿意被动地接受销售人员的广告式宣传，而是希望先对产品做一番“体验”（如试用），对未经“体验”的产品他们会说“不”，即客户已逐渐从单纯被动地采购，转变为主动地参与产品的规划、设计，“体验”创意、决策等过程。

与客户互动体验包括很多方面，如一通电话、一封电子邮件、一次技术交流、一次考察等，都是一种体验。体验记忆会长久地保留在客户大脑中。客户愿意为“美好、难得、非我莫属、不可复制、不可转让”的体验付费。

（四）关系需求

客户在购买了满意的产品、享受了舒适的服务、得到了愉快的体验的基础上，若能同时结交朋友、扩大社会关系网，一定会喜出望外。

“关系”的价值在于获得了他人的信任、尊重、认同，是一种情感上的满足。但关系的建立一般会经历较长时间的接触和交流，需要双方彼此尊重、相互信任、相互关爱、相互理解、相互依赖、信守诺言。当客户说“我们有固定的供货商”时，说明客户对熟悉的供货商非常信赖，而双方的“关系”已在这种信赖中建立起来了。

（五）成功需求

获得成功是每一个客户的目标，是客户的高级需求。客户购买任何产品或服务，都从属于这一需求。销售人员不能只看到客户的产品、服务需求，更要识别和把握客户内在的、高层次的需求。

客户购买的目的往往是解决某个问题。谁能帮助客户真正解决问题，谁就能赢得客户。客户通常并不能清晰地表述自己的问题或需求，因此，在向客户推荐产品或服务前，我们必须确认客户的需求。

小资料

客户需求层次的不同表现

A. 对产品的效用要求不高，只要求产品质量高和价格适中即可。比如，客户反复询问产品价格是否存在让步余地、产品质量如何、是否获得质量认证等。

B. 注重产品售后服务。比如，客户反复询问免费维修的期限是否可以再延长些。

C. 注重产品体验。比如，客户说“我从来没有用过这种产品，我不买”，还有的客户主动询问是否有产品体验中心，要求去体验一下再做决定，这都说明客户非常注重产品体验。

D. 关注关系网的拓展。有的客户听到电话销售人员说起对关系网的拓展有利，就对该产品或服务表现出浓厚的兴趣。比如：“我们这次培训的参加者都是业内知名的企业家，为业内人士的合作提供了很好的机会。”很多企业的负责人愿意参加这类培训，正是看重这类培训有利于打造关系网。

E. 感受成功。很多客户热衷于“砍价”，这不一定是他们希望产品价格多么低廉，而是享受“砍价”成功的感觉。

任务实施

了解客户需求的途径

一、利用提问了解客户需求

要了解客户需求，提问是最直接、最简便、最有效的方式。营销人员通过提问可以准确有效地了解到客户的真正需求，为客户提供他们所需要的服务。在实践中，主要有以下几种提问方式：

（1）开门见山式问题。开门见山式的提问能使客户详述你所不知道的情况。例如：“先生，发生了什么情况?”这常常是为客户服务时最先问的问题，提出这个问题可以获得更多的细节。

（2）封闭式问题。封闭式问题只让客户回答“是”或“否”，目的是确认某种事实。问这种问题可以更快地发现问题，找出问题的症结所在。例如：“先生，当计算机出现问题时，它是开着的还是关着的?”这个问题让客户回答是“开”还是“关”。如果没有得到答案，还应该继续问一些其他问题，从而确认问题的症结所在。

（3）了解对方身份的问题。在与客户刚开始谈话时，可以问一些了解客户身份的问题，例如客户姓名、电话号码等，目的是获得客户的基本信息。

（4）描述性问题。让客户描述一个情况，或谈谈他的观点，这有助于了解客户的兴趣和问题的症结所在。

（5）澄清性问题。在适当的时候询问客户一些澄清性问题，也可以了解到客户的需求。

（6）有针对性的问题。例如，问客户对所提供的服务是否满意，这有助于促使客户再次惠顾。

（7）询问客户的其他要求。与客户交流的最后，你可以问客户还需要哪些服务。例如：“先生，还有没有我们能为您做的其他事情?”通过主动询问客户的其他要求，客户会更容易记住你和你的公司。

二、通过倾听客户谈话了解客户需求

在与客户进行沟通时，营销人员必须集中精力，认真倾听客户的谈话，尽量站在对方的角度去思考，了解对方在想些什么、对方的需求是什么，要尽可能多地了解对方的情况，以提供令客户满意的服务。

三、通过观察了解客户需求

要想说服客户，就必须了解客户的需求，然后从其需求出发，动之以情，晓之以理。在与客户沟通的过程中，你可以通过观察客户的非语言行为来了解其需求、观点。总而言之，通过适当地问问题、认真倾听，以及观察客户的非语言行为，营销人员可以了解客户的需求和想法，从而更好地为客户服务。

四、通过大数据挖掘潜在客户需求

无论是传统营销还是大数据营销，营销人员的任务之一就是找到目标客户，实现自己的营销目标。我们所说的大数据营销，只不过是营销的工具发生了变化，营销的本质和目标是不变的。就目前而言，大数据技术为绝大部分业务提供了许多功能，同时还提高了效率和收入。此外，大数据分析还为公司的潜在客户和现有客户提供了许多好处。

任务二　选择沟通方式

任务引入

相关研究表明，对企业不满意的客户有 1/3 是因为企业的产品或服务本身有问题，其余 2/3 的客户是因为企业与客户沟通不畅。由此可见，沟通是使客户满意的一个重要因素，企业只有加强与客户的联系和沟通，才能了解客户的实际需求，理解客户的期望，从而更好地为客户提供产品或服务。

相关知识

一、沟通的含义

沟通是一种信息的双向甚至多向的交流，即将信息传递给对方，并期望对方作出相应反应的过程。一般来说，沟通是指人们传递信息、思想和情感的过程。对于这个概念，有以下两点需要把握：

第一，定义中“传递”一词是广义的，其方式可以是口头的，也可以是书面的，还可以通过电子化的方式进行；其内容可以是对有关人物或事件的描述，也可以是态度或情感的交流；其目的可以是传达信息或取得对方对某物或某事的看法等。

第二，沟通的完整含义不仅指信息被传递出去，而且指信息所包含的意义被接收方正确接收和理解。

因此，沟通实质上是一种理解的交换。然而，良好的沟通有时被理解为意见一致。其实，意见一致与理解正确并不是一回事，沟通双方能否达成一致，别人是否接受自己的观点，并不由沟通良好与否这一因素决定，它还涉及双方的根本利益是否一致、价值观念是否相同等其他关键因素。

在工作中，我们将 50％～80％的时间用在了沟通上，我们开会、会见、拜访、谈判、面谈、打电话、发传真、发通知、批评、表扬……都是在沟通。因此，可以说，作为出色的客户服务人员，沟通是其重要技能之一。

沟通的形式通常包括语言沟通和非语言沟通两种。语言沟通比较容易理解，如面对面的交谈、通过电话进行交谈、互通电子邮件或信函、一点对多点的简报或工作报告，以及通过图片、公司标识、徽章等传递信息；非语言沟通的表现形式较多，如表情、座次、办公室大小、有无车位、等候时间长短等。

小看板

认识即推销，推销即沟通

沟通是人与人之间、人与群体之间思想与感情的传递和反馈，以求思想达成一致的过程，它包括输出者、接收者、信息、渠道等四个主要因素。

二、与客户沟通的准备

充分的准备工作会给客户带来良好的印象，形成良好的首轮效应，达到或者提升沟通的效果。

（一）资料

资料的准备主要分为客户资料的准备和公司资料的收集。具体包括以下几方面：

（1）客户的基本资料。如客户的姓名、客户所从事的行业、客户使用了本公司的什么产品等。

（2）企业新产品介绍。

（3）行业发展状况，以及客户可能会询问的其他问题。

（二）环境

在与客户沟通之前，需要选择合适的接洽场所。如果见面，就要布置见面的场所，整理自己的装束。如果通过电话进行沟通，则需要选择安静的、不容易被别人打扰的环境，不要因为客观因素影响沟通过程。

（三）态度

无论你的心情如何，在你即将与客户沟通时，都需要保持良好的精神面貌。要随时保持“我能行”的心态，面对问题不要给自己找任何理由逃避。

三、与客户沟通的心理过程

（一）注意

在与客户沟通的过程中，要观察对方是否“心不在焉”。如果是这样，沟通就是在白白浪费时间。

（二）理解

如果客户根本不了解销售人员所传递信息的真实含义，那么沟通效果就会很差。

（三）接受

客户虽然已经听懂，但也可能不赞同某种主张或见解。因此，不能简单地仅叙述某种见解，而是要说服对方接受某种见解。

（四）行动

沟通的目的不仅在于说服对方接受自己的见解，更重要的是要将这种接受转化为行动，这样才能达到沟通的最终目的。

四、客户沟通的方式

（一）语言沟通

1. 口头沟通

口头沟通是一种直接而简单的沟通方式，它是指信息发送者通过说话的方式将信息传递出去，而信息接收者通过听觉接收信息后作出反馈的过程。口头沟通的优点是亲切，可以用表情、语调提升沟通效果，可以马上获得对方的反应，具有双向沟通的好处。但是，口头沟通也受语言种类不同、沟通双方自身条件不同等因素的制约，从而影响沟通效果。

2. 书面沟通

书面沟通是指利用文字进行的沟通，例如备忘录、合同、协议、通告等。书面沟通的优点是具有权威性、正确性，不会在传达过程中被歪曲，可长期保留。书面沟通有时可以起到比口头沟通更好的效果。比如，有时沟通者觉得面对面没有办法进行沟通时，就可以采用书面沟通的方式。书面沟通的不足之处在于文字冗长，不易随客观情况的变化及时修改。

（二）非语言沟通

非语言沟通是指除语言沟通以外的各种人际沟通方式，它包括形体语言、表情语言等。非语言沟通涉及人们面对面沟通中的诸多方面，有时候人们有意识地运用非语言沟通技巧，有时候非语言沟通却是一种无意识的行为。有关研究表明，在人们的实际沟通过程中，非语言信息量占人们所接收的总信息量的60%以上。显然，非语言沟通所提供的信息远远超出语言所提供的信息，正所谓“无声胜有声”。

（三）网络沟通

网络沟通具有内容深化、随时阅读、多种沟通媒介有机统一等特点。在客户服务与管理中，最常用的网络沟通工具有即时通信和电子邮件。

1. 即时通信

即时通信（Instant Messenger，IM）是当前流行的网络通信方式。它集成了电子邮件、博客、音乐、游戏和搜索等多种功能，既可以实现在线聊天、文件传输，又可以传送视频，进行可视化交谈。

即时通信不再是一个单纯的聊天工具，它已经发展成为集交流、资讯、娱乐、搜索、电子商务、办公协作和企业客户服务等于一体的综合信息平台。

目前比较流行的即时通信软件有微信、QQ等。

2. 电子邮件

在网络时代，企业可以通过电子邮件对客户提供双向互动服务，而不是被动地等待客户提出服务要求。在实践中，企业可利用电子邮件与客户建立主动的服务关系，可利用电子邮件传递商务文件，还可利用电子邮件开发客户资源，培养客户忠诚度，创造客户价值。

（四）广告沟通

企业在广告中会重点突出产品符合目标客户群体所需要的特征，确定产品的定位，明确在客户心中的位置，从而占领某个细分市场，培养忠实的购买群体。

当前比较常见的广告形式及其优缺点如表3-1所示。

表3-1 常见的广告形式及其优缺点

广告形式	优点	缺点
电视广告	传播迅速；覆盖范围广；地区选择性强；观众数量多，单位传播成本低；对目标客户具有很强的冲击力；直观生动，表现形式多样	广告投放总成本高；沟通的信息量有限
新媒体广告	交互式关系，可与客户进行互动，可及时得到客户的反馈；信息量大，传播迅速；表现手法多样，如微信软文、短视频广告、直播广告等	容易受上网客户数量的限制，从而影响广告的受众范围
广播广告	传播迅速；覆盖范围广；对客户地区和客户群体选择性强；制作简单，发布及时，灵活性大；总成本低	没有形象效果，客户对信息遗忘率高，需要对客户进行反复提醒
报纸广告	传播迅速；覆盖范围广；对客户地区选择性强；制作简单	保留时间短，发布成本高；表现形式单一；引起客户的注目率低；无读报习惯的客户无法接收信息
杂志广告	覆盖范围较大；对地区和客户群体选择性较强；与报纸广告相比印刷精美	成本费用相对较高；发布不及时；版面编排缺乏灵活性
直接邮寄广告	发布及时，制作简单，信息量大；对客户地区、客户群体选择性强，市场针对性强；单位成本低	损耗率高；保留时间短
户外广告	展示寿命长；注目率高；费用较低	信息量有限；表现形式单一
车身广告	客户覆盖范围广泛；制作简单，成本低	接触客户的时间短；针对性不强
POP广告	可造势，渲染气氛；所展示的信息对客户的影响效果直接；总成本低	传播范围有限；受到零售终端制约
电梯广告	有效到达率高，干扰少；可对目标客户进行高频率的沟通	传播成本较高；传播内容有限
手机短信广告	成本低；发布及时；企业可向精准客户发送广告	容易引起客户反感

五、与不同类型客户沟通的策略

在市场竞争日益激烈的今天，无论是企业还是客户服务人员，都必须掌握一些和客户沟通的策略，这样才能更好地开展工作。俗话说“量体裁衣”，应该给不同类型的客户“定做不同的衣服”，即采用不同的方法进行沟通。所以，在进行客户沟通前应该有一个较为准确的判断，销售人员应该在了解各类客户个性特征的基础上，对具体的客户“对症下药”。

（一）冷淡傲慢型客户

这类客户比较不通情理，高傲孤僻，不重感情，不重视别人，主观性强，顽固且心胸狭窄，好猜疑，不相信别人，自以为是。对待冷淡傲慢型客户，销售人员在与其沟通时应该先很有礼貌地以低姿态方式介绍自己，以博取对方的好感，如仍遭受对方恶劣态度拒绝时，则可采用激将法试一试，但言辞不能太过激烈，以免刺激对方，引起冲突。

（二）刚强型客户

这类客户性格坚毅，个性严肃、正直，对待工作认真、严肃，决策谨慎，思维缜密。对待刚强型客户，销售人员最好不要随意行动，应显示出严谨的工作作风。如果在拜访前得知目标客户是该类型客户，最好经第三者介绍，这样会提升沟通效果。

（三）顽固型客户

这类客户多在消费上具有特别偏好，对新产品往往不乐意接受，不愿意轻易改变原有的消费模式与结构。对待顽固型客户，销售人员在沟通时要有耐心，最好用手中的资料和数据等来说服对方，这样比较有把握一些。对这类客户应先发制人，不要给对方拒绝的机会，因为对方一旦表明态度，再让其改变就比较困难了。

（四）谨慎稳定型客户

这类客户较理性，思虑周详，客观明智，脚踏实地。对待谨慎稳定型客户，销售人员只要按照正常拜访客户的方式，注重礼貌、理性，按部就班就可以了。对待该类客户应不卑不亢、规规矩矩，坦诚、细心地向客户介绍产品并与之洽谈，这样才有可能取得良好的沟通效果。

（五）犹豫不决型客户

这类客户多数优柔寡断，胆小怯懦，性情善变，易受人左右。对待犹豫不决型客户，销售人员应先取得对方信任，进而把握时机以坚定态度协助客户作出最佳抉择。在与犹豫不决型客户沟通时，销售人员的自信心显得更为重要，沟通者一定不要受客户的影响，要始终对自己的产品充满信心，最好用一些专业数据、专业评论来帮助自己说服对方。在价格上最好不要作出让步，否则会使对方对产品产生怀疑，从而使自己的努力付诸东流。对于该类型的客户来说，销售人员端庄严肃的外表与谨慎的态度会增强客户的信任度。

（六）内向型客户

这类客户生活比较封闭，对外界刺激反应冷淡，和陌生人保持一定距离，对自己的小天地之中的变化非常敏感，对待销售人员的反应不是很强烈。内向型客户因为对产品过于挑剔，对销售人员的态度、言行、举止异常敏感，所以在与之沟通时最好不要过分热情，应投其所好，这样容易得到客户的认可，否则会难以接近。一般来说，这类客户比较重视第一印象，因此销售人员最好在第一次与这类客户沟通时就能给对方留下一个好的印象。

（七）虚荣型客户

这类客户在与人交往时喜欢表现自己、突出自己，不喜欢听别人劝说。对待虚荣型客户，销售人员应尽量引出客户熟悉并且感兴趣的话题，为客户提供发表意见的机会，而且不要轻易反驳或打断其谈话。在沟通过程中，销售人员不要表现得太突出，以免给客户留下极力劝说的印象，而且还应注意不要轻易亮出自己的底牌。

（八）自夸自大型客户

这类客户喜欢自我吹嘘，喜欢炫耀自己的财富、才能和成就，凡事均要发表意见，高谈阔论。对待自夸自大型客户，最好的沟通方法就是先当客户的忠实听众，给予喝彩，表现出诚恳、羡慕及钦佩，并提出一些问题请对方指教，让其尽情畅谈，以满足其表现欲。

（九）好斗型客户

这类客户好胜、顽固，同时比较专横，喜欢将自己的想法强加于人，征服欲强。这类客户有事必躬亲的习惯，尤其喜欢在细节上与人争个高下。对待好斗型客户，销售人员要做好让步和丢面子的心理准备，不要与其争论，准备好足够的数据资料来“压制”其气势，此外还要防止这类客户提出额外的要求。

（十）讨价还价型客户

这类客户大多精打细算，爱贪小便宜，短视，但精明能干。对待讨价还价型客户，销售人员应先用一些小礼物等吸引他们。在价格上应先提高一些，让他们有讨价还价的余地，同时不要轻易松口，让他们讨价还价的本领发挥到极致时再作出让步。

任务实施

如何与客户沟通

一、销售前沟通

很多客户在购买商品前最初见到的很可能不是商品，而是销售人员。如果客户对销售人员不信任，又怎么会相信销售人员所推销的商品呢？所以销售人员要尽量让客户感受到自己的热情和忠诚，对客户要彬彬有礼，要友善真诚地面对客户。

二、耐心聆听客户的讲话

沟通从倾听开始。一名优秀的销售人员必定是一个良好的倾听者。销售人员只有静下心聆听客户讲话，才能真正了解客户的需求和喜好。同时，客户将他的人生经验、工作、家庭、生活向销售人员娓娓道来时，这其实也是销售人员学习和丰富人生经验的一个过程。

三、寻找共同话题

如果销售人员在销售过程中向客户阐述的只是产品的信息，那么销售人员也只能被称为一个合格的产品介绍员。对话中没有趣味性、共同性是行不通的，即客户若对销售人员的话题没有兴趣，双方的对话就会变得索然无味。在销售过程中，为了更快地赢得客户的认同，销售人员最好尽快找到共同话题，避免客户产生被销售的感觉。

做好这一点的关键是关注和熟悉客户感兴趣的领域，这要求销售人员除了要掌握专业知识外，还要有丰富的社会阅历，这需要平时不懈地努力才能实现。

四、欢迎客户抱怨、拒绝

从心理学的角度看，当人们心中有了意见、有了疙瘩，应促使其讲出来。客户也是如此，如果客户对产品不满而又没有讲出来，闷在心中的意见就会不时浮现，反复刺激客户，这种心理刺激会对推销工作产生消极影响。客户有了意见闷在心中，推销一方无从得知，始终蒙在鼓里，继续进行促销，势必会引起客户的反感，造成情绪对立，此时做再多解释和挽回的工作都是徒劳的。

小资料

与客户沟通的5个禁忌

与客户沟通时，销售人员需要有良好的态度和谦虚的心态，沟通时语气要柔和，让客户感觉到你不但是一位了不起的专家，而且很有修养，这样更容易赢得客户的配合和理解。销售人员与客户沟通时有以下几个禁忌。

1. 忌“据理力争”

有些销售人员以专家、技术能手自居，认为自己的见解或做法比客户高明，因而喜欢和客户辩论或“据理力争”，这是无利且有害的。因为我们的目的是解决问题、把项目做好，而不是和客户比能力、比见识，如果执意“据理力争”，很可能会让客户反感，进而影响交易。

忌“据理力争”不是说不需要向客户表达自己的看法和观点，只是需要注意表达的方式和方法。

2. 忌刻意说服

销售人员常常会遇到客户提出新要求的情况，为了尽量避免项目需求的变更，有些销售人员往往急于从“自身”利益出发，想方设法去说服客户，这种做法其实并不可取。

对客户提出的需求，当销售人员难以理解或接受时，不妨先换位思考，从客户的角度去体会和分析客户如此期望的理由，这样更容易理解客户提出的需求是否合理。

如果分析结果表明客户提出的需求是项目所不需要的，我们可从客户的角度去引导客户并最终让客户放弃；如果客户提出的需求确实是项目所需要的，销售人员则应尽量满足客户需求。

作为销售人员，真正站在客户角度思考问题，客户是能感觉到的，并能最终赢得客户的认同。如果为了一己之私不断地去说服客户，必将被客户所疏远，最终得不偿失。

3. 忌当场回绝

经验欠缺的销售人员在与客户沟通时，总会不自觉地当场给客户一个“是”或“否”的结论，其实这种做法是欠妥的，特别是当场回绝客户更不可取。因为这样做，一方面可能会导致回复给客户的结论不当，另一方面也会让客户感觉到销售人员没有用心对待自己的需求。

当客户提出需求变更特别是一些我们认为比较棘手的需求变更时，我们切不可当场回绝客户，正确的做法是：先把问题记录下来，等待进行变更评估或报告上级批准后再答复客户，甚至可以请自己的上司与客户沟通。这样既会让此事得到比较妥善的解决，同时也会让客户感觉到你是一个做事稳健的人、一个思维严谨的人、一个对事负责的人，从而为以后的合作打好基础。

4. 忌海阔天空

有些时候，销售人员可能需要和客户沟通一些项目方面的问题或向客户介绍、汇报项目情况，这时销售人员只需要主题鲜明、言简意赅地讲清楚就可以了，而不要滔滔不绝地谈一些与主题无关的话。讲与主题无关的话一方面会浪费自己和客户的时间，另一方面也可能导致应该说的事情没有说清楚。

5. 忌背后议论

在与客户沟通中，难免会出现一些彼此误会甚至产生冲突的情况。如何处理这些问题呢？有些销售人员碍于客户是甲方而不敢或不愿与他们面对面沟通，选择了背后发牢骚或向朋友“倾诉”的方式。实际上，这种方式于事无益甚至会导致误解加深或关系恶化，因为背后议论别人是对别人最大的不尊重，况且这种牢骚话有可能会传到客户的耳中。

正确的做法是：在适当的环境下采用适当的方式与客户当面坦诚沟通。这样做至少可以让客户清楚你对他的“不满”，并且你很愿意去正面化解彼此之间存在的“不快”，从而使彼此之间的关系良性发展并最终解决问题。

实践证明：采用以上原则和方法与客户沟通，销售人员付出的代价会更小，而获得的客户满意度会更高。

“善于沟通的人，一言明百理；不善于沟通的人，百言不明一理。”销售人员与客户沟通，不是指销售人员善于说话、善于高谈阔论就能够解决问题，更为关键的是销售人员要具备足够的引导能力。

资料来源：与客户沟通的五大禁忌．(2022-05-20)[2024-10-29]．https://wenku.baidu.com/view/841a1fd9866a561252d380eb6294dd88d0d23d3f.html.

任务三　提高客户沟通技巧

任务引入

随着经济的快速发展和企业竞争的日趋加剧，客户服务质量的提高对促进企业的发展越来越重要，而有效的客户沟通是提高服务质量的关键。现阶段，虽然有很多企业都已认识到了这一点，纷纷设置了一些专门的客户服务机构，但在客户服务人员与客户沟通的过程中还是会经常出现一些问题，这些问题不但阻碍了双方的互动进程，而且容易让客户产生厌恶感。所以，客户服务人员在与客户沟通时需要掌握一定的沟通技巧。

相关知识

一、对产品保持足够的热情

销售人员在与客户沟通时，必须表现出自己对产品的浓厚兴趣，并且要想办法将自己对产品的积极态度传递给客户。销售人员对产品的态度是否热情，将在很大程度上影响客户接下来的决定。那些顶尖销售人员之所以能够成功，就在于他们在任何时候、任何情况下都对自己的公司与产品抱有感染人心的热情。

虽然交易最终能否成功将受到销售人员和客户双方对产品或服务的态度的影响，但是在实际推销过程中，人们看到的情况常常是客户对产品或服务的消极态度，即使客户对某种产品的功能感兴趣，他们也可能会对产品的价格、质量或其他方面产生疑惑；有些时候，即使客户内心深处已经对产品产生了浓厚的兴趣，但是为了获得更优惠的条件和更周到的服务承诺，他们也会故意表现出对产品的冷淡。面对客户对产品或真或假的冷淡态度，销售人员需要运用各种沟通技巧来改变客户的冷淡态度，尽可能地用自己对产品的热情感染对方，为对方和自己营造一种良好的互动沟通氛围。

二、接近客户的技巧

“接近客户的 30 秒，决定了销售的成败”，这是成功的销售人员共同的体验。那么，接近客户到底是什么意思呢？在专业销售技巧上，我们将接近客户定义为“由接触潜在客户，到切入主题的阶段”。

（一）明确主题

每次接近客户都有不同的主题。例如，如果想和未曾谋面的客户约时间见面，那么可以选用电话约见的方法；如果想约客户参观展示，可以采用书信约见的方法；如果想向客户介绍某种新产品，那么直接拜访客户比较适合。

（二）选择接近客户的方式

接近客户有三种方式：电话沟通、直接拜访、信函联系。

主题与选择接近客户的方式有很大的关联。例如，销售人员的主题是约客户见面，那么电话就是很好的接近客户的工具，但要注意最好不要将主题扩散到销售产品的特性或产品的价格上，因为若销售的产品比较复杂，则不适合以电话方式切入该主题。

（三）使用恰当的接近话语

在专业销售技巧中，初次面对客户时的对话称为接近话语。

接近话语的内容如下：

（1）称呼对方。叫出对方的姓名及职务，每个人都喜欢自己的名字从别人的口中说出。

（2）自我介绍。清晰地说出自己的名字和企业名称。

（3）感谢对方的接见。诚恳地感谢对方能抽出时间接见你。

（4）寒暄。根据事前对客户的了解，表达对客户的赞美，或配合客户的状况，选一些对方容易谈论及感兴趣的话题。

（5）表达拜访的理由。以自信的态度，清晰地表达出拜访的理由。

（6）赞美及询问。每一个人都希望被赞美。在赞美之后，可以用询问的方式了解客户的兴趣及需求。

三、客户沟通的语言技巧

在与客户的沟通中，一定要注意语言方面的技巧，主要包括：提问的技巧、答辩的技巧、表达的技巧、说服的技巧、示范的技巧等。

小案例

某奶制品专卖店里有三名服务人员：小李、大李和老李。当顾客走近小李时，小李面带微笑，主动问长问短，一会儿与顾客寒暄天气，一会儿聊聊孩子的现状，总之聊一些与买奶制品无关的事情，小李与顾客沟通的方式就是礼貌待客。大李采取的是另外一种与顾客沟通的方式。他说：“我能帮您吗?”“您要哪种酸奶?”“我们对长期客户是有优惠的，如果气温高于30℃，您可以天天来我们这里喝一杯免费的酸奶。”“您想参加这次活动吗?”大李与顾客沟通的方式是技巧推广式。老李与顾客沟通的方式更加成熟老到，他通常会和顾客谈论的日常饮食需要，问顾客喝什么奶，是含糖的还是不含糖的。也许顾客是一位糖尿病人，也许顾客正在减肥，老李总会找到一种最适合顾客的奶制品，而且告诉顾客如何储存才能保持奶制品的营养成分。由此可见，老李采用的是个性化的沟通方式。

（一）提问的技巧

在沟通中，适时提问可以引起客户的注意，并引导客户的思路，从而使企业获得所需要的各种信息。

在沟通中，常用的提问方式有以下几种：

（1）求索式提问。这种提问旨在了解客户的态度，确认客户的需要，如“您的看法呢?”“您是怎么想的?”。通过客户的回答，销售人员可以较快地了解客户是否有购买意愿以及客户对产品所持的态度。

（2）证明式提问。有时客户可能会不假思索地拒绝购买，这时销售人员应该提出某些问题，促使客户作出相反的回答，比如“你们现有的冷却系统是全自动的吗?”等。客户对这些问题的回答如果是否定的，等于承认其有这方面的需求，而这种需求就是企业需要提供的服务。

（3）选择式提问。为了促成销售，销售人员在给企业提建议时最好使用一些技巧性提问。如“您要两盒还是三盒?”，这种提问方法帮助客户省去了思考到底要不要购买的困惑，直接进入主题，让客户思考简单的问题——要买的数量。

（4）诱导式提问。这是一种引导客户给出符合企业预期的回答，并争取客户同意的提问方法。该方法通过提出一系列问题，让客户不断给予肯定回答，从而诱导客户作出决定。

（二）答辩的技巧

沟通洽谈中的答辩主要是消除客户的疑虑，纠正客户的错误看法，即用劝导的方式，说明、解释并引导客户正确对待问题。答辩中需要掌握的技巧有以下四种：

（1）答辩简明扼要。陈述观点时要简明扼要，并根据客户的理解程度作出相应的补充解释。在向客户介绍相关问题时，应详尽、具体，但要避免啰唆，随时注意客户的反应，根据客户的理解程度及时调整谈话内容，避免长篇大论。

（2）不做最佳辩手。销售人员要时刻明白沟通的目的是销售，而不是同客户辩论，所以在沟通中，如果遇到客户有反对意见，不要与客户争论，争论会打消客户的购买兴趣。销售人员应巧妙地绕开与客户的正面冲突，要注意分析隐藏在客户心底的真正动机，有针对性地进行解释说明。

（3）否定也要讲技巧。避免直截了当地反驳客户，断然的否定很容易使客户产生抵触情绪。在销售人员提出自己的看法和观点前，先要对客户的看法表示同意，然后再提出自己的观点，并且在否定时尽量不要采用“您说得很好……但是……”因为客户的关注点会落在“但是”后面的部分，他会认为销售人员还是在否定他、反驳他。销售人员可以采用这样的句式：“我觉得您说得很对，如果……是不是更好一点?”用这样婉转的语气提出自己的观点，客户就比较容易接受销售人员的看法。

（4）保持沉着冷静。销售人员在与客户沟通的过程中一定要使自己的头脑保持冷静。在沟通中，有时客户的观点可能完全错误，甚至还可能非常偏激，有的客户可能态度比较恶劣或情绪比较激动，这时销售人员应该先稳定自己的情绪，不要让自己受客户情绪的影响，把握住自己的立场，以沉着冷静的心态与客户交流。这样不但会使客户冷静下来，也会避免和客户之间发生冲突。

（三）表达的技巧

同一句话由不同的人或用不同的方式表达出来，其效果是截然不同的。同样的问题，提问的方式不同，得到的答案也完全不一样。沟通要想取得较好的效果，不仅要注意说什么，而且要注意怎么说。所以，在沟通中掌握表达技巧是非常重要的。表达得好，可以起到事半功倍的效果，而表达得不好，就会给自己的工作带来阻力。销售人员在与客户沟通的过程中一定要注意运用表达技巧吸引客户的兴趣和注意力，进而说服客户。

（1）语言简洁，通俗易懂。在与客户沟通时，企业的销售人员若不注意自己的语言表达，所讲的话没有逻辑，没有鲜明的主题，该简明的地方啰啰唆唆，该详尽的地方却一带而过，前言不搭后语，让客户听了以后根本不知道销售人员在讲什么，越听越糊涂，客户甚至都不知道销售人员到底要干什么，就起不到与客户沟通的作用，甚至让客户反感。另外，销售人员在与客户沟通时切忌语言晦涩难懂，要尽量避免使用客户听不懂的专业语言和专业术语。

（2）用跳动的数字。在沟通过程中，如果销售人员善于用数字与客户沟通，会起到很好的效果。比如："我们企业的产品可以帮你省很多钱"，这个"很多"是个什么概念，客户不清楚，如果销售人员帮客户算一笔账，把多长时间能帮客户省多少钱具体算出来，让客户清楚地看到如果不用这种产品，每年将有很多钱被白白浪费掉，客户就比较容易认可企业的产品。

（3）给客户讲故事。讲故事这种方式不但会让人感兴趣，而且还可以让人明白做人做事的道理。销售人员如果能把产品信息融入故事中，通过讲故事的方式来介绍自己的产品，就不会让客户觉得没意思了，相反，他们会听得津津有味，这样就能很好地吸引客户的注意力，引发他们的兴趣，从而打动客户。

（4）富兰克林式表达技巧。富兰克林式表达技巧就是销售人员向客户说明客户买产品能够得到的好处和不买产品所蒙受的损失，将它们分别列出来让客户权衡后作出选择。在销售实践中，这是一种很有效的表达技巧。这种方式让客户感到自己拥有很大的主动权，没有被强迫的感觉，在这种状况下，客户很容易作出购买决定。

（四）说服的技巧

在沟通中说服客户，使其接受自己的观点，是销售成功的关键。相同的意思有不同的表达方法，好的说服方法可以让销售人员轻而易举地达到自己的目的，而不好的说服方法则往往使企业难以达到目的，这就是表达技巧的魅力所在。

（1）寻找客户的兴趣点。要想说服客户，首先应消除其对抗情绪，即找一个对方比较感兴趣的话题为跳板，在其抵抗情绪解除后，再因势利导地提出建议。有经验的销售人员总是避免讨论一些容易产生分歧的话题，而先从对方感兴趣的话题开始，强调彼此的共同利益，当业务洽谈即将结束时，才把有分歧的问题拿出来讨论，这样双方就比较容易达成共识。

（2）耐心细致。在说服客户时不能性急，应耐心细致地为客户讲解。要知道，不可能三言两语就改变一个人对某事物的看法，说服时遇到阻力是很正常的。要想让客户改变原来的观点，销售人员就要把所要表达的意思讲清楚、讲透彻。销售人员要有足够的耐心，在客户不能马上作出购买决定时，应耐心等待；同时，在等待时，不妨用幽默的方式来促使客户与自己达成共识。

（3）给客户打"保票"。在购买物品或服务时，人们都有担心上当受骗的心理，在沟通洽谈时，客户最关心的问题是：购买是否真能为自己带来利益？这些利益是什么？到底有多大利益？销售人员在说服工作中应该消除客户的疑虑，给客户开一张“保票”，好让客户放心，从而促成购买。

（4）循序渐进说服。在沟通过程中，销售人员应遵循由浅入深、从易到难、循序渐进的原则，即开始时先从容易说服的问题入手，打开缺口，逐步扩展，一时难以解决的问题可暂时抛开，等待适当时机再予以解决。

（五）示范的技巧

“耳听为虚，眼见为实。”在销售过程中，在条件允许的情况下，销售人员最好能将产品的用法、功能等示范给客户。示范是介绍产品的一种非常好的方式。据统计，谈话内容在客户脑海中只能留下10%的记忆，而客户在销售人员的示范中所获得的印象则会大大提高。

常用的示范技巧如下：

（1）对比示范。“有比较才有鉴别”“不怕不识货，就怕货比货”，把新产品和老产品、把自己的产品和竞争对手的产品放在一起比较一下，客户就知道如何选择了。

（2）体验示范。体验示范就是让客户亲身体验，感受产品的质量、功能等。如果是食物，可以让客户尝一尝；如果是化妆品，可以让客户抹一抹；如果是音响，可以让客户听一听，这些都是体验。客户通过亲身体验可真切感受产品的特点，客户自己的感觉就是让客户信服的有力证据。

（3）表演示范。为了增强示范活动的表现力，销售人员还可利用一定的表演技巧，为示范活动增添戏剧性。如洗涤剂营销人员可把自己身上穿的衣服搞得脏脏的，然后再脱下来当场清洗，边洗边讲解，这样不但可以吸引客户的注意力，而且可以有力地说明洗涤剂的去污功能。

小看板

每一个人性格不同，处理问题的方式、表达的方式也不同。无论你面对的是什么样的客户，采取什么样的表达方式，在沟通时都要做到简明、连贯、得体。

四、与客户沟通的策略

客户的想法、意见以及企业的服务理念、服务特色的传递都离不开沟通，通过沟通可以实现客户与企业的双向互动。如果在客户服务中不能实现有效沟通，任何服务都会失去意义，因此全方位的沟通与企业有效进行战略规划同样重要。全方位的沟通是指与客户沟通时，既要注重语言沟通，也要注重其他方式的沟通。

（一）做一个合格的倾听者

要提高客户服务水平，客户服务人员就必须善于倾听。认真倾听客户的心声可以产生以下结果：

（1）鼓励客户投诉。当客户知道客户服务人员在以友好的方式听他们讲话时，就会解除一部分或全部的戒心，把事情的所有状况告诉客户服务人员。如果在客户投诉过程中，客户服务人员一会儿看看表，一会儿看看窗外，或者对客户的回复和客户的讲话无关，则会使客户更加恼火，甚至拂袖而去。这样，企业就失去了客户及改进工作的机会。

(2) 掌握必要的信息。为了解决问题和更有效地作出决策，客户服务人员需要尽可能地获取信息，而仔细聆听有助于获取讲话者的全部信息。仔细倾听常常会促使对方继续讲下去并举出实例，客户服务人员可以进一步了解客户是如何想的、他们认为什么重要、他们为什么说这些话。当企业掌握了尽可能多的信息之后，就可以准确地作出决策了。

(3) 改善客户关系。认真倾听可以改善企业和客户的关系，因为倾听给客户提供了说出事实、想法和感情的机会。倾听的时候，客户服务人员会更好地理解客户，客户也会因为得到尊重而感到愉快。因此，倾听客户的抱怨可以改善企业和客户的关系。

(4) 解决问题。倾听是解决客户异议的最好办法。当然，这并不意味着客户服务人员必须同意对方的观点，但客户服务人员需要表明理解客户的观点和意见。

倾听的最好方法是用同理心去倾听。同理心倾听就像是给予他人一个可以发泄情绪、觉得真正被了解而非被批判的开放空间。这必须建立在客户服务人员关心的态度及真心去了解的意图上，注意倾听，同时用语言清楚、真诚地给予同理心回应。例如：某商场要求顾客在下雨天不要把雨伞带入商场，或者套上塑料袋后才能带入，可是李女士不肯这样做。客户服务人员对她的行为的同理心回应是："李女士，不好意思。我们商场这样的规定是因为雨伞上的水滴在地上会很滑，这样顾客会摔倒的，希望您能谅解，并支持我们的工作，谢谢!"这样问题就会迎刃而解了。

（二）主动向客户询问

询问问题时有两种基本问句形态：封闭式问句和开放式问句。封闭式问句是指特定背景下的特定答复，一般是二选一。如"这件衣服您买回去后是否穿过?"答案只能是"是"或"否"。这种问句简单明确，但有时蕴含一定的威胁性。封闭式问句包括澄清式问句和暗示性问句，如"您刚才说这件衣服您只是试穿了一下，就是说您没有洗过是吗?"就是澄清式问句。澄清式问句是让对方证实或补充原先的发言。暗示性问句本身已强烈暗示预期的答案，如"有修养的人都不会无理取闹，您说对不对?"开放式问句是在广泛的领域中寻求答案，如"请问您想如何处理这件事?"

（三）进行有效的语言沟通

语言包括书面语言和口头语言，两者都要求礼貌、简洁。有效的口头表达是声音素质和其他个人素质综合作用的结果。一个人的声音素质——音调、音量、口音、语言的速度、停顿及语调，都会影响沟通效果，而其他个人素质包括讲话清晰、准确、真实等。

我们要想清晰地表达自己的想法，语言必须简洁，所讲的内容必须条理化，使用的词必须明确。清晰来源于精心准备，为达到清晰，销售人员必须理解和组织语言，并对它进行总结。清晰包括逻辑清晰和表达清晰。简洁就是追求以较少的文字传递较多的信息。

（四）注重其他沟通方式

人们所做的任何一件事情都是在沟通、交流。如快下班时来了一位客户，销售人员微笑着对他说“欢迎光临，很高兴为您服务”，但在沟通中，销售人员却不时地看手表，这种非语言交流表明客户是不受欢迎的。

非语言沟通主要包括身体语言、沉默等。人们在交流时伴随着各种各样的身体语言，如面部表情、身体姿态、动作、姿势等。身体语言是非语言交流的主要形式，它往往是人们内心世界的真实表现。与有声语言相比，身体语言更具可靠性和真实性，可以更好地表达情感和态度。比如：客户非常生气地说“我再也不来你们这家店了”，可是他并未移动脚步，其实，他是想解决问题，说的不过是一句气话，如果此时销售人员读懂了他的身体语言，就知道该如何做了。在与客户交往时，销售人员一方面要注意把握对方的身体语言，另一方面也要恰当地表达自己的身体语言。

销售人员在与客户交流时，要站如松、坐如钟，这表明对客户很专心；当销售人员懒洋洋地坐着或站着时，则会给客户留下较差的印象。

当需要为生气的客户拿某些东西时，销售人员的动作不要太慢。此时客户希望看到销售人员迅速对他们的要求作出答复。这虽然并不意味着销售人员一定得全速奔跑，但也不要慢悠悠地不当回事。当销售人员和客户讲话时，耸肩、脚步后退、以手遮口、用手指着对方或双手抱胸等都是不恰当的肢体动作。

小案例

销售人员王维正以稳健的步伐走向张总经理，当视线接触到张总经理时，他微笑着抬手致意，视线放在张总经理的鼻端。当走近张总经理时，王维正向张总经理点头行礼，并向张总经理问好以及自我介绍。

王维正：“张总经理，您好。我是大华公司的销售人员王维正，请多多指教。”

张总经理：“请坐。”

王维正：“谢谢，非常感谢您在百忙之中抽出时间与我会面，我一定要把握住这么好的机会。”

张总经理：“不用客气，我也很高兴见到您。”

王维正非常诚恳地感谢张总经理的接见，表示要把握住这个难得的机会，让张总经理感受到自己是个重要的人物。

王维正：“贵公司在您的领导下，业务领先业界，真是令人钦佩。我拜读过贵公司内部的刊物，知道您非常重视人性化管理，员工对您都非常爱戴。”

（王维正将事前调查的资料中有关尊重人性化管理的内容特别在寒暄中提出来，以便在谈到团体保险方面的话题时能有一个好的前提）

张总经理：“我们公司是以直接拜访客户为导向的，需要员工有冲劲及创意。冲劲及创意都必须是员工主动去做的，用强迫、威胁的方式是不可能成为一流公司的。因此，我特别强调人性化管理，公司必须尊重员工、照顾员工，员工才会真正地发挥潜力。”

王维正："张总经理，您的理念确实反映出了贵公司经营的特性，真是有远见。我相信贵公司在照顾员工福利方面不遗余力，已经做得非常多了。我谨代表本公司向您报告有关本公司最近推出的一个团体保险方案，最适合外勤工作人员多的公司采用。"

（王维正先夸赞对方，然后表达出拜访的理由）

张总经理："新的团体保险？"

王维正："是的。张总那么照顾员工，我们相信张总对于员工保险这项福利知道得一定很多，不知道目前贵公司有哪些保险的措施呢？"

（王维正采用了夸奖并进行询问的方法）

任务实施

如何接近客户

我们知道，"接近客户"是实现交易的第一步。那么"接近客户"到底是什么含义呢？接近客户是否有一定的技巧可循呢？接近客户时，应该注意哪些方面的问题呢？这些都是值得探讨的问题。

在接近客户前，销售人员首先要明确沟通的主题是什么，然后再根据主题选择适当的接近方法。切入主题时，要注意下列两点。

一、迅速消除准客户的防备心理

任何人碰到陌生人都会心存戒备。当准客户第一次接触销售人员时，他是"主观的"，也是带有"防备"心理的。"主观的"含义很多，包括对个人穿着、打扮、发型、举止甚至高矮胖瘦等主观上的感受，进而产生喜欢或不喜欢的直觉。

主观的切入点使得客户对于不符合自己价值观或审美观的人有一种自然的抗拒心理。人们对不太熟悉的人都会产生一种本能的防备心理，所以无形中就在准客户和销售人员之间筑起了一道"围墙"。此时，销售人员需要迅速消除准客户的防备心理。

二、推销商品前先推销自己

接近客户另一个需要注意的地方就是在推销商品前先将自己推销出去。说服力不但靠强有力的说辞，而且仰仗销售人员言谈举止中散发出来的魅力。

一位优秀的销售人员曾说："接近准客户时，不需要一味地向客户低头行礼，也不应该迫不及待地向客户说明商品，这样做，反而会让客户逃避。当我刚进入公司做推销业务时，在接近客户时，我只会向他们介绍我的汽车，因此，在初次接近客户时，往往无法迅速地与客户进行有效沟通。在无数次的体验揣摩后，我终于体会到，与其直接说商品不如谈些有关客户的太太、小孩的话题，或谈一些社会新闻之类的事情，客户是否喜欢自己才真正关系着销售业绩的成败。因此，接近客户的重点是让客户对一位以推销为职业的销售人员抱有好感，从心理上先接受他。"

总之，接近客户时，要贯彻“以心换心，以情换情”的原则。销售人员只有首先树立“以客户为中心”的观念，在接近客户的沟通过程中注意上述方面，才能和客户建立起紧密、融洽的关系。

小资料

如何认识沟通在冲突管理中的作用

沟通是冲突产生的起因，也是化解冲突的良药。在职场上，员工与领导因为资源分配不公平产生分歧时，如果领导既不承认自己的工作思路有问题，也不愿意满足员工提出的要求，员工我行我素、一意孤行，冲突就会不可避免地产生。

为了避免此类冲突，员工切忌以辞职等来要挟领导，而应首先按照上级指示把工作做好，把领导分配的任务圆满地完成后，再向领导诚恳地说出自己的意见、建议和不满，此时大多数领导会虚心接受员工的建议。员工即使有辞职的想法，也应该先把手头的工作做好。

1. 沟通三要素——环境、气氛、情绪

沟通忌钻牛角尖，当冲突已经发生，并向越来越严重的方向发展时，冲突双方可以通过“换环境”来缓解尴尬的氛围。例如，从压抑的办公室换到相对舒适的会议室，或从会议室换到开阔的阳台、咖啡厅等。切忌在双方争执不下、情绪激动时作出决定，逼迫对方同意自己的看法，因为这样做往往会使情况更加恶化，使沟通失败的风险升高。

2. 沟通三关键——表达、倾听、反馈

与人沟通时，如果对方提出的问题超出了自己的能力范围，一时无法给出对方答案时，可以直接诚恳地表达自己内心的想法，告诉对方自己欠考虑，但会尽快给出答复，让对方有所期待，切忌答非所问，为了沟通而沟通，生搬硬套，谈论一些与主题无关的话题。

3. 沟通三法宝——点头、赞美、微笑

与人交谈经常会遇到意见不合的情况，此时需要谨记的是，即便十分反感对方的言谈，也不要轻易打断别人，或者不留情面地反驳对方，这样做只能导致冲突升级；相反，如果自己的观点得不到对方认可也不必焦躁，要心平气和、态度诚恳地接受别人的批评和意见。

项目小结

在激烈的市场竞争中，企业要端正服务态度，注重客户沟通管理。与客户进行有效沟通，需要有很好的沟通技能，形象地说，就是要奏响“三部曲”：首先要弄清楚客户的真实需要；其次要选择好与客户沟通的方式；最后要掌握好与客户沟通的技巧。销售人员之所以十分重视与客户沟通，是因为它事关重大，直接影响到自己的劳动成果能否被客户接受，大量的付出是否会有所回报。

知识应用

一、情景模拟训练

训练一

1. 实训情景

前台接待

望湖酒店的服务员张小姐在总台值班，此时一位长者走向总台，张小姐应如何接待？

长者的背景：海外华侨，年轻时从浙大毕业，有西湖情结。想住在靠窗、有木浴缸、安静的房间，并要求酒店代为安排旅游以及购买飞往美国的机票。这些情况张小姐事先并不知道。

2. 实训目标

训练与考核学生的前台接待能力与技巧，在“形象、仪态、表情、招呼、询问、倾听、认同、记录、复述、表述建议、促成、异议化解”等方面符合能力标准，基本符合“亲和力→知人力→表述力→促成力→异议化解力”的沟通程式；这里重点考核热情地招呼、询问、复述、介绍客房。

3. 实训内容

学生在前台接待中展现形象、仪态、表情，会招呼、会询问、会聆听、会认同、会记录、会复述、会表述建议、会促成、会异议化解等沟通要素，按沟通程式展开沟通实践；重点是会招呼、会询问、会复述、会介绍客房。

4. 实训设施

接待台（讲台）、摄像机。

5. 实训步骤

每两名学生为一组，一名扮演长者、一名扮演服务员张小姐；服务员在总台，长者走向总台；情景摄录，处理后播放；录像分析，师生点评。

训练二

1. 实训情景

大堂经理接待客人

客人询问“在周末，是否有可容纳 1 000 人举行会议的报告厅，并且有良好的音响与摄录设备，提供两晚住宿、一日三餐，人均费用不超过 120 元”；酒店的实际情况是：有一间大会议厅，可容纳 600 人，4 个中等会议厅，分别可容纳 400 人，若干小型会议室，可以同步播放视频，有摄录设备，现在处于淡季。

2. 实训目标

考核综合沟通能力，考核文字、声音、肢体语言的有效组合运用。

3. 实训步骤

客人走向大堂经理；招呼；咨询与解答；点评；记录。

二、客户沟通技巧训练

1. 实训目的

让学生了解客户沟通技巧，进而更加深刻地认识本项目所学知识。

2. 背景材料

上海××商贸公司是一家专门出口海滩休闲用品的公司，该公司已成功地向美国多家海滨城市的商店推销了多种产品。下面是该公司的外贸业务员张蕾起草的两封电子邮件，打算发给波士顿的新客户。

电子邮件一

尊敬的客户：

希望您能喜欢我们前段时间寄给您的试销产品。夏日已经来临，贵店必将迎来大量的旅游者，也该考虑进货了吧？您是希望自己商店的橱窗和竞争对手一样呢，还是想要在销售旺季中脱颖而出？

此致

上海××商贸公司
2024 年 12 月

电子邮件二

尊敬的约翰先生：

上次给您寄去的试销产品太阳帽、沙滩鞋，希望您喜欢。夏日已经来临，贵店必将迎来大量的旅游者，也该考虑进货了吧？您可能还需要订购与上次同类型的产品。我们还发现贵店所在地区的高龄游客比较多，专门为他们设计的产品的销路肯定会特别好。在我随函附上的手册中，第 19～24 页就是此类产品的有关介绍。如有疑问，请与我联系。

此致

上海××商贸公司　张蕾
2024 年 12 月

3. 实训要求

请仔细阅读上述两封电子邮件，谈谈哪封写得更好，并说明理由。

在线测评　　**要点巩固**

项目四 客户满意度管理

素养目标

◎ 能够关注产品和服务的质量，注重与客户的沟通，并关怀客户；

◎ 知晓营销是要把客户“拿下”，服务是要将客户“留下”。

知识目标

◎ 理解客户满意度的概念；

◎ 掌握影响客户满意度的因素，熟悉客户满意度测试的对象；

◎ 掌握客户满意度的衡量方式，掌握提高客户满意度的途径，熟悉如何收集客户满意度数据。

能力目标

◎ 能够建立客户满意度测评体系；

◎ 学会如何进行客户满意度分析；

◎ 能够根据客户需求实施客户满意度管理。

项目描述

客户满意度（Consumer Satisfaction Research，CSR）也称客户满意指数，是对服务性行业客户满意度调查系统的简称，是一个相对的概念，是指客户期望值与客户体验的匹配程度，换言之，就是客户对一种产品可感知的效果与其期望值相比较后得出的指数。作为企业，在为客户提供服务时，也在不断地了解客户对于服务的期望是什么，然后根据对客户期望的理解去为客户提供服务。

项目分析

客户满意度对企业发展的促进作用是显而易见的，问题的关键是企业如何正确分析客户满意度，建立客户满意度测评体系，从而有针对性地分析企业经营中存在的问题和不足。在此基础上，采取有效的改进措施，提高客户满意度。

客户满意度的提升和产品市场份额的提高存在明显的正相关关系。所以，企业应采取积极有效的措施提高客户满意度，从而有效地保留老客户、开发新客户，为企业创造更多的价值。

任务分解

为了更好地帮助读者学习客户满意度管理的相关知识，掌握提高客户满意度的相关技能，本项目分解为以下两项任务：

任务一　客户满意度分析

任务二　实施客户满意度管理

任务一　客户满意度分析

任务引入

如果你去商店购物，面对凶巴巴或者冷若冰霜的售货员，你的感受如何？如果你在网上买东西，看到某家店铺店主在线，但跟他说了半天话对方都没有回应，你是不是会一直等他呢？如果你是商家，你会怎么做？

相关知识

一、客户满意度

客户满意度是测量客户满意水平的量化指标，是一个人通过对一种产品可感知的效果或结果与他的期望值相比较所形成的一种失望或愉悦的感受。满意度是一种心理状态，是客户对服务的事前期望与所得到的实际感受之间的相对关系。客户满意是客户对企业忠诚的基本条件。

满意水平是指可感知效果和期望值相匹配的程度，若两者匹配，则客户就会满意；如果可感知效果低于期望值，客户就会不满意；如果可感知效果超过期望值，客户就会高度满意或欣喜。用数学公式可以表示为：

客户满意度＝f（可感知效果－期望值）

期望值是客户根据自身的经历、产品的口碑及个人的需求所定下的一个基本目标。

二、客户满意层次

客户满意包括产品满意、服务满意和社会满意三个层次。

产品满意是指企业产品带给客户的满足状态，包括产品的质量、价格、设计、包装、时效等方面的满意。产品满意是构成顾客满意的基础因素。

服务满意是指产品售前、售中、售后以及产品生命周期的不同阶段采取的服务措施令客户满意。这主要是企业在服务过程的每一个环节上都能设身处地地为客户着想，做到有利于客户、方便客户。

社会满意是指客户在对企业产品和服务的消费过程中所体验到的对社会利益的维护，主要指客户整体社会满意，它要求企业的经营活动要有利于社会进步。

小案例

满意的服务，迎来了回头客

有一天，某银行大堂经理小张接到一位老客户的电话，说她的到期存款是在某邮政储蓄所存的，有20万元，询问能否派车接她。这位老客户是一位70多岁的老人，一个月前老人称她有10万元现金，要来该行买理财产品，自己不敢拿着钱坐车来，正好该分行营业部总经理在大堂值班，接到电话后，值班经理马上开车将老人接到行里，购买了理财产品，老人很高兴。大堂经理得知是邮政储蓄存款后，就建议道："我们银行附近50米内有一家邮政储蓄的网点，取款可以通存通兑，我今天先给您预约上，明天您来了以后，我陪您一起去。"老人很高兴，欣然接受并表示感谢。

第二天，小张陪同老人到邮政储蓄网点取出现金，并帮助老人在银行里购买了理财套餐等业务。老人说，年底她还有一笔到期的存款，到期时如有风险性小、利率高的理财产品让工作人员通知她，另外在其他银行的存款，一旦到期也全部转到该银行。

小看板

客户满意度不是一个绝对值，而是一个相对值。它是"客户的期望"与"客户的体验"相对比的结果。

客户满意度也不是一个瞬间值，而是一个长期进行管理的结果，它只会在踏踏实实地工作中不断提升。

客户满意不仅体现在对一件产品、一项服务、一种思想、一个机会的满意，还体现为对一种系统、一种体系的满意。在整个消费过程中，客户不仅追求经济收益的满意，而且追求社会性和精神性的满足。因此，客户满意分为产品满意、服务满意和社会满意三个层次。这三个层次一般具有递进关系，即人们首先寻求的是产品满意，只有这一层次基本满意后，才会推及服务满意；服务满意基本达到后，才会考虑社会满意。由此可见，产品和服务的满意度与客户的价值判断相关，即每个客户以及同一客户不同阶段的价值标准是不同的，这也增加了企业为客户服务的难度。

小案例

下次来时再付钱

某超市老板看见一位女士多年来坚持来店购物，就问她原因。她说，14年前，有一次她拎着满满一篮食品到付款台时发现自己没有带钱包，就与收银员商量，她把东西先存一下，取了钱马上就回来。没想到收银员却笑着对她说："您哪儿也不用存，把您买的东西先拿回去吧，下次来时再付钱。"

从此以后，这位女士只要买东西，就会到这家超市。

思考题：客户满意度会为企业带来哪些好处？

三、影响客户满意度的因素

客户满意度是客户建立在期望与现实基础上的对产品与服务的主观评价，一切影响期望与现实服务的因素都可能影响客户满意度。

（一）企业因素

企业是产品与服务的提供者，其规模、效益、形象、品牌、公众舆论等内在或外部的表现都会影响消费者的判断。如果企业给消费者展示的是一个很不好的形象，很难想象消费者会选择其产品。

（二）产品因素

产品因素包含以下四个层次的内容：

（1）产品与竞争者同类产品在功能、质量、价格方面的比较。产品与竞争者同类产品相比，如果有明显优势或个性化较强，则容易获得客户认可。

（2）产品的消费属性。客户对高价值、耐用消费品的要求比较苛刻，因此这类产品一旦得到客户认可，客户的忠诚度就会很高。客户对价格低廉、一次性使用的产品要求相对较低。

（3）产品包含服务的多少。如果产品包含的服务较多，销售人员做得不够，就难以让客户满意；不含服务的产品只要主要指标符合要求，客户就会满意。

（4）产品的外观因素。产品在外观上设计得细致，有利于客户使用并且体现其品位，就会得到客户的认可。

（三）服务因素

企业的营销与服务体系是否一致、能否为客户带来方便、售后服务时间的长短、服务人员的态度与响应时间、投诉与咨询的便捷性等，都会影响客户的满意度。

小案例

招商银行的电话服务

95555 是招商银行集自动、人工于一体的全国统一客户服务号码，客户可通过拨打 95555 获得 24 小时不间断的、全方位的一站式服务。作为招行的一个优势，其电话服务具有以下特色：超时空的 4A 服务——任何客户（Any Guest），可以在任何时间（Anytime）和任何地点（Anywhere），以任何方式（Anyway）获得银行服务。4A 服务既方便了客户的沟通，也帮助客户节省了时间和精力，因此客户比较满意。

招商银行的 4A 服务，使客户可以不受时间、空间、方式的限制来接受服务，超出客户的预期，因此实现了客户的满意。

（四）沟通因素

客户通常期望能很方便地与供应商沟通。商品销售的发展趋势是所有的交易都将走向电子化，包括付款方式等。客户希望在货品不能按期发运，或者已经发运后发现其中有误时，能得到及时的通知。企业应派专业人员向客户及那些真正使用产品或产品的生产工人征求意见。需要特别注意的是，在了解了客户的要求后，在随后的发运中就必须改进，并按客户的要求和期望通知所有相关的部门。企业的客户满意度数据必须统计并公布，必要时通知所有管理人员，对于负面数据也必须这样处理。

（五）情感因素

从客户调查中获得的很多证据表明，某些影响客户满意度的因素与核心产品或者服务的质量并没有关系。实际上，客户可能对服务提供商及其员工中的大多数人员都感到满意，只是因为一位员工的某些话或者其他一些小事情没有做好而使该客户的情感受到了影响，从而使企业失去了这个客户。

（六）环境因素

在某种环境下令客户满意的东西在另一种环境下客户可能就不满意了。客户的期望和容忍范围会随着环境的变化而变化。对于员工来说，认识到这一点，有助于其为客户提供高质量的服务。

四、客户满意度测试的对象

不同的客户对企业的期待是不同的，有的客户容易满意，有的客户却不容易满意。因此，在测试客户满意度时，仅调查少数客户的意见是不够的，必须以多数客户为对象，然后再将结果平均化。

（一）现实客户

客户满意度测试的对象一般是现实客户，即已经体验过本企业商品和服务的现实（既有）客户。实际上，大多数企业不是因为吸引客户过少而失败，而是由于未能提供客户满意的商品或服务而使客户流失和业绩减退。因此，测试并提高现实客户满意度非常重要。它投入少，但效果很明显，因为它是以特定客户为对象的，目标固定。

（二）使用者和购买者

客户满意度测试是以商品或服务的最终使用者还是以实际购买者为对象，需要事先明确。由于商品或服务的性质不同，这两者经常存在差异。

通常情况下，购买者与最终使用者是合二为一的。以购买者为测试对象是通常的做法，但例外的情况也不少。例如，不直接面向最终消费市场、以企业使用为主的生产资料，其使用者多是制造部门，而购买者则是供应部门。再比如说儿童消费者，虽然他们是最终使用者，但购买者通常为父母。那么，以谁为测试对象呢？当然理想的情况是使这二者都满意，此时可将两者都列为测试对象。

（三）中间商客户

企业把商品或服务提供给客户的方式是不一样的。有些企业并不与消费者直接见面，而是需要经过一定的中间环节。这时，客户对产品或服务的满意度，与批发商、零售商这类中间商就有很大关系，因此对中间商的测试也不可忽略。

（四）内部客户

客户满意度测试不仅包括传统的外部客户的调查，而且包括企业内部客户的调查。实际上，企业作为对外提供商品和服务的整体，内部各部门彼此之间也应以对待外部客户那样的方式相待。只有整个流程中各部门都能为其他部门提供满意的商品或服务，才有可能最终为客户（消费者）提供满意的商品或服务。

五、客户满意度的衡量指标

客户满意度是衡量客户满意程度的量化指标，通过该指标可直接了解企业或产品在客户心目中的满意度。

客户满意度的衡量指标通常包括以下几种。

（一）美誉度

美誉度是指客户对企业的褒扬程度。对企业持褒扬态度者，肯定对企业提供的产品或服务感到满意，即使他本人不曾直接消费该企业提供的产品或服务，也一定直接或间接地接触过该产品或服务，因此他的意见具有代表性。借助于对美誉度的了解，可以知道企业提供的产品或服务在客户中的满意状况。

（二）知名度

知名度是指名消费某企业产品或服务的程度。如果客户对某种产品或服务非常满意，他们就会在消费过程中放弃其他选择而指名购买该企业的产品或服务。

（三）回头率

回头率是指客户消费了该企业的产品或服务之后再次消费，或介绍他人消费的比例。当一个客户消费了某种产品或服务后，如果他十分满意，那么他将会再次消费，或者向别人推荐，引导他人加入消费队伍。

（四）抱怨率

抱怨率是指客户消费企业的产品或服务之后产生抱怨的比率。客户的抱怨是不满意的具体表现，通过了解客户抱怨率可以知道客户的不满意状况。

（五）销售力

销售力是指产品或服务的销售能力。一般来说，客户满意的产品或服务都有良好的销售力，而客户不满意的产品或服务就没有良好的销售力，所以销售力是衡量客户满意度的重要指标。

客户满意度衡量指标是衡量客户满意度的项目因子或属性，找出这些项目因子或属性，不仅可以用来分析客户满意状况，还可以由此入手改进产品或服务质量，提升客户满意度，使企业立于不败之地。

六、提高客户满意度的途径

提高客户满意度是企业销售管理与服务的重要目标。要提高客户满意度，首先要做好客户满意度的测评，并通过统计分析，找到导致客户不满意的关键因素和关键指标；其次是行动，即找到提高客户满意度的策略和方法，制订并实施客户满意度提高计划；最后是改进，即对提高客户满意度计划的执行进行监控与改进。

（一）做好客户满意度测评

测评客户满意度时，要注意做好以下工作：

（1）细分客户。按照一定的标准，对企业的客户进行细分。

（2）确定衡量客户满意度的关键指标，可以通过内部员工访谈及外部客户调查确定指标。

（3）根据关键指标，设计出客户满意度调查表和客户需求程度调查表。

（4）采用多种调研方法，实施客户满意度调研和客户需求程度调研。

（5）收集调查表，整理调查结果。

（6）对调查结果进行描述性分析和量化统计分析。

（7）总结调查结果，撰写评估报告。

（二）采取积极行动，提高客户满意度

客户满意度评估工作结束后，企业接着要做的是采取积极的行动：

（1）根据评估分析结果，找到问题的症结所在。

（2）对需要改进的关键指标进行优先排序。

（3）制订提高客户满意度的分步实施计划。

（4）实施提高客户满意度计划。

（三）改进服务，提高客户满意度

实施了提高客户满意度计划后，要做好计划实施监控和改进服务工作：

（1）监督客户满意度提升计划的实施。

（2）找到影响计划实施的因素。

（3）提出改进计划的建议。

（4）进一步完善和实施计划。

（5）为下一步客户满意度的评估做好准备。

小案例

奇瑞汽车“三大举措”提升客户满意度

奇瑞推出“纵横中国”服务战略的出发点是加强自身服务系统能力，从整体规划、技术、硬件、管理等方面保证客户满意度的稳定提升。“纵横中国”服务战略下的技术服务中心定位于两条主线：一是着力于直接客户关系管理，直接服务客户，使客户能够享受更高标准服务；二是着眼于间接客户服务，通过对同区域的服务网络技术支持，提升区域整体服务能力，从而提高全区域的客户满意度。奇瑞延长整车免费服务周期和降低客户单次服务支出，8 608 种备件价格全线下调 30.1%，4 年 12 万千米质保期限给消费者带来实惠，为全部原厂配件、先进技术与设备、全球知名供应商提供更多备件服务保障。

在便捷性方面，奇瑞着眼于网点布局、救援保障、备件储备。近 600 家服务网点大大缩小了服务半径；耗资 1.14 亿元向全国各服务站投放了 1 000 辆带有全球卫星定位系统和车载电话功能的服务救援车，实现 24 小时全天候救援；“1+15”全国备件库分布，将备件的配送距离缩短至 500 千米范围内。

在提升客户满意度方面，奇瑞从服务标准提高、技术支持、服务站升级三个方面着手，发布了八步服务流程和 99 项保养标准，使服务的每个环节都有规可循。

直接客户关系管理主线具备三大功能，分别是区域救援中心、区域客户管理示范中心、区域快乐体验示范中心。区域技术支持管理主线具备如下五大功能：区域检测鉴定中心、区域技术资讯中心、区域培训中心、区域新产品新技术管理中心、区域备件中心。这种设计更利于区域客户享受快速高效的厂商联动服务。

任务实施

客户满意度分析

企业一般可以从效用和评价过程两个角度对客户满意度进行分析。

一、效用分析

客户满意度从效用角度分析可以表示为客户通过购买而获得的总价值与所付出的总成本之比。客户购买的总价值是指客户在消费过程中得到的一组利益，包括产品价值、服务价值、人员价值、形象价值。客户购买的总成本是指客户为了获取一组利益而不得不付出的货币成本、时间成本、精神成本和体力成本的组合。对这些总价值和总成本的权衡，决定了客户对服务效用的满意情况。总之，客户是以自己的标准来衡量事物价值的，如果想留住客户、令客户满意，企业就必须从客户角度来评价其提供的价值收益和客户所付出的成本。

二、评价过程分析

在以客户为导向的营销过程中，理解和把握客户的购买心理、购买行为以及评价过程是企业研究客户满意度的重要前提。客户的整个购买过程是由购前阶段、购买阶段和购后阶段组成的，在每个阶段都存在影响客户满意度的一系列关键要素。

（一）购前阶段

购前阶段是从客户意识到某种需要开始到购买之前的一系列活动。其主要活动内容包括信息收集、风险判断和最后的方案选择。因此，在购前阶段，信息的充分性、决策的风险性是影响客户满意度的主要因素。

（1）信息的充分性是指客户从人际来源和非人际来源获取的信息是否足以使客户作出理性的购买决策。由于购买的经验信息大多来源于亲友或专家，因而客户更依赖信息的人际来源。例如，口头宣传被认为是消费中较为可靠的一种消息来源。客户如果掌握的信息不充分，其选择的余地会大大缩小，而且即使在购买阶段得到了优于预期的服务，客户仍会产生不满足感。

（2）决策的风险性是指客户作出决策造成自己不希望得到的或是产生不愉快感的后果的可能性。不同的企业在规避或降低客户决策的风险方面具有不同的特点。如果客户认为购买将要承担更多风险时，他们不会轻易转换品牌，因为品牌忠诚度是客户减少购买风险、节约购买支出的一种手段。

（二）购买阶段

购买阶段是指客户实际购买的阶段，购买过程体现为客户与销售人员及其设备相互作用的过程。在购买阶段，现场管理的有序性、流程的高效率、沟通的有效性是影响客户满意度的主要因素。

（1）现场管理的有序性。现场管理的有序性包括销售人员对经营现场有形展示的布置、对客户参与的管理、对客户和客户相互影响的管理。有序的经营现场会给客户留下良好的印象，是客户决定是否购买的重要依据。

（2）流程的高效率。流程的高效率是指销售人员及时向客户提供所需服务的反应程度及服务效率。高效率的服务流程可缩短客户的等候时间，可精简各服务步骤，能够尽快给客户答复，在服务的标准化、熟练度等方面给客户留下正面的印象，最终影响客户满意度。

（3）沟通的有效性。沟通是双向的，既包括销售人员主动向客户介绍产品或服务信息，也包括客户向销售人员清晰地表达自己的需求。因此，要实现有效的沟通，企业不仅要通过销售人员的工作帮助客户进行有关知识的积累，取得客户的配合，合理提高客户对服务过程的控制力，从而提高客户满意度，而且还要帮助客户明确提出自身的服务要求，避免客户对购买结果不满。

（三）购后阶段

客户的评价不只存在于购后阶段，其实在购买过程中，评价就已经开始了。客户评价的结果是其对前两个阶段满意感受的积累与明确化，但购买后的一些特有因素对这一评价结果也会产生影响。

（1）投诉、抱怨渠道的畅通度。这是指企业是否意识到引导客户表达不满的需要，并设立有效的投诉、抱怨传递渠道及建立管理这些投诉、抱怨的组织。一方面，企业应建立相应机制，包括在现场设立投诉专柜，安排专家解释，使客户的不满得以解决，并对不良的服务质量进行补偿；另一方面，还应对客户的投诉给出实质性的答复和补偿，并将改进结果及时向客户反馈，只有这样，才能真正实现渠道的通畅。

（2）购买后的跟踪接触度。这是指企业在提供服务后仍主动跟进客户的意见、建议、需求的及时性、频率和深度。企业的跟踪接触越及时，对客户的最终评价影响越大，太早或太晚都会降低跟踪接触的效果。对客户购买后的跟踪接触应及时，并保持一定的频率，这对企业挽留初次购买者、巩固已有客户群、了解客户需求变化趋向都有帮助。

（3）对口头宣传的激励。主动向亲友、熟人介绍产品或服务的特色及收益是忠实客户的重要特征。企业采用一定的方式对这些行为进行奖励，无疑会强化客户的口头宣传；同时，客户会对自己以往的购买决策予以肯定，加强对企业的信任，提高对企业的忠诚度。

从评价过程分析的角度来看，客户的最终满意度是客户在各购买阶段的满意度的总合，销售人员应针对各阶段的客户满意关键因素制定营销策略，从而提高整体客户满意度。

任务二　实施客户满意度管理

任务引入

现代市场竞争，归根结底是对客户的竞争。“关注客户，让客户满意”，已成为企业在竞争中能否取胜的关键。客户满意度管理强调客户的需要和满意度，是全面质量管理的关键，创造客户价值和客户满意是其核心，这种围绕客户满意度的管理已得到重视。

相关知识

一、客户满意度管理的概念

客户满意度管理是指企业通过调查、分析、研究，在了解企业目前客户满意度的基础上，找出影响客户满意度的因素，通过在企业内部导入客户满意观念，进行持续改进，以不断提高客户满意度的行为。

小案例

华为公司如何提高客户满意度

华为公司管理理念中重要的一点就是“客户满意度是检验一切工作的唯一标准”，并提出以下四大服务策略：

（1）构建满意的客户服务体系。加强与客户的沟通，准确了解客户需求；在研究客户需求的基础上设计服务质量和实施服务。

（2）服务标准化。

（3）注重提供服务的快捷性。利用先进通信手段，发展远程支持模式；完善服务网络，提高响应速度。

（4）注重服务持续发展。

二、客户满意策略

客户对企业的经营理念、行为是否满意，是通过企业的具体产品、服务、人员、形象和所营造的消费环境来体验的。因此，企业的理念满意、行为满意应具体体现在客户消费过程中的产品属性满意、服务满意、人员满意、形象满意和环境满意中，而不是仅仅呈现于企业的经营、管理理念和行为规范文本上。由此可见，为了保证客户满意理念的落实，企业需要建立与之相对应的管理体系，并实施客户满意“10P”策略（见表 4－1），以期实现企业满意、营销系统满意、产品与服务满意、人员满意、形象与环境满意等。

表 4－1　客户满意“10P”策略

名称	内容	名称	内容
People	内部、外部客户满意	Place	营销渠道合理
Personal	人事与考评公平化	Public	公共关系稳定
Product	产品满足客户需要	Policy	政策公开化、透明化
Price	价格合理化	Period	长期的优质服务
Promotion	促销活动真实化	Profit	公司、客户收益最大化

为了确保“10P”策略的真正落实，企业在制定客户满意策略时，必须从客户的消费过程出发，通过客户的购前满意、购中满意、使用满意和用后满意来制定营销策略，即对影响客户各消费阶段满意度的产品（包括产品性能、质量、价格、产品信息等）、服务（包括售前、售中和售后服务，以及促销、渠道等与客户整个消费活动有关的一切服务）、人员、形象和环境等因素进行整体策划（如图 4－1 右侧“从消费过程角度”所示）。在具体的经营管理中，又可以分别从产品、服务、人员、形象和环境等方面入手，使其能够保证目标客户在各消费过程中的满意（如图 4－1 左侧“从影响因素角度”所示）。

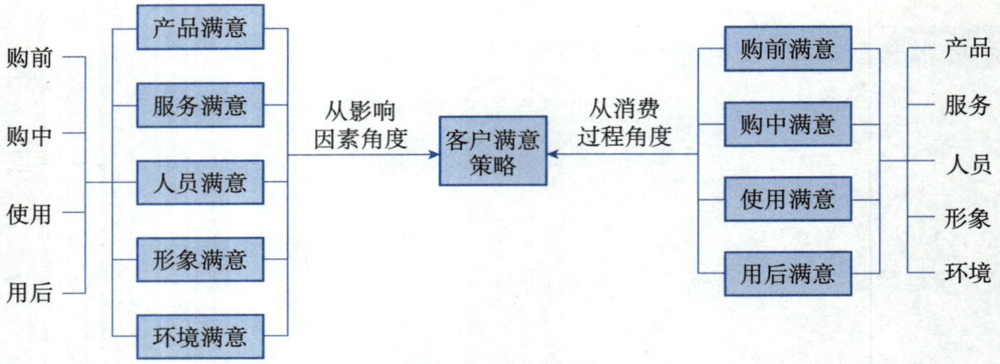

图 4-1　客户满意策略基本体系

三、客户满意度的衡量方法

客户满意是企业制胜的法宝之一。满意度高的客户往往会成为忠实的客户。影响客户对企业产品或服务满意度的因素有很多，同时也就产生了一系列衡量客户满意度的方法。一般可以通过以下三种方法对客户满意度进行衡量。

（一）直接衡量法

直接衡量法是指通过直接询问的方式进行衡量，一般是通过五级满意度量表，采用“请按下面的量度说出你对某项产品或服务的满意程度（非常不满意、不满意、一般、不满意和非常满意；100 分表示非常满意，0 分表示非常不满意）”的提问方式，了解客户对影响满意度因素的看法，同时还要求受访者评价他们期望得到什么样的产品或服务。实际上，这是从客户目前得到的产品或服务中引申出客户对现有产品或服务的不满意之处。

（二）间接衡量法

间接衡量法就是要求受访者罗列出在接受产品或服务时出现的问题和希望改进的措施，并且要求受访者按重要性的不同进行排序。在此要对每个要素的表现作出评价，以帮助企业了解它是否在一些重要的方面表现不佳，或在一些相对不重要的方面投入过多。

（三）综合衡量法

综合衡量法就是通过直接衡量法得出客户对某项指标的满意程度后，结合通过间接衡量法得到的各因素重要程度，采用国际上通用的重要性推导模型，利用象限分析法了解客户目前的满意情况，进而指导企业采取一定的措施来改进。

四、客户满意度数据的收集

调查法是应用最普遍的数据收集方法，大多数客户满意度衡量工作都是通过调查进行的。调查法的具体方法如下。

（一）问卷调查法

问卷调查法通常包含很多问题的陈述，需要被调查者根据预设的表格选择相应答案，但有些问题则允许被调查者以开放的方式回答，从而更详细地了解他们的想法。这两种方法都很有效，都能够提供关于客户满意水平的有价值的信息。问卷调查法有助于客户从自身利益出发来评估企业的服务质量、客户服务工作和客户满意水平。

(1) 调查方案的设计。企业可以设计多种方案进行调查，其中的关键是使接受调查的人觉得“轻松友好”，问题容易理解和容易回答。同时，不要把调查做得太长，因为人们在宽泛的调查中会失去兴趣，尤其是当调查者“拦截”他们获取答复时。如果调查者采用邮寄方式调查，那么这将比拦截式访问更有机会使被调查者填完篇幅较长的问卷。因为人们发现在家或在办公室里有较多的时间，如果他们对调查者的企业感兴趣，就会花时间协助调查者完成调查。

(2) 调查问题的设计。调查成功的关键之一是问题设计做到了问所必问。另外，问题应该只包含一个观点或属性。在设计问题时，调查者要考虑的最重要的因素是保证问题简单，每个问题只限于一个主题；调查者可通过问足够多的问题来获得自己希望从顾客那里得到的信息。

(3) 调查问题的回答。对于问题的回答可以是开放式的，也可以是封闭式的。封闭式问答往往具有可量化的特征。对每一个答案都要规定一个权重，并且无论何时何地，在同一个调查中只能使用同样的权重。

(二) 电话调查

成功地进行电话调查，需要做到以下几点：

(1) 问题简洁明了。在电话调查中，被调查者都是在听调查员的问题或陈述，因此一定要保证问题和答案的通俗性。

(2) 准备一个范本。向所有电话调查员提供同一个范本。这个范本包括的内容有：调查员在被调查者接听电话后应该如何自我介绍、如何提出问题、如何响应顾客的回答，当被调查者跑题时应该如何将被调查者引回正题，如何使被调查者不挂断电话以完成调查，如何感谢被调查者提供的帮助，等等。必须确保该范本为所有调查员所遵循，唯有如此，才能确保数据的客观性。

(3) 易操作。调查员必须能够迅速记下被调查者对问题的回答，并能够紧接着进入下一个问题。调查员必须准确记录被调查者的回答，避免把答案放错位置，当作另一个问题的答案。

(4) 培训调查员。让调查员学会善于接触被调查者，并使被调查者能如实回答。

(5) 感谢被调查者。调查之初，当被调查者同意接受调查时，调查员就应该表示感谢；在调查进行过程中，询问了几个问题之后，调查员也应该表示感谢；调查结束之时，调查员更应该表示感谢。

(三) 专题小组式调查

专题小组式调查在实践中有广泛的应用，但其价值受制于特定小组的特定参加者。因此，为了使专题小组获得的资料更有效、信息更充分，专题小组应欢迎从全国各地不同区域选出的各种不同的被调查者参与。因为不同的被调查者有不同的购买习惯，对服务质量的看法和满意水平也不尽相同。

（四）面访

面访包括入户访问和拦截式访问。入户访问的要求比较高，要求知道被调查者的住址。另外，入户访问的访问成本也是最高的。拦截式访问是指当被调查者进入或离开一个商业区域时，调查员拦住被调查者，并询问被调查者问题。拦截法可以是书面调查，也可以是口头访谈，或两者兼而有之。拦截式访问成本较低，且可以控制。

（五）其他调查方法

其他调查方法包括座谈会、顾客投诉文件分析等定性分析法。

五、建立客户满意度测评体系

客户满意度测评体系是客户满意度测评的核心部分，在很大程度上决定了测评结果的有效性、可靠性。客户满意度测评指标中的客户期望、客户对质量的感知、客户对价值的感知、客户抱怨和客户忠诚变量等均无法直接测评，需要逐级展开，直到形成一系列可以直接测评的指标，这些逐级展开的测评指标的有机组合就构成了客户满意度测评体系。

（一）客户满意度测评体系的结构

客户满意度测评体系是一个多指标的结构，运用层次化结构设定测评指标，能够由表及里、深入清晰地表述客户满意度测评体系的内涵。

测评体系一般可划分为四个层次。每一层次的测评指标都是由上一层的测评指标展开的，而上一层次的测评指标则是通过下一层的测评指标的测评结果反映出来的。

（1）客户满意度指数。这是总的测评目标，为一级指标，即第一层次。

（2）客户期望、客户对质量的感知、客户对价值的感知、客户满意度、客户抱怨和客户忠诚六大要素是二级指标，即第二层次。

（3）根据不同的产品、服务、企业或行业的特点，可将第二层次中的六大要素展开为具体的三级指标，即第三层次。如将客户对质量的感知指标分为客户对产品（服务）质量的总体评价、客户对产品（服务）质量满足需求程度的评价和客户对产品（服务）质量可靠性的评价等三级指标。

（4）三级指标可以具体化为调查问卷上的问题，可以作为测评体系的四级指标，即第四层次。

客户满意度测评体系见表 4－2。

表 4－2　客户满意度测评体系

一级指标	二级指标	三级指标
客户满意度指数	客户期望	对产品（服务）质量的总体期望 对产品（服务）质量满足需求程度的期望 对产品（服务）质量稳定性的期望
	客户对质量的感知	客户对产品（服务）质量的总体评价 客户对产品（服务）质量满足需求程度的评价 客户对产品（服务）质量可靠性的评价

续表

一级指标	二级指标	三级指标
客户满意度指数	客户对价值的感知	给定价格时客户对质量级别的评价 给定质量时客户对价格级别的评价 客户对总成本的感知 客户对总价值的感知
	客户满意度	总体满意度 感知与期望的比较
	客户抱怨	客户抱怨 客户投诉情况
	客户忠诚	

（二）客户满意度测评问卷的设计

问卷是根据客户满意度测评体系中的三级测评指标设计的。在设计测评问卷时，问卷设计者不仅要遵循问卷设计的原则和要求，还要考虑被测评的产品或服务的本质特征，以及客户的消费心理和行为特征，将相关测评指标转化为问卷上的问题。但要注意，问卷上的问题必须易于回答，而且不宜太多，20～30 个问题最为适合。

下面列举一些常见的具体问题：

（1）开具发票是否准确迅速？

（2）供货时间是否准确？

（3）客户记录是否准确？

（4）销售人员的专业知识和技能如何？

（5）技术支持人员和后勤保障人员的技能如何？

（6）企业服务电话是否容易接通？

（7）客户等候服务的时间是否过长？

（8）营业时间安排是否合理？

（9）销售人员的举止是否符合职业规范？

（10）企业员工有无不礼貌的言行举止？

（11）有关人员对企业服务项目的介绍是否准确？

（12）有关人员对企业的销售政策的传达是否及时？

（13）企业是否满足了客户的特殊要求？

（14）企业员工是否给客户以充分的关注？

（15）销售人员对经常光顾的客户熟悉吗？

（16）客户有被企业人员欺骗的情形吗？

（17）客户的档案资料有泄密的情况吗？

（18）购买产品多长时间后出现了故障？

（19）产品维修的频率是多少？

（20）客户多长时间光顾一次本企业？

任务实施

如何提高客户满意度

欲提高客户满意度，就应尽可能地将影响客户满意度的两个层面统一起来，只有了解了客户需求，然后为其提供符合期望甚至超越其期望的产品和服务，才会提高客户满意度；只有让客户满意度不断提高，客户才会增强对企业产品和服务的信任感及售后的安全感，才会持续购买。

一、建立提高客户满意度的内部机制

（1）对影响客户满意度的因素给予全面关注。这是改善客户满意度的前提条件和营销的出发点。

（2）全员参与，规范管理。提高客户满意度是企业全体员工的共同责任和目标，各岗位员工要全面重视和参与，规范管理是提高客户满意度的基本保证。

（3）建立客户满意度内部监控机制。把客户满意度作为企业经营活动的一项重要工作，确立相应的目标事项、考核体系等有效监控机制和持续改进机制。

二、制定并实施切实可行的客户满意度提升方案

（1）客户参与产品开发。把客户视为产品创新的伙伴，让客户参与产品功效设计、概念设计、款式设计、制作流程等产品开发过程。

（2）客户接触点建设。在企业内部建立跨部门的合作机制，减少客户的等待时间，让客户感觉到被个别关注且迅速满足了其需求，这样客户就会由衷地获得满足。

（3）流程再造。以客户满意为目标，调整企业各个运营环节。

（4）销售人员能力建设。重视员工的需要和期望，帮助员工有效提升服务水平及能力。

（5）销售方式的创新。注重与客户的每一次接触，无缝隙地传递目标信息，创造差异化的顾客体验。

总之，提高客户满意度是培养忠诚客户的一大法宝。

小看板

企业可以把客户满意度划分为以下四个区域，并对不同的区域采取不同的对策：

保持区：保持已有状态，并适时发展。

加强区：需要特别对待。

发展区：发挥优势，进一步发展，向保持区靠拢。

忽略区：没有必要花费过多的精力。

小资料

客户的满意度和忠诚度

客户是否满意取决于其对某产品或服务可感知的效果与其期望值进行比较后所形成的感觉。客户满意度可以看作可感知效果与期望值之间的函数。

如果可感知效果低于期望值，客户就会不满意；如果可感知效果与期望值相匹配，客户就满意；如果可感知效果超过期望值，客户就会高度满意。

客户高度满意就会对企业大加赞赏，从而形成企业的美誉度。张瑞敏曾经说："消费者给予企业无任何企图的赞扬，有口皆碑，这就是美誉度。这种美誉度是无价的，是最可贵、最可靠的市场资源。"

企业赢得美誉度很难。美誉度不同于知名度，知名度用金钱在短时间内即可获得；美誉度不同于信誉度，信誉度只要按有关规定要求去做即可得到；美誉度必须不断超出客户的期望值才能得到。

随着超出客户的期望值越来越多，客户对企业发自内心的赞扬也就越来越多，从而产生对企业的忠诚度。

调查表明：客户满意度越高，客户流失率就越低。对一家企业而言，一般会流失80%"极不满意的客户"、40%"有些不满意"的客户、20%"无意见"的客户和10%"一般满意"的客户。但是，企业只会流失1%～2%"高度满意"的客户。

客户的满意度和忠诚度之间是紧密联系的，它体现着企业的核心竞争力。

怎样才能使客户满意并忠诚呢？

从服务组织管理的角度来讲，一是要有科学的整体服务管理系统，二是要有一支适应客户服务需要的员工队伍。

张瑞敏曾说："许多企业都有服务部门，认为用户有了问题，找售后部门、电话中心或咨询部门就行了，与我无关。实际上，用户要解决的问题不是哪个部门、哪个人能解决的，必须动员企业所有的力量、所有的部门来解决。"客户服务涉及管理体制、操作流程、服务规范、人员安排、考核手段等诸多方面，必须全面协调，统筹兼顾。

建立一支为客户提供优质服务的员工队伍，最根本的是要调动员工的积极性和创造性。要采取多种方法加强服务理念和服务技能的培训，还要建立必要的沟通渠道，做好企业内部沟通，以及员工与客户之间的沟通。

从服务理念的角度来说，要树立正确的服务价值观，并在实际工作中付诸实践，即"客户至上"是客户服务的基本价值观；"客户永远是对的"是客户服务的基本立场；"真诚、用心"是客户服务的基本方法；"追求卓越"是客户服务的标准；员工满意是客户服务的前提；让客户满意，提升客户的满意度和忠诚度则是客户服务的出发点和归宿。

项目小结

客户满意度反映的是客户的一种心理状态，是客户对企业的某种产品或服务所产生的可感知效果与其期望值进行比较后所形成的愉悦或失望的感觉状态。“满意”不是一个绝对概念，而是一个相对概念。客户满意度有三种情况：十分满意或高度满意、基本满意或一般满意、不满意或失望。客户满意是企业经营的出发点和落脚点；客户满意可使企业获得长期的盈利能力；客户满意可使企业在竞争中得到更好的保护；客户满意使企业足以应对客户需求的变化。影响客户满意度的因素有：企业因素、产品因素、服务因素、沟通因素、情感因素。一般可以从效用和评价过程这两个角度对客户满意度进行分析。通过对客户满意度的效用分析，可以将客户满意度定义为客户购买的总价值和购买的总成本之比，可从这两方面对客户满意度进行分析。客户满意度测评体系是客户满意度测评的核心部分，在很大程度上决定了测评结果的有效性、可靠性。客户满意度测评指标中的客户期望、客户对质量的感知、客户对价值的感知、客户抱怨和客户忠诚变量等均不可直接测评，需要逐级展开，直到形成一系列可以直接测评的指标，这些逐级展开的测评指标就构成了客户满意度测评体系。提高客户满意度是企业销售管理与服务的重要目标。要提高客户满意度，首先要做好客户满意度的测评，并通过统计分析找到导致客户不满意的关键因素和关键指标；其次是行动，即找到提高客户满意度的策略和方法，制订并实施客户满意度提高计划；最后是改进，即对提高客户满意度计划的执行进行监控与改进。

知识应用

一、案例分析

如何让客户满意

海底捞火锅——服务创新实现客户满意。一家火锅连锁企业几乎没有核心技术可言，却通过管理创新拥有了大规模发展和扩张的动力，海底捞之所以取得如此巨大的成功，正是得益于其核心技术——以顾客至上为准绳的服务创新。海底捞有一套专属创新，人称“肉麻式服务”“变态服务”。例如客人入座后，服务人员会立即送上围裙、手机套，就餐期间还会有服务人员不时奉上热毛巾，在海底捞，客人能真正体会到被服务的感觉，这让海底捞的客人蜂拥而至。

星巴克咖啡——无线上网服务造就客户满意。星巴克咖啡的核心客户群体的年龄集中在 25～40 岁。经过长期的市场调研，星巴克发现这个核心客户群人均每个月来星巴克喝 18 次咖啡。针对这种情况，星巴克制定了相应的策略目标：一方面想办法提高客户的上门次数，另一方面想办法让他们每次停留更久，以便吸引他们喝更多的咖啡，从而提高业绩。考虑到越来越多的年轻客户会带着笔记本电脑来喝咖啡，星巴克推出服务策略：在店里提供快速无线上网服务。客户使用笔记本电脑或数码记事本，都可以在这里无线上网。

麦当劳——快速服务造就客户满意。麦当劳的目标客户群为孩子和年轻人，他们的生活节奏比较快。麦当劳成立了一个品质服务学院，专门研究如何提高服务速度、如何满足不同口味、如何去寻找物超所值的儿童玩具。因此，如果条件允许，其他企业也可以成立一个品质服务学院，专门研究如何让客户更满意，并把它变成一个机制。

福特汽车——贴心服务造就客户满意。福特汽车的客户以女性为主，他们设计的服务策略是以周边服务创造品牌的认同性，这些服务的设计让人感到温馨，体现出女性喜好的特点。比如福特体验店有咖啡厅可以喝咖啡，环境温馨，还销售一些个性化的饰品。

宜家——自助服务流程造就客户满意保证。在宜家组合式的家具店，整个服务流程都是自助式的，服务的柜台设有服务满意保证的说明，该说明将整个退换货的过程如何运作等介绍得一清二楚。宜家所提供的服务是一流的国际化服务。

思考题：你从上述案例中得到了什么启示？

二、设计一份调查问卷，用加权平均法分析客户满意度

（一）实训目的

通过调查问卷的设计，了解权重在计算客户满意度指数中的重要性，掌握运用加权平均法计算客户满意度指数，通过对客户满意度指数的分析，不断改进企业客户服务工作，从而不断提高客户满意度。

（二）实训内容

（1）分组（10 人一组）讨论：影响客户对商场经营满意度的因素有哪些？

（2）各组汇报，看看各组之间考虑的因素是否全面、合理。

（3）教师点评、归纳影响商场客户满意度的因素，各组以此为依据设计商场的客户满意度调查表。客户满意度按五级设计，即很满意、满意、一般满意、不满意、极不满意，分值分别是 10、8、6、4、2。例如：

你对商场的服务态度满意吗？

A. 很满意　B. 满意　C. 一般满意　D. 不满意　E. 极不满意

（三）角色演练

（1）计算权重。教师要求学生设计一份某商场的客户满意度调查问卷，了解客户对该商场在商品质量、商品品种、服务态度、价格水平等方面的满意程度，并给每项指标的重要性赋予一定的分值（赋分多少由学生自己确定，通常范围为 1～10 分，各组计算出该项指标的重要性平均值），并在此基础上计算出各项指标的权重。

某项指标的权重=(该项指标的重要性分值÷所有指标的重要性分值之和)×100%

（2）计算满意度指数。每个学生都要完成本组所设计的客户满意度调查表，计算出每个指标的满意度分值（以组为单位，计算出每个指标的平均满意度分值）；然后将每个满意度分值乘以相应的权重，从而计算出该项指标的满意度指数的加权值；最后把所有指标的加权值相加即可得出一个加权值合计数，这个合计数就是客户对该商场的满意度指数。

（四）案例思考

表 4－3 和表 4－4 分别是两家超市的客户满意度指数的计算权重，请根据这两个表的内容回答问题。

表 4－3　计算权重（一）

需求	满意度分值	权重（%）	加权值
地理位置	9.2	13.70	1.26
商品范围	7.9	13.41	1.06
价格水平	8.8	13.27	1.17
商品质量	9.1	12.97	1.18
结账时间	7.4	12.39	0.92
员工帮助	7.7	12.10	0.93
停车	8.6	11.52	0.99
员工形象	8.5	10.64	0.90
总计			8.41
满意度指数			84.1%

表 4－4　计算权重（二）

需求	满意度分值	权重（%）	需求	满意度分值	权重（%）
地理位置	9.4	13.70	员工帮助	8.3	12.10
商品范围	9.2	13.41	停车	7.9	11.52
价格水平	9.1	13.27	员工形象	7.3	10.64
商品质量	8.9	12.97	总计		
结账时间	8.5	12.39			

（1）客户对这两家超市哪些方面的需求比较大？需求越大，权重是否就越大？

（2）客户对这两家超市哪些方面的满意度较高？假如你是这两家超市的经理，你准备从哪些方面加强管理，进一步提高客户满意度？

（3）客户满意度与客户期望值的关系是什么？客户服务人员应怎样处理好这两方面的关系？

在线测评　　**要点巩固**

项目五 客户忠诚度管理

素养目标

◎ 培养创新意识以及勇攀高峰的责任感和使命感；

◎ 能遵循主动沟通原则、承诺信任原则和互惠互利原则；

◎ 清楚客户忠诚度不是一个理智方面的概念，而是一个情感方面的概念；要赢得客户信任，改善客户关系，提升客户满意度。

知识目标

◎ 了解客户忠诚度的概念，理解客户满意与客户忠诚之间的关系；

◎ 掌握影响客户忠诚度的因素，熟悉客户忠诚度测评指标；

◎ 掌握锁定客户忠诚的战略，熟悉提高客户忠诚度的流程。

能力目标

◎ 能够根据各种指标测评客户的忠诚度；

◎ 能够掌握提高客户忠诚度的方法。

项目描述

无数企业的经营实践证明，保留一个老客户的成本要比开发一个新客户的成本低得多，赢得新客户的代价十分昂贵，而保留老客户则收益颇丰，因此提升客户忠诚度，留住老客户成为很多企业的重要目标。保留客户的时间越长，获得的利润越多。

项目分析

当今市场竞争日益激烈，可以说，谁掌握了使客户满意的秘诀，谁就会拥有广阔的市场；谁赢得了客户的忠诚，谁就拥有了战胜竞争对手的法宝。

任务分解

为了更好地帮助读者学习客户忠诚度管理的相关知识，掌握客户忠诚度管理的相关技巧，本项目分解为以下两项任务：

任务一　客户忠诚度分析

任务二　提升客户忠诚度

任务一　客户忠诚度分析

任务引入

留住忠诚的客户对于企业来说非常重要。根据管理学者弗莱德·雷切尔德的调查数据，客户保持率每增加5%，利润就能上升25%～50%。关注忠诚客户最在意的事情，企业就能赢得客户。那么，如何建立客户忠诚并提高客户的忠诚度呢？

相关知识

一、客户忠诚度概述

客户忠诚度是指客户忠诚于企业的程度，是从客户满意度引申出的概念，是指客户使用产品满意后产生的对企业产品或品牌的信赖、维护和希望重复购买的一种心理倾向。

客户忠诚度体现的是客户行为的持续性，通常表现为两种形式：一种是客户忠诚于企业的意愿；另一种是客户忠诚于企业的行为。一般企业容易将这两种形式混淆起来，其实这两者具有本质区别，前者对企业来说并不产生直接价值，后者对企业来说则是一种直接价值。

具体来说，客户忠诚度表现为：客户在购买过程中，多次表现出对某企业产品和品牌有偏向性的购买行为。忠诚的客户对企业是最有价值的。客户忠诚度的小幅增加会导致利润的大幅增加。客户忠诚营销理论的关注点是提高客户忠诚度。建立并提升客户忠诚度是实现利润持续增长最有效的方法。企业必须把“做交易”的观念转化为“与客户建立关系”，从仅仅集中于对客户的争取和征服转化为集中于使客户建立和保持对企业的忠诚。

忠诚客户所带来的收益是长期的，并且具有累积效应，一个客户的忠诚度越高，忠诚度保持时间越长，给企业创造的利益就越多。客户忠诚度的提高，有利于增加销售量，降低营销成本，巩固企业的竞争地位。

建立客户忠诚度的关键因素主要包括以下几点：

(1) 服务质量。

1) 产品质量。销售前、销售中、销售后的静态体现。

2) 服务水平。销售前、销售中、销售后的流程设计。

3) 技术能力。销售前、销售中、销售后的动态体现。

(2) 服务效果。

服务效果即客户内心感受到的满足度，可以参考消费需求心理指标。

(3) 客户关系维系。

1) 互动的同理心态。

2) 相对的盟友关系。

(4) 理念灌输。

1) 产品（品牌）本身的确认。

2) 服务（供应）商的确认。

(5) 持续的良性心理刺激及增值感受。

二、客户忠诚度测评指标

企业准确把握客户的忠诚度，可使企业有针对性地采取客户关系管理措施，有效提升客户忠诚度。施乐公司认为：忠诚的客户所创造的价值是一般客户的10倍，并且这样的客户会持久地忠诚于公司。花旗银行在分析影响客户忠诚度因素的基础上提出了客户忠诚度测评的四个指标，即顾客对产品和程序的满意度、价值驱动力、忠诚驱动力和忠诚指标，具体如表5-1所示。

表5-1　客户忠诚度测评指标

测评指标	说明
对产品和消费程序的满意度	一个忠诚的客户首先是对企业的产品、消费程序感到满意的客户，这是客户忠诚的根本
价值驱动力	忠诚的客户了解企业的文化和内部绩效，能够让企业的利润得到提升
忠诚驱动力	一个忠诚客户觉得购买的产品是物有所值的，甚至已经超越了其期望值
忠诚指标	企业最终可通过客户的购买量、重复购买率、使用率及消费的额度来衡量客户是否忠诚

三、客户忠诚度的四个层次

客户忠诚通常从冲动型忠诚、情感型忠诚、认知型忠诚逐步向行为型忠诚发展。

(1) 冲动型忠诚是基于意向的忠诚，也就是说人们倾向于购买。冲动型忠诚客户的决策过程比较简单，非常容易受外在因素的影响，尤其是与价格相关的促销。对于冲动型忠诚客户来说，往往竞争对手的一个更优惠的促销信息就可能把这个客户吸引过去。

（2）情感型忠诚是基于偏好的忠诚，人们是因为喜欢才去购买。情感型忠诚客户的决策主要取决于客户对企业或企业产品的态度。一位渴望拥有小米汽车的年轻人，可能会一直保持着对小米汽车非常强烈的购买意愿，并且他所用的手机和家电都可能是小米品牌的。

（3）认知型忠诚是基于信息的忠诚，是一种理性的忠诚。认知型忠诚客户是基于对商品的功能特征、性价比等具体信息的了解而产生的购买行为。这类客户很多时候像一个产品专家，他们不仅了解产品的功能，还通过收集和研究各种资料来了解产品的差异性和技术特性，他们甚至比产品销售人员更清楚产品的性能。他们会综合考虑各种因素，最终产生这个产品更适合自己的认知，从而形成忠诚的购买行为。市场上如果出现了更好的产品，他们也会去仔细研究和比较。

（4）行为型忠诚是基于行动的忠诚，这类客户已经形成了一种购买惯性。他们有时为了购买某种产品不惜付出一定代价，或是克服一定障碍。比如为了购买企业发布的某款新产品愿意排队等很长时间。

四、客户忠诚与客户满意的关系

在现代市场上，许多产品或服务在品质方面的差别越来越小，导致产品的品质不再是客户消费选择的主要标准。客户越来越看重厂商能否满足其个性化的需求或能否为其提供高质量与及时的服务，因此，对客户忠诚和客户满意的研究工作便越来越重要了。

客户忠诚和客户满意是一对相互关联的概念，但这两个概念有着明显的区别。实际上，客户满意是客户需求被满足后的愉悦感，是一种心理活动。客户满意度与态度相关联，争取客户满意的目的是尝试改变客户对产品或服务的态度；忠诚客户所表现出来的则是购买行为，并且是有目的性的、经过思考而决定的购买行为。衡量客户忠诚度主要有两方面，即客户的保持度和客户的占有率。需要注意的是，客户的忠诚是一个处于相对稳定状态的动态平衡，从来没有永远的忠诚，企业也无法购买到客户永远的忠诚，而只能保持或增加客户的忠诚。

（一）客户满意不等于客户忠诚

客户的忠诚来自客户的满意，但二者存在本质区别。道理很简单，客户只有意愿，却没有行动，对于企业来说没有意义。满意度衡量的是客户的期望和感受，而忠诚度则反映了客户未来的购买行动和购买承诺。客户满意度调查反映了客户对过去购买经历的意见和想法，只能反映过去。客户忠诚度调查则可以预测客户最想买什么产品、什么时候买、这些购买可以产生多少销售收入。

（二）客户忠诚是客户满意度的提升

客户忠诚是客户满意的升华。客户满意是一种心理满足的程度，是客户消费之后所表现出的态度；客户忠诚则可以促进客户重复购买行为的发生，表现为一种后续的、持续的交易行为，对大多数企业来说，客户的忠诚才是更需要关注的。

（三）客户忠诚比客户满意更有价值

很多时候，许多企业并没有深刻理解客户满意与客户忠诚的差异，而是将两者混淆使用，这使得企业的客户关系管理步入了误区。我们如今所面临的现实情况是，在竞争日趋激烈、以客户为导向的市场环境中，越来越多的企业持续追逐客户满意度的提升，并且大多数时候，很多企业追逐的成效并不尽如人意。企业如果仅仅追求客户满意度，在某种程度上往往并不能最终解决问题。因为大多数时候，尽管企业的客户满意度提高了，但企业的获利能力并没有获得改善，企业利润并没有增加。究其原因，关键就是企业没有使得客户从对企业的满意上升到对企业的忠诚。

不可否认，客户满意度是导致重复购买的最重要因素，当满意度达到某一高度，会促使忠诚度大幅提高。客户忠诚度的获得必须有一个基础的客户满意度水平线，在这个满意度水平线下，客户忠诚度将明显下降。但是，客户满意度绝对不等于客户忠诚度。

五、影响客户忠诚度的因素

影响客户忠诚度的因素很多，其中最重要的有三个：满意、愉悦、信赖。

（一）让客户感到满意是建立客户忠诚的基础

如前所述，让客户感到满意是形成客户忠诚的重要环节。客户的消费过程就是一个与企业相互交换的过程，客户付出金钱、时间、精力，以期从企业那里得到自己所需的产品或服务。然后，客户会根据感受到的需求的满足程度形成对企业的态度：满意或是不满意。在很多情况下，客户的这种态度决定了他们是否还会继续选择该企业。如果客户感到不满意，客户很可能就会选择其他企业，所以说客户感到满意是建立客户忠诚的基础。

应当强调的是，客户的满意仅仅是形成客户忠诚的第一步。很多企业简单地认为：只要客户感到满意，就可以锁定他们。但事实并非如此，在当前生产力高度发达，市场竞争日益激烈的情况下，每个企业都会把质量作为重中之重，所以当前各家同类企业的产品质量（包括服务质量）都相差不大。在这种情况下，让客户满意已经不仅仅是某家企业所独有的能力，事实上大多数企业都能满足客户的需求，只是在满足的程度上有所不同而已。因此，满足客户需求，让客户感到满意，已经不再是企业追求的目标，而是企业必须具备的能力。现在要做的是，在客户满意的基础上再提升一步，建立起客户对企业的忠诚。

（二）让客户愉悦是建立客户忠诚的关键

帮助客户从他的消费过程中获得愉悦感是建立客户忠诚的关键一步，或者说这是一个从客户满意到达客户忠诚的“桥梁”。客户感到满意仅仅是因为企业的产品和服务满足了其需求，但这只是一个基础，远没有达到让客户对企业“朝思暮想”的程度。众所周知，让客户难忘的不是产品和服务本身，而是客户在使用这一产品和享受这种服务时产生的感受。这就是说，如果想让客户对企业“朝思暮想”，就要想办法让客户从企业这里体会到难忘的感受，消费过程中产生的愉悦正是这样的一种感受。有调查资料表明，能够让客户感到愉悦的企业的销售额是仅仅让客户感到满意的企业的 7 倍。

客户在消费中产生的这种愉悦感受到不同因素的影响，整洁幽雅的购物环境、飘荡在客户耳畔优美的轻音乐、企业员工热情的笑容、企业完善的售后服务等，都会给客户带来愉悦感。那些确实为客户着想甚至超出客户预期的举措更容易让客户感到满意和愉悦。如有很多男士不喜欢购物，很多情况下“迫不得已”被自己的妻子拉进商场，但也是“人在曹营心在汉”，于是一些商场便设置了男士休息室，不爱购物的男士们可以在这里看电视、聊天、喝茶、读报。这一举措让很多人感到高兴，可以说满足了夫妻双方的需求，因而他们对这样的服务感到满意，在整个消费过程中都会感到愉悦。下次购物时，自然很容易就会想到这些商场。

（三）使客户产生信赖是建立客户忠诚的核心

从感到满意到获得愉悦，客户已经初步对企业有了一种难舍难分的感觉，企业需要进一步让客户对企业产生信赖。客户的消费过程总有一定的风险和不确定性，而面对值得信赖的企业，客户的这种风险和不确定性将降到最低。这种信赖感来自客户在长期的与企业合作的过程中不断感到的满意和愉悦感的积累。与值得信赖的企业合作，客户总能享受到最为个性化和满意的服务，以及消费中的愉悦。所以，只有当客户对企业产生信赖时，客户才会被完全锁定，成为企业忠诚的客户。

图 5－1 所示为客户忠诚建立模型。

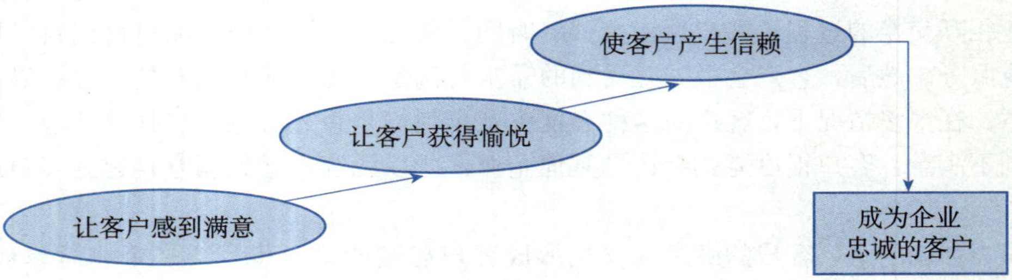

图 5－1　客户忠诚建立模型

任务实施

如何测评客户的忠诚度

客户忠诚度是用以衡量客户满意度研究效果的指标。只有通过满意度研究，才能掌握客户对企业产品的信任和忠诚程度，这对于企业发掘潜在客户和需求、增加市场销售具有重要的指导意义。考核客户忠诚度的指标有以下几个。

一、客户重复购买率

在考核期间，客户对某一种产品或服务重复购买的次数越多，说明其对此产品或服务的忠诚程度越高，反之则越低。此项指标还适用于同一品牌的多种产品或服务，即如果客户重复购买企业同一品牌的不同产品或服务，也表明其忠诚度较高。

二、客户挑选时间的长短

根据客户购买时挑选时间的长短，可以确定客户对品牌忠诚度的高低。客户购买商品时都会挑选，但是由于信赖程度的差异，对不同产品或服务，客户的挑选时间是不同的。通常情况下，客户挑选的时间越短，说明客户对该品牌的忠诚度越高，反之则说明客户对该品牌的忠诚度越低。

三、客户对本企业品牌的关注度

客户通过购买或非购买的形式，对企业的品牌予以关注的次数越多，表明客户的忠诚度越高。

四、客户对竞争者品牌的关注度

根据客户对竞争者品牌的关注度，可以从侧面判断其对某一品牌忠诚度的高低。如果客户对竞争者品牌有兴趣并抱有好感，那么就说明客户对本企业品牌的忠诚度较低；如果客户对竞争者品牌不感兴趣，或没有好感，就可以推断客户有可能对本企业品牌有一定的忠诚度。

五、客户对产品或服务价格的敏感度

一般来说，客户对产品或服务价格的敏感度越低，忠诚度就越高。该指标可以借价格调整、客户购买量的增减等进行侧面考察。需要注意的是，忠诚客户对产品或服务价格的不敏感，并不意味着企业可以利用调价行为获取额外利益。

六、客户对产品或服务的认同度

客户对产品或服务的认同度是通过向身边的人推荐产品、服务或间接地评价产品、服务表现出来的。如果客户经常向身边的人推荐某品牌，或在间接的评价中表示认同某品牌，则表明其对该品牌的忠诚度较高。

七、客户对产品或服务质量的承受力

任何产品或服务都有可能由于各种原因产生质量问题。如果客户的品牌忠诚度较低，在产品或服务出现质量问题时，这些客户就会感到自己的正当权益被侵犯了，极有可能产生反感，甚至通过法律途径进行索赔；如果客户对该品牌产品或服务的忠诚度较高，当产品或服务出现质量问题时，这些客户就会采取宽容、谅解和协商解决的态度，不会由此而失去对它的偏好。

不同的行业和企业，衡量客户忠诚度的指标存在差异，企业可根据实际情况选择适合自己的评价指标，采取相应的客户忠诚度测评方案。

任务二　提升客户忠诚度

任务引入

在今天，怎样才能满足客户的需要，从而提升企业的竞争力，已经成为每个企业必须认真思考的问题。满足客户的需求，在销售中让客户体会到全面的、人性化的关怀，才能留住客户、抓住商机。

相关知识

一、客户忠诚给企业带来的效益

客户忠诚是影响企业经营的重要因素，它与公司的利润具有极高的相关性。

一般来说，客户忠诚给企业带来的效益主要表现在以下几个方面：

（1）长期客户订单通常比较频繁、相似，而且购买量比较大，可以降低企业服务成本。

（2）满意的客户有时可能会支付额外的价格。

（3）满意的客户常常会为企业推荐新客户，从而降低企业吸引新客户的成本。

（4）能有效保持回头客，使竞争对手很难运用低价和诱导转换等策略进入自己的市场。

此外，客户忠诚还会增强企业员工和投资者的自豪感和满意度，进而提高员工和投资者的保持率；反过来，忠实的员工可以更好地为客户提供产品或服务，忠实的投资者也不会为了短期利益而作出损害企业长远利益的事情，从而为进一步提升客户忠诚度形成一个良性循环，最终实现企业总成本的降低和生产力的提高。

二、锁定客户忠诚的战略

提高客户保持率是企业增加营收最具成效的方式。在目前经济环境下，许多客户都在对比产品及服务的价格，以寻找物有所值的商品。尽管如此，只要企业真正关心客户的需求，并提供高质量的服务，还是能够赢得客户忠诚的。具体来说，要做到以下几个方面。

（一）创建品牌认同感

那些在本行业中生存了数十年甚至上百年的公司，均在塑造品牌方面投入了很多时间和努力。

要想建立品牌认同，企业必须了解自己的长处和目标市场，知道如何切入这一市场，并以有竞争力的价格提供高质量的产品及服务，然后在这一基础上，通过广告、样品赠送、战略结盟等方式逐渐扩大品牌影响力。

（二）从客户反馈中了解需求

如果企业不知道客户的确切需求，就无法满足客户需求。许多企业的一大通病就是以自我为中心，而不去花时间了解客户真正的想法，虽然投入了大量的资源，结果却事与愿违。

例如，在经济景气时，单凭价格优势并不一定能有效吸引客户。但在经济萧条时，客户购买力缩水，价格优势就上升到了一个非常重要的位置。另外，针对不同的产品和服务种类，客户需求也不尽相同。如购买建材的客户首先考虑的是产品的安全性而不是产品的价格。

（三）为客户提供便捷的反馈途径

企业在产品和服务售出后，不要忘记主动去询问客户的意见。如果企业不询问客户，相信大部分客户都不会主动告诉企业；相反，客户会因为失望和不满而默默地离企业而去，并向亲朋好友诉说曾经的负面体验。因此，不管客户对企业的感觉是好是坏，企业都要积极地去获取反馈信息。要保持客户反馈渠道的多元化与简便畅通，具体可采用传统方式（比如电话回访）与非传统方式（网站反馈表、电子邮件调查等）相结合的方式，指派专人每日检查，并确保在 24 小时内作出必要的回应。

（四）重视客户抱怨并及时采取行动

企业在收集了客户信息后，切勿束之高阁，否则既浪费了企业的资源，也会造成客户的挫折感，从而使客户对企业失去信任。

不管所收集到的反馈是正面的还是负面的，企业都应积极对待。如果有客户进行抱怨，那就更要引起重视。比如回答以下几个问题：

（1）为什么客户会有这种感觉？

（2）我们做过什么和说过什么才会让客户有这种反馈？

（3）客户的反馈是否合理？原因是什么？

（4）我们是否从其他客户处听到过类似的反馈？

（5）应该采取哪些必要措施来防止类似的事情在其他客户身上再次发生？

定期（周期越短越好）评估所收集的客户反馈，从中捕捉已发生或未发生的问题，及时采取行动加以修正，否则客户就会因失望而不愿继续提供反馈。

提高客户忠诚度的关键在于将心比心，把自己当成一名客户，问自己希望得到怎样的服务才会满意。只有致力于不断满足或者超越客户的预期需求，企业的名字才会常驻客户心中。

三、提高客户忠诚度的流程

罗马不是一天建成的，客户也需要通过不断购买企业的产品与服务来培养对企业的忠诚度。在如今的网络世界里，客户的触点工具越来越多，如何找到合适的工具来建立和提高客户忠诚度是一件令人颇为头疼的事。具体而言，企业一般可通过吸引潜在客户、转换成目标客户、培养首次消费客户、为重复消费客户提供更多的价值、锁定“铁杆”客户与留住宣传客户并让其继续帮企业“代言”产品六个阶段来培养出最佳客户。

（一）吸引潜在客户

吸引潜在客户是提高客户忠诚度的第一个环节，也是提高客户忠诚度的前提和基础。企业可运用多种手段吸引潜在客户，尤其是在电子商务日益兴起的市场环境中，要特别注重运用网络手段吸引潜在客户。

小案例

米粉圈

小米公司在其官方网站建立了小米社区，将有共同爱好、共同价值观的粉丝进行聚拢，通过同城会、米粉节等不断深化社区的活力与磁场，并在小米社区平台引导粉丝进行内容创造，与核心粉丝建立良好的互动关系，通过一系列的优惠措施以及尊崇体验带给核心粉丝更高的溢价。小米还通过微信平台对粉丝遇到的产品售后问题进行维护，以解决产品设计缺陷可能产生的粉丝流失问题。同时，小米在各大媒体社交工具上都保持零距离贴近客户，包括小米手机的创始人雷军在内的公司高层管理者每天都会做一系列的客服工作，耐心解答用户部分提问。总之，小米通过构建稳固的粉丝群，打造集群社区，得到了粉丝的认同与追随。

小米通过小米社区、同城会、米粉节等，与粉丝建立了良好的互动关系，使粉丝有了归属感，感到自己被重视、被尊重，因而提高了对小米的忠诚度。

（二）转换成目标客户

搜索引擎是获取目标客户的绝佳工具。但是，若想从无数的潜在客户中挖掘出购买可能性较大的目标用户，还需要做到以下三个方面：

（1）目标客户定位准确。

（2）产品与服务定位准确。

（3）有效验证目标客户。

（三）培养首次消费客户

首次消费客户的购买行为其实是在做一次尝试，他们对首次消费的价值认知将会影响其以后的重复消费行为。因此，最好在这一阶段为客户提供优质、满意的产品和服务，并密切关注其满意度。

（四）为重复消费客户提供更多的价值

如果要让重复消费客户建立起对企业的忠诚，就要为这些客户提供更多的附加值。因此要寻求新的途径，积极为客户提供更多价值。

（五）锁定“铁杆”客户

“铁杆”客户是指那些只会从本企业购买所需的产品或服务的客户。那么，如何才能从这些客户身上挖掘最大的销售价值呢？方法之一是：持续培养该客户对本公司的整个产品线和服务品种的认知。某些精于此道的网络零售商就创造了不少的方法来奖励愿意从他们那里尝试新产品与新服务的顾客。

（六）留住宣传客户并让其继续帮企业“代言”产品

“铁杆”客户与宣传客户之间有一个显著的区别。宣传客户所做的不仅仅是从本企业这里购买产品或服务，他们还会帮企业去宣传，介绍别人来购买本企业的产品或服务。

任务实施

企业如何提高客户忠诚度

忠诚的客户是企业的巨大财富，是无价之宝。因此，企业若想维系客户、保持客户忠诚，就必须与客户建立和保持一种有价值的关系，并且不断地、努力地为客户创造更多、更好的价值。一般来讲，提高客户忠诚度可以通过如下几项措施来实现。

一、想方设法实现客户完全满意

（1）通过提供高性价比的产品和服务实现客户完全满意。

（2）重视客户的反馈意见，并不断满足客户的需求。

（3）忠诚是企业与客户之间双向的互动行为，不能单方面地追求客户对企业的忠诚，而忽视了企业对客户的忠诚。

二、通过财务奖励措施，为忠诚客户提供特殊利益

企业的利益建立在客户能够获得利益的基础之上，企业要赢得客户忠诚，可以对客户进行一定的财务奖励和特殊关照，如利用价格这一直观、有效的手段予以回报。

（1）要清除妨碍和不利于客户忠诚的因素，废除一些不合理的规定，要让老客户从忠诚中受益，得到更多的实惠。

（2）企业要奖励重复购买，让客户中的忠诚者得到回报，让若即若离者得到奖励，即企业应制定有利于与客户形成持久合作关系的价格策略。

（3）企业要有对忠诚客户进行奖励的有效措施。

（4）企业要避免奖励计划带来的不足。

小资料

为保证中间商的忠诚而需要采取的一些措施

中间商作为企业整体销售渠道中的一个重要组成部分，对于企业的发展发挥着至关重要的作用。为了提高中间商的忠诚度，企业需要对中间商提供一定的奖励和帮助，给中间商实实在在的好处和利益，具体措施如下：

（1）授予中间商以独家经营权，这样可以树立中间商在市场上的声望，有利于调动其经营积极性。

(2) 降低中间商的产品代理价格，使其有足够的利润空间，提高其销售的积极性。

(3) 组织各地中间商进行销售竞赛，对绩效显著的优胜者给予适当奖励。

(4) 为中间商培训销售和服务人员，特别是当产品技术性强、推销和服务都需要一定的专门技术时，尤其要重视培训工作。

(5) 为中间商承担经营风险（比如企业承担产品价格波动带来的损失），给中间商吃上“定心丸”。

(6) 可以由企业出资为中间商做广告，也可以请中间商在当地做广告，由企业提供部分甚至全部资助。

(7) 向一些规模较小或暂时出现财务困难的中间商提供信贷援助，如允许延期付款、赊购等。

(8) 建立一定的互购模式，即既向中间商推销产品，又向中间商购买产品。

资料来源：周贺来．客户关系管理实务．北京：北京大学出版社，2019.

三、采取多种有效措施，切实提高客户的转移成本

（一）加强与客户的结构性联系

相关经验表明，客户购买一家企业的产品越多，对该企业的依赖性就越大，客户流失的可能性就越小。因此，企业在为客户提供物质利益的同时，还可通过向客户提供更多、更宽、更深的服务与客户建立结构性的联系或纽带，如为客户提供生产、销售、调研、管理、资金、技术等方面的帮助，以及开展交叉销售与关联销售，为客户提供更多的购买相关产品或服务的机会。企业要不断地让客户有这样的感觉：只有购买该企业的产品，自己才会获得额外的价值，而其他企业是办不到的。如果能够做到这一点，就可以增加客户对企业的依赖性，从而提高客户忠诚度。

（二）提高客户服务的独特性与不可替代性

个性化的产品或服务是客户关系发展到一定阶段时客户的必然要求，企业如果不能满足这种要求，将始终无法成为客户心目中最好的企业，也就无法成为客户唯一、持久的选择。为此，企业必须不断创新，不断地利用高新科技成果，开发出独特的产品或者服务，不断提供竞争对手难以模仿的个性化的产品或者服务，如提供个性化信息、个性化售后服务和技术支持，甚至个性化的解决方案。

（三）设法增加客户的转移成本

一般来讲，如果客户在更换品牌或企业时感到转移成本太高，或者客户原来所获得的利益会因为更换品牌或企业而受到损失，或者将面临新的风险和负担，就会保持对原品牌或企业的忠诚。例如，软件企业为客户提供的有效服务支持包括提供免费软件、免费维修保养及事故处理等，并帮助客户学习如何正确地使用软件。那么，一段时间以后，

客户学习软件使用所花的时间、精力将会成为一种转移成本，使客户在别的选择不能体现明显优越性时自愿重复使用，成为忠诚客户，而不会轻易流失。此外，个性化的产品或服务可能在增加客户满意度的同时，也增加了客户的特定投入，如时间、精力等，即增加了转移成本，因而能够提高退出壁垒，从而有效地阻止客户离开。例如，网上书店一般具有基于历史交易数据的客户需求推荐系统，客户能够从中获益，如果客户转向另一家网上书店，就将损失其在原网上书店中的交易积累和大量交互点击的投入，失去本来可以得到的利益，这样就会使客户选择留下。

四、增强客户对企业的信任感与情感交流

一系列的客户满意必然会产生客户信任，长期的客户信任就会形成客户忠诚。因此，企业要建立高水平的客户忠诚，就必须把工作重心放在赢得客户信任上，而不能仅仅停留在客户满意上，并且要持续不断地加强客户对企业的信任，这样才能获得客户对企业的持续忠诚。

除了增加客户信任感之外，企业还要加强与客户的情感交流。没有留不住的客户，只有不会留客的商家。建立客户忠诚说到底就是赢得客户的心。企业在与客户建立关系之后，还要努力寻找交易之外的关系，如加强与客户的感情交流和感情投资，这样才能巩固和强化企业与客户的关系，从而提高客户转换购买的精神成本，使客户不忍离去。具体而言，企业在开展对客户的情感交流时要做到以下两个方面。

（一）企业要与客户积极沟通，密切交往

企业应当积极地与客户进行定期或不定期的沟通，如定期对客户进行拜访或者经常通过电话问候客户，真正了解和重视客户的想法和意见，并邀请客户参与到企业的各项决策中，让客户觉得自己很受重视。对于重要客户，企业负责人要亲自接待和登门拜访，努力加深双方的情感联系，并且发展联盟式的客户关系。在客户的重要日子（如生日、结婚纪念日、厂庆日等），采取恰当的方式予以祝贺，如邮寄节日贺卡、赠送鲜花或礼品等。在酒店服务中，如果酒店善于通过前台全面收集客户的详细资料，了解到今天哪位客人过生日，从而进行相应的关怀，如送鲜花、生日蛋糕、寿面等，就会使客人感觉到自己很受重视。此外，企业还可邀请客户参加各种娱乐活动，如打保龄球、观赏歌舞、参加高级晚会等，加强感情投资，表达对客户的关爱，以增进彼此的友情，强化双方的关系。

（二）企业要了解客户需求，并能够超越客户的期待

企业应时刻留意客户需求的变化，并不断地满足和超越客户期待。例如，当你走进家门口的一家超市，拿起一瓶醋看了看，然后又放了回去，这时老板走过来告诉你：“先生，您夫人平常买的是××牌子的醋，她是我们的老客户，可以记账消费，而且打九折，您只要签个名，就可以拿走。”这家超市老板的客户关系工作就做得不错，他首先熟悉自己的常客，记得她一贯购买的品牌，并且认得她的丈夫，不仅如此，这家超市还允许老客户记账消费。因为这种服务超出了客户的期待，客户自然会对这家超市留下好印象。

再如，现在客户对酒店的要求越来越高，尤其是老客户，他们不希望每次用餐都回复相同的询问，如“喝点什么饮料”“吃些什么菜”等，因为这会使老客户产生自己是酒店的陌生人的感觉，心中自然不快。如果酒店能够做到对老客户喜欢喝的饮料、吃的菜都记得一清二楚，那么就会使老客户有“在家的感觉”，也就能够保证老客户的满意度和忠诚度。此外，当客户有困难时，企业如果能够伸出援手，如利用自己的社会关系帮助客户解决问题，就更能赢得客户的信赖。

五、加强企业内部管理，为建立和提高客户忠诚度提供基础保障

（一）要提高员工的满意度

研究发现，员工的满意度与客户的满意度呈正相关关系——员工的满意度提高5%，客户的满意度将提高10%。因此，企业应通过培养和提升员工的满意度与忠诚度，为提升客户的满意度和忠诚度奠定坚实的基础。

（二）避免员工流动造成客户流失

有些客户之所以保持与某家企业的往来，主要是因为该企业与之联系的员工的出色表现以及与他们建立的良好私人关系。

项目小结

近年来，经济全球化与竞争国际化日益加剧，市场竞争格局已经进入了“顾客需求时代”。如何更为有效地满足客户需求，提升客户的忠诚度，保证企业快速平稳地发展，已经成为企业关注的热点问题之一。

客户忠诚度是指客户忠诚于企业的程度，是从客户满意度引申出的概念，是指客户使用产品或服务满意后产生的对某种产品或服务的品牌或公司的信赖、维护或希望重复购买的一种心理倾向。

企业要认识到客户忠诚度测评的重要性，如此才能有针对性地强化客户再购买和参与活动的意愿。客户忠诚度测评要借助全面而准确的客户资料进行，所以在测评之初必须收集大量有用的客户资料。用于客户测评的指标必须是可衡量的、系统的，从而确保测评结果准确。

知识应用

一、客户忠诚度的细分与管理

某公司在客户忠诚度调查中发现，有一部分客户因为其他公司的产品价格比该公司低2%而不去订该公司的货。调查人员很气愤，问客户：“是不是我们的额外服务不值2%的价格？”该客户一边承认值得，一边却继续给另一家公司打电话订货。

后来该公司对不同客户进行了细分，即为不同的客户提供不同的服务。该公司将客户分为A、B、C、D四类，并安排了相应的服务时间，如表5-2所示。

表 5-2 公司客户分类

客户分类	占总客户的比例（%）	服务时间安排比例（%）
A类客户	20	40
B类客户	30	30
C类客户	30	20
D类客户	20	10

在对客户进行上述分类的基础上，该公司还依据交易频率及客户对产品和服务的依赖度这两项指标，将客户忠诚度划分为零度忠诚、隐性忠诚、惯性忠诚和高度忠诚四种类型（如图 5-2 所示），对不同类型的客户采取不同的服务政策，这一举措不但节省了公司的时间成本和人力成本，而且提升了公司的效益水平和客户的忠诚度。

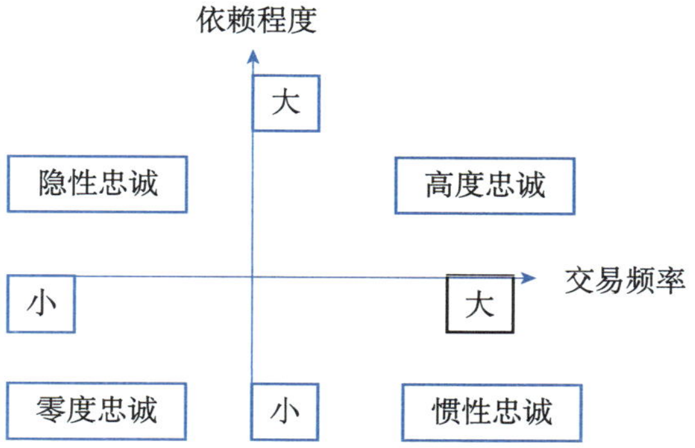

图 5-2 客户忠诚度细分

请根据上述信息，对该公司的客户忠诚度问题进行进一步分析和研判，并将相应分析结论填入表 5-3。

表 5-3 客户忠诚度细分及维护分析

分析项目	分析内容	备　注
调查人员对客户因竞争对手价格低2%而不订自己公司的货感到很气愤，这有道理吗？		
公司将客户分为 A、B、C、D 四类，并设置相应的服务时间安排比例，你认为这是否合适？为什么？		
公司依据交易频率及客户对产品和服务的依赖度，将客户忠诚度划分为四种类型。你如何评价这种细分方法？		
对零度忠诚、隐性忠诚、惯性忠诚和高度忠诚客户，应分别提供什么样的服务？		

续表

分析项目	分析内容	备　注
请你为公司制定一套新的客户忠诚度细分策略		
分析结论		

思考题：你对上述公司客户忠诚度细分及维护分析有什么看法？为什么？

二、客户忠诚度管理

（一）实训目的

通过实训，让学生掌握如何进行客户忠诚度管理。

（二）实训材料

将情感赋予钻饰

玛贝尔（MaBelle）钻饰是香港利兴珠宝公司推出的大众钻饰品牌，自公司成立以来，已经在香港地区开设了几十家分店，成为深受时尚人士青睐的钻饰品牌。

MaBelle的母公司利兴集团成立于1949年，开始时从事宝石进口和批发生意，在全世界收购优质宝石销往亚洲市场。从1966年开始，利兴由原有的宝石生意改做进口和批发钻石生意，旗下拥有一些高端钻饰品牌。

1993年，利兴集团的高层经过市场调查发现，市场上几乎所有的钻饰品牌都在中高端竞争，大众市场基本上是空白。于是，他们推出了MaBelle钻饰，专售价格相对便宜的钻石首饰。MaBelle以款式多样、时尚为主要卖点，将流行元素融入传统钻饰。当年推出的千元价格的“黄钻”，更是在香港创造了钻饰消费的潮流。

香港是世界上最大的珠宝生产地之一，虽然MaBelle是大众钻饰品牌，但是公司清醒地意识到，价格绝对不是MaBelle的核心竞争力。顾客会因为价格便宜而购物，但这并不能令顾客的忠诚度上升。他们认为，不断创新的设计，与顾客建立的情感上的联系，赋予顾客与众不同的优越感，才能为企业创造更多的价值。

MaBelle与一般珠宝零售商和品牌相比，其最与众不同的地方就是MaBelle设立的会员“VIP俱乐部”。这个俱乐部通过为会员带去钻饰以外的生活体验，通过加强MaBelle店员与顾客之间的个人交流，以及会员之间的情感联系，将情感赋予了钻饰。

目前，MaBelle在香港地区拥有30多万活跃会员，这些会员大部分是20～40岁的白领女性和专业人士。

一般来说，顾客购买了一定金额的MaBelle钻饰就可以注册为“VIP俱乐部”会员。公司对销售员工的要求是，必须定期通过电邮、电话、手机短信等方式和顾客建立个人关系，这种私人关系无疑增加了顾客情感转换的成本。MaBelle还定期为会员举办关于“选购钻石的知识”以及“钻饰款式”方面的讲座，增加了顾客转换企业的学习成本。

MaBelle还经常为“VIP俱乐部”会员安排与钻饰无关的各种活动。例如，母亲节为妈妈们准备了“母亲节 Ichiban 妈咪鲍翅席”，情人节为年轻情侣筹办浪漫“喜来登酒店情人节晚会”，为职业和兴趣相近的会员安排“酒店茶点聚餐”，节假日为年轻会员安排“香港本地一日游”等。

香港的生活节奏非常快，人们的学习、工作时间都很紧张，人际交往比较少，这些活动不但给会员提供了难忘的生活体验，而且还通过俱乐部结识了不少朋友，帮助他们扩大了交际圈。很多会员参加过一些活动后，还邀请自己的亲友加入 MaBelle 的俱乐部，真正收到了“口口相传”的效果。

（三）实训要求

（1）将学生分成若干组，每组 4～6 人。

（2）进行案例分析，并按照任务流程书面陈述 MaBelle 钻饰的客户忠诚度管理策略。

在线测评　　要点巩固

项目六 客户互动管理

素养目标

◎ 能够加强自我约束，遇到问题不逃避、不推诿，勇于承担责任，真诚对待客户；

◎ 能够保持乐观的心态，做到跌入低谷不气馁、甘于平淡不放任、伫立高峰不张扬，用动态的观点看问题；

◎ 学会尊重别人隐私，诚实守信，积极沟通，遵纪守法。

知识目标

◎ 理解客户互动、客户关怀、客户抱怨、客户投诉的概念；

◎ 掌握影响客户互动的驱动因素；

◎ 掌握客户关怀的内容、手段，熟悉处理客户抱怨的技巧；

◎ 掌握处理客户投诉的方法、技巧、原则，熟悉处理客户投诉的流程。

能力目标

◎ 能够根据实际情况设计客户互动方案和客户关怀方案；

◎ 能够根据客户抱怨的内容分析其原因；

◎ 能够根据客户投诉的内容分析其原因。

项目描述

在以客户为中心的时代，企业除了要向客户提供定制化的产品和服务以外，最重要的是与客户建立起长期的互动关系，即使在虚拟市场上，也必须重视这种互动关系。企业应通过互动、对话来建立对客户的了解，知道什么时候该提供什么产品和服务，才能让客户心甘情愿地与企业合作。企业还应有效地整合渠道，向客户提供质量和价值较高的产品和服务，从而提高客户满意度和忠诚度。

项目分析

随着客户角色的转变和竞争的加剧，企业必须与客户进行有效的互动。对于客户管理而言，客户与企业的互动并不只是简单的信息交换，它可以让企业与客户建立一定的联系，并由此实现有效的客户互动。一般来说，客户只愿意与具备优秀客户互动能力的企业接触，所以成功的客户互动管理可以使企业获得更大的市场份额和更多的营业收入。无论是为了在合适的场所与客户互动，还是为员工与客户之间的互动提供必要的信息，企业都有必要对客户互动加以管理。

任务分解

为了更好地帮助读者学习客户互动管理的相关知识和掌握客户互动管理的技巧，本项目分解为以下四项任务：

任务一　客户互动分析

任务二　客户关怀管理

任务三　客户抱怨管理

任务四　客户投诉管理

任务一　客户互动分析

任务引入

某企业计划近期在市场上推广其新研发的产品，该企业业务员小李充分利用各种互动技巧，努力在产品的推广阶段发展与客户的合作关系。

相关知识

一、客户互动的含义

客户互动的内涵十分广泛，包括产品与服务的交换、商品信息的交流，以及对业务流程的了解等内容。可以说，客户与企业双方的任何接触，都可以视为客户互动。

从互动的方式来看，客户互动包括面对面互动、电话和短信互动、书信和 E-mail 互动、语音自动应答互动，以及网上的即时通信、在线留言、网络论坛、在线客服互动等；

从双方互动的内容来看，客户互动包括产品或服务信息咨询与介绍、客户关系管理、客户投诉处理、客户抱怨及挽救、客户异议及处理等。从本质上看，客户互动就是企业同客户共同合作、协同努力、达成交易的行为。企业关注的重点是在达成交易的过程中与客户建立一种合作关系。

互动的主要目的是从客户那里获取更多的信息，从而向该客户提供竞争对手所不能提供的产品或服务。

二、客户互动管理的含义

客户互动管理指的是当企业与客户接触时，向客户提供最佳、最适合的服务或支援（如投诉问题的及时处理、快速为客户进行业务介绍、后勤支援业务、客户关怀、客户异议处理等），并将接触过程中的互动信息记录下来（如记录交办事项、与相关部门和人员进行及时联系、布置后续作业等）。有效的客户互动管理依赖于互动技巧、员工培训以及互动渠道的有效整合。

客户互动的关键是"互动"，这种"互动"表现在企业的"动"和客户的"动"两个方面。有人认为让企业动易，让客户动难。实际上，客户时刻都在动，只不过是企业没有去关注、没有去利用而已。所有客户都会很认真地把自己的需要、不满告诉供应商，都希望供应商进行改进。但问题是，有些企业对客户的需要不了解、不关注，也未建立相应的互动渠道去倾听，更没有把自己的努力告知客户，这就产生了与客户互动相对较难的认识。

三、多渠道客户互动整合的含义

多渠道客户互动整合是指运用一个以上的渠道或媒介来与客户开展互动活动，在跨渠道或媒介中，这些活动表现出协调一致性。需要强调的是，这里的各个渠道或媒介应该协调一致，并不是指要采用同样的方式，这是因为不同渠道有着不同的使用目的，而且使用方式也存在差异。

通过多渠道客户互动整合可增加互动信息的可靠性、存储量，有助于远程信息的交流以及音频、视频数据的汇聚。

四、多渠道客户互动的收益

（一）有助于客户关系的改善

增加利用每位客户价值的机会；增加便利性和改善客户体验；增强客户购买产品的动机；为品牌创造积极影响。

（二）有助于企业效率的提升

通过共享流程、技术、信息提高企业效率；增加企业柔性；提高与业务伙伴交易的效率，并降低交易成本。

（三）客户能够获得一定的好处

增加客户与企业互动渠道选择的自由度；提升在不同的渠道之间进行转换的能力，

并根据情境选择相应的互动渠道。

（四）企业能够得到一定的好处

渠道整合提高了客户的数据在不同渠道间共享的程度，丰富了客户资料，增加了交叉销售的机会。

五、客户互动的驱动因素

在客户互动过程中，一些驱动因素时刻都在推动着客户互动向前发展与演进。

（一）营销环境的变化

在当前竞争日趋激烈的市场环境中，营销环境的变化格外引人注目。例如，随着大众化消费逐渐向个性化消费发展，每个消费者都变得独一无二；网络技术和互动媒体的发展也同样引起了营销环境的巨大变化。

（二）营销观念的变化

在交易营销理念下，由于传统的消费品市场规模较大，生产者与客户建立长期的互动关系几乎是不可能的。但随着交易营销观念被关系营销观念所取代，企业与客户之间的互动变得越来越频繁。

（三）企业核心价值认知的改变

在传统意义上，企业都以“利润最大化”为其核心价值观，一切以企业利益为中心，强调企业独立地创造价值。但网络经济的发展促使企业的核心价值观向“客户价值最大化”转移，开始以客户为中心，强调与客户共同创造价值。

（四）营销方式的转变

信息技术的发展使得企业能够做到一对一的营销，从而彻底改变了以前面向大众市场、追求市场份额的营销模式，客户份额和客户终身价值受到了前所未有的关注。

（五）管理方式的转变

企业管理软件（如 ERP、CRM 等软件）的引入，使企业的管理方式发生了翻天覆地的变化，许多先进的管理理念迅速转化为管理实践。

上述都是客户互动演进的驱动因素，正是它们的“合力”，使客户互动不断地向前发展，使理论与实践不断地融合。

任务实施

如何设计客户互动方案

客户互动方案设计流程如图 6－1 所示。

一、确定互动对象

企业在与客户互动过程中，面向的对象是客户，但是客户包含了多种类型，这些不

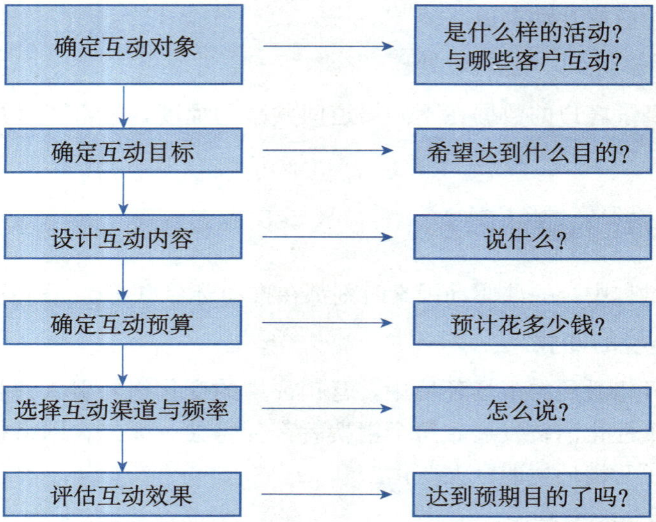

图 6-1　客户互动方案设计流程

同类型的客户各自具有不同的需求，根据客户生命周期的不同发展阶段，客户对企业具有不同的期望，这种期望既包括了客户对企业的基本要求，也包括了更高的潜在期望。一般情况下，客户关系生命周期分为考察期、形成期、稳定期三个阶段。在客户关系生命周期的不同阶段，客户对企业的基本期望和潜在期望都存在差异。随着客户生命周期由考察期进入成熟期，客户对企业的期望也在不断地提高。

可见，不同类型的客户具有不同的需求和行为特征。因此，企业需要确定要与哪些客户互动，这将在很大程度上决定了企业互动内容的设计、费用、互动渠道的选择等。

二、确定互动目标

在确定好互动对象后，企业需要考虑与客户互动的目标。一般来说，企业与客户互动的目标包括以下两个方面：

（1）加深与现有客户的联系，包括经济联系（客户从企业采购商品或服务的金额及数量）和情感联系（客户对企业的信任、企业对客户的关怀）。

（2）吸引潜在的客户，包括扩大企业在潜在客户中的知名度；增强潜在客户对企业产品或服务的认同感，鼓励潜在客户购买等。

三、设计互动内容

企业与客户之间的互动涉及产品或者服务信息、情感、建议等方面，在企业确定互动内容时，需要考虑以下几个方面：

（1）主题：目标客户有哪些要求？他们希望获得什么样的信息？

（2）结构：最重要的信息是放在最后还是开始？是否需要给客户一个明确的结论？

（3）形式：考虑不同互动渠道的特点。

四、确定互动预算

企业在确定客户互动预算时，须考虑以下因素：

（1）企业自身的资源、销售额或利润的比例。

（2）竞争对手的状况。

（3）客户互动目标。将互动目标进行细分，确定具体目标；分析达到这一目标所要完成的任务；估计完成任务所需要的费用。

五、选择互动渠道与频率

企业与客户的互动渠道有多种，在具体的互动过程中，企业不可能选择所有渠道，而只能选择其中的某些渠道进行互动。同时，企业必须确定在选定的不同渠道中与客户互动的频率。在这一步骤中，企业需要弄清如下两个问题：

（1）选择哪些渠道？在确定具体渠道时，企业首先需要弄清楚客户期望通过什么途径与企业互动。这是企业在选择互动渠道时首先应该考虑的因素。其次，企业要分析不同渠道的优劣。最后，企业要注意不同类型渠道的组合使用，注意不同渠道的组合方式，去综合运用多种渠道来实现企业的既定目标。

（2）何时与客户互动？这一问题包括两个小问题：一是企业在什么时间与客户互动；二是企业间隔多长时间与客户互动。也就是说，企业在考虑客户需求的同时，也需要顾及与企业互动的目标，在综合考虑的基础上确定合适的时间和频率。

六、评估互动效果

当企业完成一个阶段的客户互动之后，就需要对客户互动结果进行评价。在对互动效果的评价中，必须结合互动目标，主要回答以下几个问题：

（1）在与客户互动的过程中，发现风险如何防范？

（2）客户互动效果是否实现了既定目标？

（3）在与客户的互动过程中存在哪些问题？如何改进？

任务二　客户关怀管理

任务引入

小张是一家大型企业的销售员，为了提高客户满意度和忠诚度，他必须完整掌握客户信息，准确把握和快速响应客户需求，提供便捷的购买渠道、良好的售后服务与经常性的客户关怀。你能告诉他如何去关怀客户吗？

相关知识

一、客户关怀概述

客户关怀就是通过对客户行为的深入了解，主动把握客户需求，通过持续的、差异化的服务手段，为客户提供合适的产品或服务，最终实现客户满意度与忠诚度的提高。

客户关怀体现了服务质量的标准化，它涵盖了企业经营的各个方面。在实施客户关怀的过程中，企业需要从客户需求、客户偏好等方面着手，为客户提供适合其需求的服务。

客户关怀的主要特点是针对性、体贴性、精细化，其中以下几个关键点需要把握：

（1）通过观察客户行为了解客户需求。客户的需求不是仅靠简单询问客户就可以得到的，企业必须在日常工作中注意观察客户行为，主动了解客户并识别客户的真实需求。

（2）客户关怀不是市场活动，不是一段时间内的短期行为。企业一旦明确了客户差异化的体验标准，就必须将其视为企业日常工作的一部分，而不是仅仅停留在规则上。

（3）客户关怀不是营销。客户关怀并不是要求客户购买一件产品或一种服务，而是追求客户尽可能长时间地留下来。

二、客户关怀的内容

不同企业对于客户关怀的内容有不同的解释，概括起来主要是企业售出服务后为客户提供的额外服务。还有一些观点认为客户关怀贯穿于市场营销的所有环节，具体包括：

（1）客户服务，指向客户提供产品信息和服务建议等。

（2）产品质量，指向客户提供符合有关标准、适合客户使用的产品与服务。

（3）服务质量，指与企业接触过程中的客户体验。

（4）售后服务，包括售后咨询和投诉等。

从时间上看，客户关怀活动贯穿于客户购买前、购买中、购买后的全过程。购买前的客户关怀会加速企业与客户之间关系的建立，对鼓励和促进客户购买产品或服务发挥着催化剂的作用。购买中的客户关怀则与企业提供的产品或服务紧密地联系在一起，包括订单的处理以及各种有关销售的细节，都要与客户的期望相吻合，尽可能满足客户需求。购买后的客户关怀则集中于高效地跟进和圆满地完成产品的维护等相关内容，以及围绕产品、客户，通过关怀、提醒或建议、追踪，最终达到企业与客户互动。

企业对产品、客户及其变化趋势的良好把握，能为企业的产品升级、客户拓展达到积累资料的目的。售后的跟进和提供有效的关怀，可以极大增强客户对产品和企业的忠诚度，使客户能够重复购买企业的产品和服务。

三、客户关怀的手段

（一）电话营销

（1）要有针对性。企业在通过电话营销时，要针对不同客户的具体情况推荐符合其需要的产品或服务，不能千篇一律。

(2) 实现信息共享。当一个销售人员联系的客户把电话打给其他人员或部门时，企业各部门之间要协同工作。

(二) 网站服务

通过电子商务平台，企业可以提供及时且多样化的服务。企业可根据客户点击的网页、在网页上停留的时间等信息，及时捕捉客户的需求。企业将客户浏览网页的记录提供给服务人员，服务人员可通过浏览网页以及与客户共享应用软件等方式，实现企业与客户的互动或网上交易。

网站如何做好客户服务呢？以下几个原则应特别注意：

(1) 提供客户需要的内容。做好客户需求调查，提供客户需要的内容，而不是企业想让客户看到的内容。

(2) 定期维护与更新内容。只有定期更新内容，才能吸引客户持续访问、浏览，至于旧内容，可视需求整理成资料库，以供使用者参考查询。

(3) 从客户角度考虑。美观、花哨的网页固然令人赏心悦目，不过客户可能受限于带宽，可能没有耐心等待下载。某些需要注册才能登录的网站，最好简化注册与登录程序，以便使用者方便地查询或修改个人资料。重视人性化的考虑，才会使客户乐于再次访问该网站。

(4) 善用客户资料。未来的网民只会选择符合个性化并为其量身定制的信息，而不会关注与自己无关的垃圾信息。如何从网上收集到客户资料，了解客户，进而适时地提供最佳服务，将是做好网络客服的关键。同时，企业有义务对客户资料保密，如需使用应先征得客户同意。此外，客户应有权修改或删除个人资料。

(5) 不要成为广告媒体。提供信息与开展广告宣传并不相同，如果滥用网络来刊登广告或发送广告邮件，很可能会招致客户反感，产生负面效果。成功的网络客服除了可降低企业成本外，还会为企业带来极大的附加效益，具体包括以下方面：一是客户忠诚度的建立，因为每一次服务都满足了客户的即时需求，客户当然会产生品牌忠诚度；二是客户终身消费价值的实现，有忠诚度的客户会持续不断地回来购买产品；三是营销成本的降低，通过对每一位客户资料的收集与分析，可有针对性地对有潜力的客户进行一对一的营销，以减少不必要的支出，提高公司竞争力，并加强彼此的联系。

(三) 呼叫中心

电子商务时代的呼叫中心（客户服务中心）以拥有客户、抓住客户为目的，它必须与电子商务系统有机地集成。这意味着企业建立呼叫中心时，必须清楚其对互联网的基本需求，并且合理地与客户关系、工作流程自动化及互联网进行集成。基于三者合一、IP 语音、存储技术、统一信息服务的高集成度和面向垂直细分市场的呼叫中心现已成为企业服务客户的重要平台。呼叫中心是指企业通过公开一个电话服务号码，提供对客户的电话服务，它既是企业与客户交流的重要渠道，同时也可以完成企业的部分业务。呼叫中心运用自动语音应答系统对客户提出的一般性问题（如查询存款余额），通过计算机电话集成技术识别客户的按键，自动播放录音解答给客户收听。如果需要个性化的人工服务（如投诉业务），呼叫中心可以自动寻找最恰当的服务代理人员，以解答客户的具体问题。

四、客户关怀的评价

无论是从客户角度还是从企业角度来看，不同企业的客户关怀效果是存在差异的，通常可以从以下三个角度对客户关怀进行评价。

（一）寻求特征

寻求特征指的是客户在购买产品之前就能够决定的属性，如产品的包装、外形、规格、型号、价格等。客户关怀首先应该满足客户的需求特征。

（二）体验特征

体验特征指的是客户在购买产品后或在消费过程中才能够觉察到的属性，如口味合适、礼貌待人、安排周到和值得信赖等。企业可站在客户的角度体验，或者通过调查获得客户体验特征的相关数据。

（三）信用特征

信用特征指的是客户在购买或消费了产品或服务后仍然无法评价的某些特征和属性（原因在于客户不具备这方面的专业知识），因此消费者在购买产品或服务时必须依赖提供该产品或服务的企业的信用和品牌影响力。

企业可根据自己产品或服务的特点，按照上述三个特征，设计出自己的评价体系，以方便营销人员与服务人员对客户关怀进行评价。具有寻求特征的变量可称为“硬件”部分，企业可运用不同的定量方法识别出客户期望，进而设定出合适的规范、规则。具有体验特征和信用特征的变量是客户关怀中的“软件”部分，这部分的改变则要通过对接触客户的员工进行训练和考核才能够实现。有的企业已经用定量技术来测量这些“软件”部分，例如有些银行规定了每笔业务的办理时间、账单查询时间等，这些都依赖于员工在工作中的规范行为。企业通过制定严格的业务操作程序和行为规范，将大大提高服务水准。

任务实施

客户关怀的方案

客户关怀管理真正体现了“以客户为中心”的现代企业经营理念，是企业市场营销系统的重要组成部分，也是企业打造持续的市场竞争力、实现可持续发展的基本要求。

一、制定扩大客户关系的工作目标

（1）确定扩大客户关系目标，系统评估客户对企业的价值和贡献，评估关键客户对企业的价值。

（2）确定客户关系关键人员的定位。

（3）确定要跟踪的客户。

（4）根据企业资源和核心能力确定为客户提供的产品、技术和服务范围。

（5）根据竞争态势，明确企业要达到的市场排名和市场份额。

二、选择扩大客户关系的工作任务

根据扩大客户关系的工作目标，让客户充分了解企业对客户的价值和贡献。

（1）根据不同的活动内容和目的，拟定不同的人员组成、目标和分工。

（2）选择扩大客户关系的行动。

1）亲情服务：根据客户基本信息整理出特定的客户列表，在客户生日或在重要节假日，寄送本企业的贺卡、小礼品等，以示祝贺；通过短信平台发送祝贺短信；派代表参加客户的周年庆典等重要庆祝活动。应视客户规模、贡献、层次等的不同，分别采取不同的策略，并制订计划，落实关怀。企业可以把客户分为金牌客户、银牌客户、普通客户等级别，为金牌客户每年安排一次旅游，为银牌客户安排节日礼品，为普通客户寄送贺卡等，以体现关怀的区别。

2）产品推荐：根据对客户分析得到的各类客户群体特征，针对不同群体，企业可提供最适合该类客户的各项产品或服务。

3）优惠推荐：企业根据对客户分析的结果，针对不同的客户群体，制定不同层次的优惠政策，主动推荐给客户。

4）客户俱乐部：如果客户群比较集中，单个客户创造的利润非常高，与客户保持密切的联系则非常有利于企业业务的拓展，企业可以以俱乐部的形式和客户进行更加深入的交流，从中挖掘客户的需求，以不断提高企业经营效益。

5）个性化的服务措施：提供 24 小时服务热线、技术支持，开展客户需求研讨、客户需求评估等。

三、制订扩大客户关怀计划

通过制订客户关怀计划与客户深入沟通，倾听客户的意见，随时关注客户的新需求，解决客户的难题，关注企业客户资源的动态变化，挖掘客户更多更深层次的需求，为客户提供更多更新的应用，保持长久关系，争取实现经营客户和持续销售的目的。

制订客户关怀计划，展示企业对客户的关怀，了解客户对企业的反馈意见，及时调整客户关怀体系，并对客户的反馈意见进行处理，可防止与降低客户的流失。同时借扩大客户关系的关怀活动，对目标客户开展营销推广活动，增进与扩大客户关系，可为产品或服务走近客户或扩大销售提供公关平台。

任务三　客户抱怨管理

任务引入

当你对所接受的服务不满时，你会向客户服务人员提出抱怨吗？如果你决定提出抱怨，你希望客户服务人员怎么处理？在什么样的情况下，你才有可能再度成为该客户服务人员的客户？

相关知识

一、客户抱怨的定义

客户对产品或服务的不满和责难称作客户抱怨。客户抱怨行为是由其对产品或服务的不满而引起的。客户对服务或产品的抱怨，一方面意味着企业提供的产品或服务没有达到客户的期望，没有满足客户的需求，另一方面也表示客户期待企业能改善服务水平。企业可通过对客户抱怨的恰当处理挽回经济损失，维护自我形象。

二、处理客户抱怨对企业的意义

在传统观念中，人们总认为客户抱怨就是消费者在找企业的麻烦，而且认为抱怨给企业带来了负面影响。但从某种角度来看，客户抱怨实际上为企业提供了改进工作、提高客户满意度的机会。

建立客户忠诚是现代企业维持客户关系的重要手段。对于客户的不满与抱怨，采取积极的态度进行处理，能够帮助企业重新建立信誉，维持和提高客户的满意度和忠诚度。

（一）提高企业美誉度

客户抱怨发生后，尤其是公开的抱怨行为，会使企业的知名度大大提高。但不同的处理方式会对企业的形象和美誉度的发展趋势产生完全不同的影响。如果态度积极，企业的美誉度经过一段时间下降后会持续提高，有的甚至会直线上升；如果态度消极，听之任之，或予以隐瞒，企业的形象和美誉度则会随着企业知名度的扩大而迅速下降。

（二）提高客户忠诚度

有研究发现，提出抱怨的客户，若问题获得圆满解决，其忠诚度会比没有遇到问题的客户要高很多。因此，客户抱怨并不可怕，可怕的是不能有效地化解抱怨，最终导致客户离去。

从处理客户抱怨的结果来看，客户抱怨可能给企业带来的利益是客户对企业就抱怨处理的结果感到满意，从而继续购买企业的产品或服务，进而给企业带来的利益，即因客户忠诚度的提高而获得的利益。对客户抱怨的正确处理一方面可以增加客户的忠诚度，有助于保护乃至增加企业的利益；另一方面也印证了要减少客户的不满意，必须妥善地化解客户的抱怨。

有资料显示，一个客户的抱怨代表着 25 个没说出口的客户的心声，对于许多客户来讲，他们认为与其抱怨，不如离开企业或减少与企业的交易量。这一数字更加显示出了正确、妥善化解客户抱怨的重要意义，即只有尽量化解客户的抱怨，企业才能维持乃至增加客户的忠诚度，保持和提高客户的满意度。

小案例

某物流公司的客服部门接到一位老客户打来的投诉电话，该客户表示：近期由物流公司配送的一批货物中存在货物毁损的现象，该批货物的价值总额为 40 万元，货物完好率为 75%，损毁货物的价值为 10 万元。客户要求物流公司对损毁的货物进行赔偿。

经物流公司有关管理部门研究，并征得客户的同意，物流公司针对这起客户投诉提出了以下解决方案：第一，向客户支付修复货物费用，并赔偿客户经济损失，两项共计 5 000 元。第二，向客户补发毁损、无法修复的货物。

随后该物流公司相关部门按照解决方案中的要求向客户支付了赔款并补发了货物。此后，物流公司客服部门又对该投诉客户进行了回访，了解方案落实情况，客户对该物流公司的做法给予了高度赞扬。

（三）客户抱怨是企业的“治病良药”

企业的成功离不开客户的抱怨。客户抱怨表面上让企业员工不好受，实际上却给企业的经营敲响了警钟，它提示管理者工作中存在隐患，解除隐患便能赢得更多的客户。所以企业应充分利用客户的抱怨所传达的信息，把企业做大做强。

小资料

客户抱怨与客户满意之间的关系

客户抱怨表明客户不满意，但是客户不抱怨是否就表示客户满意呢？答案当然是否定的，客户不满意并不一定会抱怨。一项研究结果表明，很多客户会因为对一家企业的不满意，而改向企业的竞争对手购买产品或服务，只有 4%的客户会开口抱怨。客户抱怨并不可怕，可怕的是不能有效地化解客户的抱怨，最终导致客户离去或转投企业的竞争对手。企业与客户之间信任下降的一个信号就是客户不再抱怨了。另一项研究结果表明，客户的流失率下降 5%，企业的利润则可上升 25%～85%，而失去一个老客户的损失，则至少要争取 10 位新客户才能弥补。可见，如果因客户的抱怨没有得到有效的化解而导致一个老客户流失，那么企业的损失将是非常大的，如果这个客户转而购买企业的竞争对手的产品，则企业的损失会更大。

三、客户抱怨产生的原因

消费者在购买产品或者服务时，或多或少不能如愿，因而会产生抱怨。造成客户不满意的原因是多方面的。

（一）产品质量问题

良好的产品质量是实现客户满意的直接因素。在调查客户对一些知名品牌的印象时，客户首先想到的就是耐用、好看等。客户对一次购买经历是否满意，取决于客户对此次购买的产品或服务是否满意。如一名顾客在超市选购商品，一方面，能不能在超市中以合适的价格顺利地买到质量合格的商品是决定顾客是否满意的关键因素；另一方面，即使商品的质量没有问题，但如果在使用的过程中，顾客发现使用该商品的效果并不像他想的那样，他也会对整个超市的服务产生不满，进而产生抱怨。这就像是在理发店里经常会发生的情况：刚理完发的顾客抱怨理出的发型不好看，虽然这个发型是他自己选择的，但他不会意识到这是自己选择的问题，而是抱怨理发师的技术太差。

（二）服务人员、服务环境、服务制度问题

服务是一种经历，在服务系统中的客户满意与否，往往取决于某一个接触的瞬间。如服务人员对客户的询问不理会或回答语气不耐烦、敷衍、出言不逊，结算错误，让客户等待时间过长，服务环境差，安全管理不当，店内音响声音过大，营业时间、商品退调、售后服务规定不合理等，都是造成客户不满、产生抱怨的原因。

（三）企业对客户期望管理失误

客户的期望在客户对企业的产品或服务的判断中起着关键性作用。客户将其所需要的或期望的东西与其正在购买或享受的东西进行对比，以此评价购买的价值。一般情况下，当客户的期望值越大时，其购买的欲望相对就越大。但是当客户的期望值过高时，就会使得客户的满意度变小；当客户的期望值越低时，客户的满意度相对就越大。因此，企业应适度管理客户的期望。当期望管理失误时，就容易使客户产生抱怨。企业对客户期望管理失误主要体现在以下三个方面：

（1）过度承诺。例如，有的商场承诺包退包换，但是一旦顾客提出退换要求时，却总是找理由拒绝。

（2）隐匿信息。有的企业在广告中过分宣传产品的某些性能，而故意忽略一些关键信息，以转移客户的注意力。例如，某些商家经常以“打折”“买一赠一”“抽奖”为由吸引顾客前来购物，实际上其中有很多“猫腻”，它并不是真正给顾客实惠，顾客购物后经常有上当的感觉，时间长了、次数多了，商家就会失去顾客的信赖。这些都会导致客户在消费过程中产生抱怨。

（3）虚假宣传。有的企业在宣传产品时，刻意宣传一些产品本身不具备的功能或特性。例如，某手机在广告宣传中声称该手机是双卡双待机，顾客在购买后发现，这个手机只能插双卡，而不能同时待机。再如，某保暖内衣在宣传时宣称采用了太空材料，可以运动生热，保暖效果良好，事实上这款内衣的材料只是普通化纤，至于运动生热，也

只不过是人体运动生热而已，并非衣服本身可以生热，保暖效果与普通内衣也相差无几。再逼真的谎言终究是谎言，客户迟早都会明白真相，一旦客户意识到自己上当受骗，企业也就永远地失去了客户。

（四）客户自身原因

这类抱怨行为主要表现在以下三个方面：

（1）个人习惯性抱怨。有些客户喜欢提意见，而当其意见未受到重视时，就会产生抱怨。

（2）发泄性抱怨。这类客户的抱怨一般是没有根据的，也许客户最近情绪不好，而此时某种产品或服务正好成为客户发泄负面情绪的导火索。

（3）错误使用产品或错误理解服务而导致的抱怨。如客户未能认真阅读使用说明书，错误使用，导致产品损坏或是未实现产品设计功能等而产生抱怨。

四、处理客户抱怨的原则

（一）及时性原则

面对客户的抱怨，有些问题虽然看起来非常严重，但是如果能及时地处理，并引导客户情绪，便不会影响到企业与客户的关系，有时不仅不会产生负面影响，而且还能赢得客户的信赖，增加客户的忠诚度。在通常情况下，客户产生抱怨大多是因为情绪上的不满，如果能够及时进行处理，让客户的情绪得以宣泄，便会给客户带来精神上的慰藉，使客户原来激动的情绪、强硬的态度得以化解。

（二）专门性原则

企业应当设立一个部门来处理客户抱怨，如设立客户服务部。成立一个专门的部门处理客户抱怨，既可传递企业“客户至上”的经营理念，也有助于不断提高客服人员处理客户抱怨的能力。

（三）鼓励性原则

对客户的抱怨采取一种积极的态度有利于鼓励客户将抱怨讲出来，有助于企业了解自身存在的不足，并加以改正，对企业的成长大有益处。同时，接受反馈，使客户抱怨的问题得以解决，也有助于提升客户的忠诚度，有利于企业自身的发展。

（四）站在客户角度原则

客户抱怨的产生往往代表着一种负面对立的情绪，此时客户往往是什么解释也听不进去的。此时若能站在客户角度，设身处地地为客户着想，对客户的情绪表示理解，往往能够缓和客户的情绪，更容易拉近与客户的距离，使客户在心理上与企业更加靠近。这时，如果客户抱怨得以解决，无疑会提升客户的忠诚度。

任务实施

处理客户抱怨的技巧

面对客户的抱怨，企业通常可以运用以下技巧。

一、处理客户抱怨的一般性方法

（1）诚恳地向客户道歉，坦率承认是由于自己工作失误而对客户造成了不便。

（2）如果产品受到损坏，责任又确实属于企业一方，则企业应退换。

（3）如果退换仍不能挽回客户的损失，则企业应采取适当方式给予客户一定的补偿和安慰。

（4）员工应掌握产品相关的各种知识，以便在服务过程中向客户详细介绍。

二、处理愤怒客户的技巧

（1）当客户极度愤怒时，通常不会相信服务人员的解释，所以另外找其他人员来进行调解会比较好，这位调解人员最好是有经验、有人缘、具有处理能力的高一级主管，这会使客户产生受重视的感觉。

（2）如果调解人员依然不能解决问题时，最好换个场所，在一对一的场合商谈，一定要冷静而且诚恳地向客户解释并道歉。

（3）使用上述方法后，若仍无法平息客户的怨气，最好的办法就是取消当天的会谈，并把它延迟到第二天。进行这样的处理时，一定要诚恳地询问客户的地址、电话，然后派人到客户家中拜访、道歉，最终以诚意来赢得客户的谅解。

三、处理因服务态度不佳而产生的客户抱怨

（1）调解人员应认真听完客户的陈述，然后向客户保证今后一定加强员工教育，不让类似情况再次发生。

（2）向客户道歉，以期得到谅解。

（3）加强员工提供优质服务的教育，并建立相应的监督和奖惩制度。

四、由于客户自身原因而产生的抱怨的处理方法

（1）尊重、体谅客户。

（2）委婉地安慰客户。

（3）尽可能由公司承担损失。

（4）妥善处理被损坏的商品。

五、以电话或信函方式处理抱怨的方法

在处理抱怨时，最好的方法当然是面对面地与客户沟通，但如果客户住的地方很远，或不方便亲自前往拜访时，也可以用信函或电话来处理。

（一）以信函方式处理时的注意事项

（1）在写信时一定要注意措辞。

（2）客套话不必太多，最好直接进入主题。

(3) 先向客户致歉，然后叙述事件的来龙去脉，并且肯定客户的抱怨是一种建议而不是无理取闹。

(4) 把需要说明的情况阐述清楚。

(5) 要向客户保证类似的事件不会再度发生，企业也一定会加强员工教育，最好把企业采取的具体方案以及对事件的处理方法告知客户，使客户重新信赖企业。

(6) 信件的署名最好是企业高级主管或经理。

(7) 信件的措辞一定要恭敬有礼，不可以有错字、漏字，不要让对方产生不被尊重的感觉。

(8) 如果原因复杂、调查费时，一定要向客户说明，并约定几日后再联系，务必守约。

(二) 以电话方式处理时的注意事项

(1) 通过电话道歉是直接会面与信函道歉两者都无法做到时的补充办法。

(2) 通过电话处理抱怨要遵循的最重要的原则是迅速。

(3) 态度一定要亲切有礼，不要对客户的要求信口承诺。

(4) 顺着客户的想法或希望来沟通，绝不打断客户讲话。

(5) 和客户进行电话会谈时，一定要详细地把重点内容记录下来。

任务四 客户投诉管理

任务引入

华为是一家生产、销售通信设备的大型科技公司，业务覆盖全球 100 多个国家和地区。在这样的规模下，被客户投诉是在所难免的，关键是如何处理投诉。如果你在华为工作，你怎样看待这个问题？

相关知识

一、客户投诉概述

客户投诉是指客户在使用和接受产品或服务的过程中，发现或认为其存在问题，自己利益受到侵害，因而向企业提出诉求，其中包括退换产品、补救服务失误、赔偿一定损失等。客户投诉是客户对企业客户服务的一种评判和反应，是客户维护自身权益的具体表现和正当行为。客户投诉的定义很多，例如：

(1) 投诉就是抱怨。

(2) 投诉就是客户强烈地表示不满。

（3）投诉就是顾客不满意的表述，无论是合理的还是不合理的。

（4）投诉分有效投诉和无效投诉。有效投诉是指对于产品或服务的质量、服务规范、服务效率和服务环境的投诉；无效投诉包括客户提出的无理要求和故意刁难。无效投诉不应作为投诉看待。

不同行业、不同企业对于投诉的看法不同。进行投诉处理时，企业应当仔细分析企业的产品、服务、客户群乃至企业的文化导向，制定出最适合企业的准确的投诉定义。下定义是为了更好地进行管理，对不同类型的投诉适用不同的流程，以便进行统计、分析和监控。对投诉下定义的原则是便于员工理解和操作。

企业在正常运营过程中，总是希望自己的产品或服务能够卖出去，让客户觉得物有所值。没有哪个企业希望看到客户投诉，客户代表着订单，代表着收入，关系到企业的生死存亡。但是，在企业的经营过程中，客户投诉始终存在，并且客户投诉一旦发生企业就不能回避，必须积极面对。

积极看待客户投诉，首先要正视客户投诉。投诉传达的是客户的不满。客户投诉，说明其对企业的部分产品或服务持否定评价。即使企业提供的产品或服务本身没有问题，客户投诉是出于误解，这仍是企业的错——为什么没有让客户正确地理解呢？即便企业已经事先做了大量的宣传和解释，一般客户都已明白，但个别客户还是不理解，这仍是企业的错——为什么没有个性化的服务呢？总之，客户永远是对的。

客户投诉会给企业带来压力和烦恼：客户要求退货、赔偿，企业的销售业绩和收入会受到影响；客户投诉的处理占用了大量的人力，增加了企业的人力成本，耗费了企业的资源；有的投诉客户唯恐事情闹不大，到处散布不满言论甚至诉诸媒体。这些投诉一旦处理不当，就会给企业带来严重的负面影响。所以，企业要积极面对客户的投诉，正视投诉对企业的影响。

小案例

如何处理客户投诉

假如你是一家国际连锁鞋店某分店的经理。在某个周六，当店里正忙时，有一名男士前来投诉。他前不久买了一双昂贵的皮鞋，但是一只鞋子出现了断裂的情况，于是该男士要求退款。

你检查了这双鞋，发现：

（1）鞋子的价格标签和条码都完好无损。

（2）这双鞋不是本店销售的，本店根本就没有这个牌子的商品。

（3）鞋子的断裂是人为造成的，是故意用刀划开的，而这是某些顾客要求退款的惯用方式。

这个人越来越愤怒、不安。当你要查看他的购物收据时，他开始骂人并威胁要直接去公司总部投诉。他的行为使店内的其他顾客感到不自在，很多顾客已经准备离开。

在这种情形下，你该怎么办？答案不是唯一的：

（1）你可以直截了当地拒绝他并接受因此而引发的一切后果。

（2）为了避免他影响店里生意，立刻给他退款，息事宁人，同时承担因此引发的一切后果。

（3）你可以就此收集尽可能全面的信息，了解这个男士是什么时间在哪里买的鞋，迫使他心虚而主动放弃退款，或者让他不得不声明自己是在别的店购买的鞋子。

无论选择哪种方法，你的目的都是希望他能接受你的处理方案，保证其他顾客不会因为他的投诉而离去。

二、客户投诉的原因

许多企业都有过这样的经历：一夜之间，企业陷入了投诉漩涡，成为客户、消协、媒体等的关注对象。

客户为什么要投诉呢？简单来说，客户是基于不满才投诉的。不满的直接原因在于客户的期望值和实际感知之间的差距。之所以在企业与客户之间出现了差异，绝大多数是企业方面的原因，也有消费者方面的原因，还有其他一些原因。

小看板

处理客户投诉是建立客户忠诚最好的契机。

（一）企业方面的原因

1. 产品质量存在缺陷

根据《中华人民共和国产品质量法》的规定，产品缺陷是指产品存在危及人身、他人财产安全的不合理的危险；产品有保障人体健康和人身、财产安全的国家标准、行业标准的，是指不符合该标准。存在质量缺陷的产品可分为：假冒伪劣产品、标识不当的产品、质量瑕疵的产品。如果产品存在缺陷，消费者可向企业投诉、索赔，国家相关质量监督部门要对企业作出处罚，同时产品生产企业的相关责任人也应承担相应的责任。

2. 服务质量

国内一些优秀的产品品牌，如格力、海尔，都很重视服务的质量，它们在做好产品的同时，纷纷确立了“服务制胜”的战略，以周到、优质的服务建立自己的竞争优势。

常见的服务问题有：

（1）应对不得体。具体表现在以下几个方面：

1）态度方面。一味地推销，不顾客户反应；紧跟客户，像是在监视客户；客户不买时，马上板起脸。

2）言语方面。不打招呼，也不搭话；说话过于随便。

3）销售方式方面。不耐烦地把展示商品拿给客户看；强制客户购买；对所销售的商品一无所知，无法回答客户的咨询。

（2）给客户付款造成不便。算错了金额，让客户多付了；没有零钱找给客户；不收客户的大额钞票；金额较大时拒收小额钞票。

（3）运输服务不到位。送大件商品时送错了地方；送货时导致商品污损；送货周期太长，让客户等得太久。

（4）售后维修质量不达标。

（5）客户服务人员工作失误。

3. 宣传误导

企业有了好产品，还需要运用各种手段广泛宣传产品，以赢得客户的关注和认可。企业做宣传时都会千方百计地突出产品的优势，但是广告宣传过了头，或者不兑现广告承诺，就变成了误导消费者，甚至变成了欺诈。具体表现在以下几个方面：

（1）广告承诺不予兑现。

（2）无限夸大产品效果，广告内容虚假。

（3）只讲好处、优势、优惠，不讲缺陷。

4. 企业管理不善

有专家研究客户投诉的原因，结论是8%的客户投诉来自产品质量或价格，40%的客户投诉来自服务和沟通。此外，还有很多因素会导致客户投诉，但无论何种原因，根源还是企业管理不善。具体表现为：

（1）企业管理机制问题。对上级负责、对任期考核负责，而不对市场和客户负责。

（2）职能部门各行其是，业务流程混乱。

（3）人力资源危机。

（4）投诉管理缺失。缺乏投诉管理机制，一线人员没有及时地取得后台支持，部门沟通、协作不畅；已有投诉难以消除或减少，形成大量重复投诉，造成企业资源浪费；出现公关危机时不能有效应对，造成了投诉面扩大和升级。

小看板

企业要保住和获得更多的客户，就必须在企业内部建立良好的客户投诉管理体系，并不断研究如何从投诉管理走向投诉经营，这样才能使客户的抱怨得到有效处理，并使其价值实现最大化。

（二）消费者方面的原因

客户投诉最基本的原因是对产品或服务不满。投诉行为与客户的经济承受能力、闲暇时间充裕程度、个性特征、自我保护意识等密切相关。

1. 客户的经济承受能力与投诉的关系

一般来说，客户是根据自身的经济能力来选择产品或服务的，但有的时候也不尽然，如低端客户可能选用高端产品，高端客户也可能选用低端产品。如果低端客户选用高端产品，他对产品的期望值就会超出高端客户，潜在的投诉率就会高。客户对不同产品的期望值与投诉率如表 6－1 所示。

表 6－1　客户对不同产品的期望值与投诉率

客户分类	对于低端产品的期望值和投诉率	对于中端产品的期望值和投诉率	对于高端产品的期望值和投诉率
低端客户	中	高	高
中端客户	低	中	高
高端客户	低	低	中

当一种产品或服务开始由高端市场转向中低端市场时，往往销售量会增加，而且与销售量相比投诉率也大增。这不是产品或服务本身质量下滑造成的（当然不排除由于企业销售量增大，质量控制和服务没有及时跟上，造成产品或服务质量确实下滑），而主要是中低端客户的期望值较高。例如，近几年来，手机产品、移动通信服务、汽车等产品或服务的投诉量居高不下。

企业要特别注意，原来定位于高端市场的产品，一旦由于经济的发展和人们生活水平的提高，出现了“飞入寻常百姓家”的趋势时，不能沾沾自喜于销售量的大增，而要看到其中的隐忧，即在满足市场需求的同时，要加倍做好服务和投诉管理工作。

2. 客户的闲暇时间充裕程度与投诉的关系

投诉是一件辛苦的事情，需要花费客户大量的时间。相当多的客户放弃投诉是权衡了自己的时间价值后作出的选择。有相当一部分“不屈不挠”的投诉客户有大量的闲暇时间，或者工作比较清闲，或者处于无业状态，这部分客户对企业的潜在价值和贡献其实是相对较低的，但他们对企业的伤害可能是很大的，因为他们有足够的时间到处投诉。

此外，在企业处理投诉的基层，被随随便便“打发”的客户，却很可能是企业的高价值客户。同时，企业在处理一些“不屈不挠”的客户的投诉时，要注意防止出现如图 6－2 所示的客户服务资源分配的倒金字塔效应。

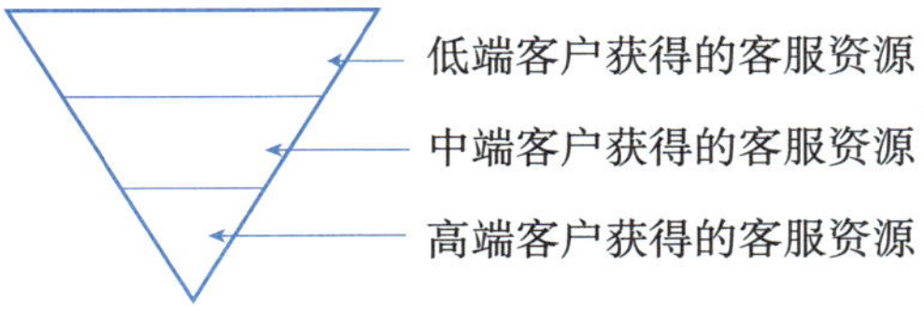

图 6－2　客户服务资源分配的倒金字塔效应

3. 客户的个性特征与投诉的关系

素质高、修养好的客户，处理问题时往往比较客观、冷静，即使因需求无法得到满足而进行投诉，也往往比较理智，一般不会使矛盾升级，但会影响其今后的购买行为。素质低、修养差的客户，往往斤斤计较，稍有不满就会投诉，若投诉解决得不好，还会使投诉升级。此外，性情温顺的人投诉少，性格怪异、暴躁的人投诉多。

4. 客户的自我保护意识与投诉的关系

客户自我保护意识的增强，是客户投诉增多的一个重要原因，特别是《中华人民共和国消费者权益保护法》的出台，对于消费者权益的保护起到了促进作用。

（三）其他原因

1. 政府监管不到位

为帮助消费者维权，市场监管部门加大了对违法违规企业的查处力度，但仍会出现监管不到位的情况，为此，市场监督管理部门开通了“12315”热线，鼓励消费者维权。

2. 法制不健全

法律规定滞后于经济发展，法律存在空白点也是存在客户投诉的原因。例如：法律对精神损害赔偿无明确规定，遇到此问题时商家与消费者协商无据可依；商家与消费者的小额争议缺乏快捷的解决途径，诉讼成本过高；社会公众缺乏基本法律常识，某些民间团体、媒体记者对法律的误读也对公众形成了某种误导。

3. 社会信用缺失

某些无良企业和经营者欺诈消费者，得逞后人去楼空，换个地方继续行骗，造成消费者对商家产生戒备心理，增加了沟通难度；某些消费者恶意投诉，以投诉之名，行敲诈勒索之实，因为没有社会信用记录，这些消费者便有恃无恐，成为令企业头疼的“钉子户”。

处理客户投诉是客户管理的重要内容。出现客户投诉并不可怕，问题是应如何正确地看待和处理客户的投诉。企业要面对各种各样的客户，每天进行着庞大、复杂的经营业务，要想做到使每一位客户都满意是很难的。所以，企业要加强与客户的联系，倾听客户的不满，不断纠正企业在经营过程中出现的失误，补救和挽回给客户带来的损失，维护企业声誉，提高产品形象，做到留住老客户的同时吸引新客户。

三、客户投诉的内容

企业经营的各个环节均有可能出现问题，所以客户的投诉内容可能涉及产品及服务的各个方面，具体可归纳为如下几个方面：

（1）产品质量投诉。这主要指产品在质量上存在缺陷、产品技术规格超出允许误差等。

（2）购销合同投诉。这主要包括产品数量、等级、规格、交货时间、交货地点、结算方式、交易条件等与原购销合同约定不符。

（3）货物运输投诉。这主要包括货物在运输途中发生损坏、丢失和变质，或因包装或装卸不当造成损失等。

（4）服务提供投诉。这主要包括客户对企业各类人员的服务质量、服务态度、服务方式等提出的批评与抱怨。

四、客户投诉分析

客户投诉分析是一项非常重要的工作，是圆满地解决客户投诉问题的关键，通常可以从以下几个方面着手。

（一）分析投诉客户的性格，即分析是“什么人”在投诉

对于客户性格的分类有四个标准：一是感性，二是理性，三是优柔，四是率直。依据这四个指标可将投诉客户分为四种类型：完美型客户、力量型客户、活泼型客户、和平型客户。

1. 完美型客户

完美型客户非常善于做理性分析，他们追求完美，对人、对物、对事往往比较苛刻，他们是天生的批评家，逻辑严密，理由充足，有种咄咄逼人的架势，通常企业没有办法拒绝这类投诉客户的要求。对这类投诉客户，企业首先要表现出切实解决问题的诚意，之后慢慢分析，依据目前的条件，解决问题可以达到什么程度，晓之以理，动之以情，让客户逐步放弃他提出的一些过于苛刻的要求。

2. 力量型客户

力量型客户说话很率直，不在乎其中的细枝末节、来龙去脉，只要求处理的结果令他满意，而且意志非常坚决。这类客户也很理性，目标意识非常强，不太关注别人的情感，也可以说在情感方面感觉比较迟钝。该类客户追求的是工作效率和支配地位，不喜欢被驱动、被强迫，不要让他感觉你在强迫他接受什么处理方案，否则会激怒他。不过，该类客户过于追求办事效率，显得比较缺乏耐心。因此，对力量型客户的投诉处理一定要快，力争在较短的时间内拿出解决问题的方案。

3. 活泼型客户

活泼型客户对人很感性，说话率直，喜欢先说了再做，而不管是否能够兑现。他们性格随和，比较容易沟通。他们的表现欲望比较强，而且希望得到别人的认同和赞美。他们喜欢新鲜、新奇的事物。因此，处理活泼型客户的投诉之前，最好先跟他套套近乎，把对方的“心情”处理好，然后再处理投诉的问题。

4. 和平型客户

和平型客户为人非常感性，这样的客户一般很少跟你说“不”，也比较容易相处，很少会与别人起冲突。处理和平型客户的投诉气氛相对于其他类型的客户来说是比较轻松的，但是不一定能轻易解决，因为和平型客户非常有耐心，他们不喜欢在太短的时间内接受某个处理方案，他们会比较各个解决方案，再从中选出合乎他们心意的。因此，在处理和平型客户投诉时一定要注意站在对方的角度，让客户感觉到“这样处理是为你着想”，必要时可运用“激将法”去推动投诉的处理。

当然，人的性格类型具有多面性，很少有人属于单一类型，因此，在处理客户投诉时，还需要依据客户性格的多面性灵活处理。

（二）分析客户投诉的原因，即分析客户“为什么”投诉

做任何事情都需要寻“因”问“果”，客户投诉也不例外。客户为什么会投诉？客户当初既然与企业打交道，买企业的产品或服务，说明他对企业是信任的，相信企业会给他提供满意的产品与服务，但后来发现情况并不是这样的，他就会有抱怨、有不满，就会投诉。很明显，客户其实也不希望投诉，对于客户而言，他也希望自己的购买是对的、是合理的、是正确的。

1. 产品或服务的质量

产品或服务的整体概念中，最基本、最重要的就是产品或服务的质量，这是客户购买产品或服务时考虑的首要因素。如买空调首先希望它的制冷功能好，买消毒柜首先希望它的消毒、杀菌功能强等。如果客户购买的产品存在功能缺陷、性能不全等质量问题，服务存在瑕疵，投诉必然会发生。

2. 产品或服务的价格

尽管因价格投诉的比例相对来说不是很多，因为价格再高也是客户看了之后才买的，一个愿打一个愿挨，按理来说不会有什么投诉。那么为什么还会有价格方面的投诉呢？这主要体现在价格欺诈上。价格欺诈是指运用模糊标价、虚构标价、隐蔽附加条件、用醒目的字眼误导消费者等产生的不诚实的定价行为。

小案例

某女士在一商业街购物，走到一家品牌服装店前，看到一行醒目的大字“店内所有服装一律 155 元”，该女士喜出望外，因为她平时也留意到这个品牌，对其质地、款式都比较满意，只是认为价格偏高，差不多都在 500 元以上，突然看到有这么好的机会，就走进店内挑了六件衣服并刷了卡，等刷完卡签完名后她才发觉每件衣服都在 300 元以上，她非常吃惊：明明写的是 155 元，怎么突然多出了这么多钱？于是她问售货员是怎么回事。售货员带她到门前宣传牌处再仔细看，才发现是 155 元起，只不过“起”的字号比其他字的字号小多了，该女士非常恼火，认为这是明显的价格欺诈行为，要求退款。售货员认为是该女士自己没有仔细看，且刷卡时金额已有显示，因而坚持不退款。双方争执不休，最后该女士打电话到市场监管部门、消费者协会投诉。

3. 服务的层次

实物商品是有形的，而服务则是无形的。随着科技的发展，同类产品之间的“质”与“形”上的差距越来越小。因此，企业在做好产品质量的同时，还必须确立“服务制胜”的战略，以周到、优质的服务作为自己的竞争优势。

如何理解服务呢？国外一些老牌企业将服务细分为以下五个层次：

（1）企业希望提供的服务。

（2）企业能够提供的服务。

（3）企业实际提供的服务。

（4）客户感受到的服务。

（5）客户期望得到的服务。

上述五个层次中，任何一个层次没有做好，如服务设施落后或项目欠缺（硬件服务）、服务方式或态度不佳，或者表现出对客户的不信任、不耐烦及其他不当的评价、议论（软件服务）等，客户的投诉都有可能发生。

4. 诚信的缺失

诚信投诉主要体现在：企业不遵守合同或承诺；通过广告或推销员的口头宣传，夸大产品的价值和功能，不切实际地美化产品；随意承诺兑现不了的服务。

小案例

爱美之心人皆有之，但不少消费者为了追求美而听信了虚假广告的宣传，导致身体受到伤害。近日，某市市场监督管理部门就调解了一起花费近万元做美容护理却只受痛不管用的投诉。上个月，张女士陪朋友到某美容会所做皮肤护理，老板娘陈某不失时机地拿出一些宣传册向张女士进行介绍，称她们引进的设备是最好的，数十项美容项目也是最先进的，美容师是从国外学习回来的医师等。美容会所还承诺护理 18 次，每星期 3～4 次，15 天后就会有明显效果。张女士动了心，当即付了 9 000 元，开始了她的“美丽之旅”。之后的半个月里，张女士先后做了 6 次护理。15 天很快过去了，张女士不但没有感觉到宣传的效果，被护理之处反而感到疼痛难忍。张女士要求美容会所停止护理，并退还所交款项 9 000 元，但遭到了美容会所的拒绝。无奈之下，张女士向市场监督管理部门投诉。市场监督管理部门工作人员调查后发现，该美容会所个别护理项目存在虚假宣传行为。经过市场监督管理部门工作人员的教育和调解，该美容会所退给了张女士 5 000 元。

5. 客户自身原因

客户投诉也不一定全是企业的原因，有时是由于客户自己操作不当或者理解有误造成的。对于这类原因造成的投诉，并不能因为不是企业的原因就不处理或不认真处理，而是首先要注意与客户沟通好，帮助客户消除误解，并做好安抚工作，如条件许可，不妨送个小礼物什么的。客户自身原因造成的投诉，如果处理得当，令客户满意，就很容易培养、提高客户的忠诚度。

小案例

王先生最近搬进新房，准备购置一批新家电。某日，他在一家家电连锁店门前看到这样一行醒目的广告：“当天购物金额满 10 000 元，就有机会获赠 21 吋液晶电视机一台。”王先生粗略一看，将它理解成了只要当天购物金额满 10 000 元就可以获赠一台液晶电视机，觉得很合算，便当天将家里计划要买的电冰箱、空调、洗衣机等家电全在这家连锁店买下了。买完后他拿着小票去服务台领电视机，但服务员告诉他并不是购物金额满 10 000 元就送，而是先抽奖看能不能抽到。王先生一听傻眼了，说：“你这不是耍人吗？”于是他投诉到客户服务中心，客户服务中心人员过来解释广告语“有机会”，强调机会就是抽奖，并不一定就有，可王先生运气差，什么都没抽到。客户服务中心人员赠送了一台烤箱给他作为安慰，王先生非常满意，表示以后要买什么家电还会选择这家连锁店。

（三）分析客户投诉的心理动机与需求

客户投诉心理是客户对所要购买的产品（服务）或已经购买的产品（服务）不满意

而产生的一种心理活动。了解客户的投诉心理，可以做到知彼知己，有利于化解客户怨气，解决问题。客户投诉的心理动机与需求一般有以下几种。

1. 要求发泄的心理

当客户对企业不满时，心情绝对是非常糟糕的，这时他的一个最基本的心理需求就是要将不满传递给企业，把自己的怨气发泄出来，以取得心理上的暂时平衡。耐心地倾听，使客户不愉快的心情得到释放和缓解是最好的处理方式。当客户发泄不满情绪时，客服人员切忌打断客户，让他的情绪宣泄中断，郁积怨气。因为客户发泄的目的在于获得心理上的平衡。另外，企业还要尽可能地营造愉快的氛围，以引导客户走出低落的情绪。因此，很多企业在招聘客户服务人员时常强调要有开朗、乐观、活泼的个性，因为具有这些个性的客户服务人员容易营造宽松、愉快的气氛，有利于缓解投诉客户的心情。

小案例

李女士在炎热的夏天买了一台空调，但仅仅过了三天，空调就不制冷了，她打电话叫商家当天过来拆走，换台新的（仍处于包换期），但商家却安排在了两天后（因为安装空调的用户太多了，忙不过来），恰恰这两天天气很热，李女士热得睡不着觉，影响了白天上班的工作效率。她忍无可忍之后直接找商家大吵大闹，发泄了一通。客服人员马上向她道歉，并给她递了杯水，请她到经理室，关上隔音门，等她的气消了以后，给她提出解决方案：立即换一台新空调，并承诺在 6 小时内送货安装。李女士接受了商家的处理方案。

2. 求尊重的心理

有些客户情感比较丰富，他们在接受产品或服务后产生了挫折和不愉快进行投诉时，总希望得到同情、尊重和重视，并希望企业能向其道歉并立即采取相应的措施。对待这类投诉客户，只要客户服务人员耐心多一点、态度好一点、诚意多一点、行动快一点，是比较容易处理的。但如果客户服务人员漠然处之，则极易引起客户的不满和反感。如张先生在某家电连锁店购物，因为感冒觉得店内的温度太低，便到客服中心建议能否将空调温度调高一点。但接待他的客服人员一边忙着手头的工作一边听他讲，甚至连头都没抬起来。客服人员心不在焉的样子让张先生很生气，于是他转而向客服经理投诉。

3. 要求补偿的心理

客户投诉的目的是获得补偿，这是因为客户觉得自己的利益受到了损害。客户期望的补偿并不仅仅是指物质上的，还包括精神上的。这类客户属于就事论事理智型客户，他们在遭遇不满后，基本上不会情绪失控地吵闹，而是理智地提出要求补偿的理由及相应的补偿需求。

4. 要求认同心理

客户在投诉过程中，一般都努力向企业证实他的投诉是对的，是有道理的，并希望获得企业的认同，这也是为什么客户服务工作总是强调“客户永远是对的”。无论客户提出什么样的投诉都有他的道理，而且在客户看来，企业要有“承认错误”的态度，以及

“改正错误”的行动。因此，在处理抱有要求认同心理的客户投诉时，首先在态度上要谦虚，要显得有诚意，不要争辩，以免让客户觉得客户服务人员在抵赖。

5. 求表现心理

有些好表现、“好为人师”的客户喜欢提一些建议性的投诉，他们希望通过这种方式获得一种成就感，这类客户往往存在潜在的表现心理，“你们怎么可以这样做，你们应该如何如何”等。对抱有求表现心理的投诉客户，应先认可他们提出的建议中的合理部分，满足他的成就感，并且向他表示感谢或尊重之意，维护他的尊严和形象。当然，对于无理要求，客户服务人员应委婉地拒绝。

小案例

王先生约了几个朋友在某酒店用餐，该酒店可能是出于对客户关注的考虑，要求包间的服务员待在包间随时听候客户吩咐。王先生觉得聚会用餐中有很多隐私的话题，一个陌生的服务员在包间里非常不方便，于是他向客户经理投诉：“你安排服务员待在包间里让我们怎么说话，你不懂得尊重别人的隐私权吗？”客户经理表示他们的安排确实有考虑不周的地方，感谢王先生的提议，并吩咐王先生包间的服务员到门外守候。

6. 报复心理

自我意识过强、情绪易波动的客户投诉时，一般对于投诉的所失、所得有着粗略但理性的经济预期，当客户对投诉的得失预期与企业提供的补偿相差过大时，或者客户在宣泄情绪的过程中受阻时，某些客户就会产生报复心理。

了解客户投诉的心理动机，满足客户的心理需求，帮助客户解决实际难题，才能真正解决客户的投诉。

五、处理客户投诉的目的

让客户满意是处理客户投诉的最终目的，与此同时，还要考虑企业自身的经营活动。因此，在处理客户投诉时，应力争实现以下四个目的。

（一）消除不满，恢复信誉

从保护、重视消费者的立场来看，处理客户投诉是事关企业生死存亡的大事。因此，处理投诉最基本的目的就是要消除客户不满，恢复企业信誉。企业应真诚、及时地对客户投诉进行处理。

（二）确立品质，保证体制

如何利用客户投诉来促进企业发展是企业的一项很重要的能力。即企业要通过处理客户投诉，改进企业产品质量和服务水平，为客户提供更满意的产品和服务。

（三）收集信息，加以利用

客户投诉是客户对产品和服务最真实的检查结果，也是最为可靠的市场调查结果。

因此，企业要将客户投诉意见收集起来，然后进行深入分析，得出科学分析结果，并在后续经营中加以利用。

（四）转变视角，发现需求

挖掘市场的潜在需求也是处理客户投诉的一个重要目的。在处理客户投诉的实际工作中，有时企业把注意力集中到了追究商品缺陷的发生责任上或对投诉的处理上，忽略了客户的真正需求。由于客户投诉与企业经营密切相关，因此在研发新产品时，如果考虑了客户的投诉建议，那么新产品的开发成本就会比较低，销量也会较好。

小资料

处理客户投诉的六要素

（1）耐心。在处理客户投诉时，客户服务人员要耐心倾听客户的抱怨，不要轻易打断客户的叙述，要鼓励客户倾诉，让客户尽情宣泄心中的不满。当耐心听完了客户的倾诉与抱怨后，客户就能够比较自然地接受客户服务人员的解释和道歉了。

（2）态度。客户投诉表示客户对企业的产品或服务不满意。从心理上来说，客户觉得是企业亏待了自己。如果在处理过程中客户服务人员态度不友好，会加剧客户的不满情绪，并进一步恶化企业与客户之间的关系。反之，若客户服务人员态度诚恳、礼貌热情，会降低客户的抵触情绪。俗话说：“伸手不打笑脸人。”客户服务人员态度谦和友好，会促使客户缓解情绪，理智地与客户服务人员协商解决问题。

（3）行动。处理客户投诉要付诸行动，而且要快。这样做的好处是：第一，可以让客户感觉受到尊重；第二，表达了企业解决问题的诚意；第三，可以防止负面影响进一步扩大对企业造成的更大伤害；第四，可以将损失减至最低，如停车费、停机费等。一般接到客户投诉信息时，客户服务人员应立即利用电话或传真等方式向客户了解具体情况，然后在企业内部协商好解决方案，最好当天就给客户答复。

（4）语言。客户对企业不满，在发泄不满的过程中有可能会言语过激，如果客户服务人员与之针锋相对，势必会恶化彼此关系。在沟通过程中，客户服务人员要十分注意措辞，说出的话要合情合理，不要一开口就说“你怎么可以这样呢”“你懂不懂怎么使用”等伤人自尊的语言，尽量用委婉的语言与客户沟通，即使客户有不对的地方，也不要过于冲动，否则只会使客户失望并很快离去。

（5）补偿。客户投诉很大程度上是因为其使用企业的产品后利益受损。因此，客户投诉之后，往往希望得到补偿。这种补偿可能是物质上的，如更换产品、退货、赔偿等；也可能是精神上的，如赔礼道歉等。在补偿时，应在企业允许的范围内尽量多补偿一点，客户得到额外的收获后，也会理解企业的诚意并对企业重新建立起信心。

（6）层次。客户投诉后，都希望自己的问题受到重视，此时，处理问题的人员的层次也会影响客户的情绪。如果高层次的领导能够接待客户并处理问题，就会比较容易化解客户的怨气和不满，并得到客户的配合。

六、处理客户投诉的方法

常见的处理客户投诉的方法有以下几种。

（一）鼓励客户倾诉

客户倾诉完委屈或发泄完愤怒后，往往会感觉好多了。需要注意的是，客户服务人员要让客户充分地倾诉，不要打断他，打断只会增加客户的愤怒和敌意，并且使问题更难处理。一旦愤怒和敌意存在了，说服劝导就会更难，甚至难以找到对双方都比较公平的解决办法。此外，客户服务人员还必须同样以宽容、开诚布公的态度对待那些很少表明其愤怒、较少冲动但也许有着同样不满情绪的客户。

（二）获得和判断事实真相

在处理客户投诉时，客户服务人员必须谨慎地确定相关事实。客户总是强调那些支持自己的观点的情况，所以客户服务人员应在全面、客观了解事实的基础上，找出令双方满意的解决办法。当难以获得事实真相时，或客户和企业都有错时，需要使客户了解相关困难，并表明无论如何，都会使客户的投诉得到公平处理。

（三）提供解决办法

在倾听客户意见并从客户的立场出发考察每一种因素之后，客户服务人员有责任采取行动并提出公平合理的解决办法。所以，一些企业规定了解决问题是客户服务人员的责任，另一些企业则规定当实际解决方案由总部的理赔部门作出时，客户服务人员应调查问题并提出备选方案。允许客户服务人员作出处理决定的企业认为，客户服务人员最接近客户，所以他们最适合提出解决方案。运用第二种方法的企业认为，如果解决方案来源于管理层而非客户服务人员，客户可能更易于接受。但这两种方法都需要客户服务人员提供解决方案。

（四）公平解决索赔

为了帮助企业提出一个公平合理的解决办法，客户服务人员必须获得下列信息：客户索赔的金额、客户索赔的频率、客户账户的规模、客户的重要程度、所采取的行动对此客户和其他客户可能的影响、客户服务人员在处理其他索赔时的经验及特定的索赔信息。

在检查了所提供的信息之后，企业可提出以下解决方案：

（1）产品完全免费退换。

（2）产品完全退换，客户只支付人工和运输费用。

（3）产品完全退换，由客户和企业共同承担相关费用。

（4）产品完全退换，由客户按折扣价格支付相关费用。

（5）客户承担维修费用。

（6）将产品先送往企业的工厂，然后再做决定。

（7）客户向第三方索赔。

七、处理客户投诉的技巧

企业在处理客户投诉时，除了依据处理客户投诉的一般程序外，还需要掌握一些技巧，以减少企业与客户之间的隔阂，赢得客户的谅解。

（一）耐心倾听对方诉说

客户在利益受到损害投诉时，客户服务人员要耐心倾听，对客户表示理解，并做好记录。待客户的叙述结束后，复述其主要内容并征询客户意见。对于问题较小的投诉，能解决的应马上答复客户。对于当时无法解答的，要作出时间承诺。在处理过程中，无论进展如何，到了承诺的时间一定要给客户答复，直至问题解决。

（二）设身处地，换位思考

当接到客户投诉时，客户服务人员要有换位思考的意识。如果是自己的失误，则要代表公司表达歉意，并站在客户的立场上为其设计解决方案，将自己认为最佳的一套方案提供给客户；如果客户提出异议，可再换另一套方案，待客户确认后再实施。当问题解决后，要跟踪客户对所处理问题的反馈意见，争取下一次的合作机会。

（三）承受压力，用心去做

当客户的利益受到损害时，客户投诉是不可避免的，有的客户还会提出一些过分的要求。这就要求客户服务人员应具备一定的抗压能力，对客户始终面带微笑，并用专业的知识、积极的态度去解决问题。

（四）有礼谦让，处理结果超出客户预期

纠纷出现后，客户服务人员要用积极的态度去处理，不应回避。在客户联系企业之前先与客户沟通，让客户了解解决问题的过程，争取圆满解决并使最终结果超出客户的预期，让客户满意。

（五）长期合作，力争双赢

在处理客户投诉时，一定要将长期合作、双方共赢作为前提，以下技巧值得借鉴：

（1）学会识别、分析问题。

（2）要有宽广的胸怀、敏捷的思维及超前的意识。

（3）善于引导客户，共同寻求解决问题的方法。

（4）具有本行业丰富的专业知识，随时为客户提供支持。

（5）具有财务核算意识，始终从财务的角度来协调赔偿的金额。

（6）处理问题时留有回旋的余地。

（7）处理问题的同时，要学会把握商机。

总之，在处理客户投诉时，客户服务人员要明白自己的职责，首先解决客户最想解决的问题，努力提升自己在客户心目中的地位及信任度，通过专业知识的正确运用和对企业政策在不同情况下的准确运用，最终让企业与客户都满意。

八、处理客户投诉的原则

（一）有章可循

企业要有专门的制度和人员来管理客户投诉问题。另外，企业要做好各种预防工作，

对客户投诉防患于未然。企业需要不断提高全体员工的综合素质，树立全心全意为客户服务的思想，并加强企业内外的信息交流。

（二）及时处理

对于客户投诉，各部门应通力合作，迅速作出反应，力争在最短的时间里全面解决问题，给客户一个圆满的答复。拖延或推卸责任会进一步激怒投诉者，使事情变得更难解决。

（三）分清责任

在处理客户投诉时，不仅要分清造成客户投诉的责任部门和责任人，而且需要明确处理投诉的各部门、各类人员的具体责任以及客户投诉得不到及时、圆满解决时相关部门及人员的责任。

（四）记录分析

客户服务人员对每一起客户投诉及其处理都要做详细的记录，包括投诉内容、处理过程、处理结果、客户满意程度等。通过记录分析原因、吸取教训、总结经验，为日后更好地处理其他客户投诉提供参考。

九、客户投诉的管理

客户的投诉体现了社会、市场的直接利益关系人对企业的经营成果的检验和评判。因此，一般企业对客户的投诉都十分重视。企业可通过客户投诉发现产品和服务问题，主动并努力改进产品和服务质量，提高客户服务水平。企业主动改进产品和服务质量，既是企业客户投诉管理的要求，也是客户服务变革创新的要求，更是企业社会责任的要求。

（一）建立客户投诉管理制度

管理制度是管理工作的基础和依据。企业必须建立一套能满足客户投诉管理需要的制度。随着客户投诉的变化，企业要对所建立的管理制度进行适时的修改，既要反映相关法律规定的精神，又要体现企业文化、企业政策的要求。

客户投诉管理制度一般包含以下具体规定和制度：

（1）客户投诉受理规定。

（2）客户投诉处理原则规定。

（3）客户投诉处理程序规定。

（4）客户投诉处理质量跟踪制度。

（5）客户投诉处理评估制度。

（6）客户投诉信息管理制度。

（二）客户投诉受理要素

1. 有明确的投诉人

没有投诉人，投诉就不能成立，也就不能被受理。因此，企业不仅要善于及时采集客户信息，而且要善于顺藤摸瓜追寻信息的源头。企业要主动接近抱怨客户，了解客户的不满，鼓励客户通过投诉维护自己的利益，从而帮助企业发现问题、解决问题，提升客户服务水平。

2. 有列举的投诉事项（问题）

没有投诉事项（问题），投诉同样不能成立。当然，客户的投诉事项（问题）需要经过调查和识别才能确定。在投诉时，只要客户列举了投诉事项（问题），投诉就应该被受理。

3. 有实际的损害后果

客户投诉时，要列举受到损害的事实，而且这种损害与投诉事项（问题）有因果关系。如果没有损害的后果，利益没有受到损失，则不按投诉受理，而只作为“问题的反映”予以回复。

4. 有明确的投诉要求

投诉是客户的维权行为，是以其权利主张为投诉目的的，因此要有明确的投诉要求。如果不作权益主张，没有明确的诉求，表明客户不打算“真正进行投诉”或有意放弃投诉，这类投诉不会被纳入处理程序。

5. 企业所受理的范围

企业只受理两种投诉：一是客户直接向企业提出的必须由企业承担责任的投诉；二是客户向有关主管部门提出的又由有关主管部门转办的，必须由企业承担责任的投诉。除此以外，企业不予受理。

（三）建立投诉处理系统

客户投诉处理的各种不正常情况，都与投诉处理系统的各种不正常状况相关联。正常的投诉处理系统应包括投诉处理的相关政策、投诉管理的组织体系、投诉处理的原则和流程等。

（四）出现投诉应及时处理

企业对于客户的投诉要尽快采取措施予以解决，对一时无法解决的问题，要及时处理，实时跟进，力争在最短的时间内全面解决问题，并给予客户圆满答复，避免事态进一步复杂化。

任务实施

处理客户投诉的流程

处理客户投诉一般包括以下几个步骤。

一、记录投诉内容

根据客户投诉登记表详细记录客户投诉的全部内容，如投诉人、投诉时间、投诉对象、投诉要求等。

二、判断投诉是否成立

在了解了客户的投诉内容后，要确定客户投诉的理由是否充分、投诉要求是否合理。如果投诉并不成立，就以委婉的方式答复客户，以取得客户的谅解，消除误会。

三、确定投诉处理责任部门

依据客户投诉的内容，确定受理部门和受理负责人。如果是运输问题，交储运部门处理；如果是质量问题，交质量管理部门处理。

四、责任部门分析投诉原因

查明客户投诉的具体原因及造成客户投诉的具体责任人。

五、提出处理方案

依据实际情况，参照客户的投诉要求，提出解决投诉的具体方案，如退货、换货、维修、折价、赔偿等。

六、提交主管领导批示

针对客户投诉的问题，主管领导应对投诉的处理方案一一过目，并及时作出批示。根据实际情况，采取一切可能的措施，尽力挽回已经出现的损失。

七、实施处理方案

对直接责任人和部门主管要根据有关规定作出处罚，依照投诉所造成的损失大小，扣发责任人一定比例的绩效工资或奖金。对不及时处理问题而造成延误的责任人也要追究相关责任。将处理结果通知客户，并尽快收集客户的反馈意见。

八、总结评价

对投诉处理过程进行总结与综合评价，汲取经验教训，并提出改善对策，从而不断完善企业的经营管理和业务运作，提高客户服务质量和水平，降低投诉率。

项目小结

客户互动的内涵十分广泛，可以说，客户与企业双方的任何接触，都可以视为客户互动。客户互动管理指的是当企业与客户接触时，如何向客户提供最佳、最适合的服务，并将接触过程中的互动信息记录下来，它是企业进行客户关系管理时面对的重要任务。客户关怀就是通过对客户行为的深入了解，主动把握客户的需求，通过持续的、差异化的服务手段，为客户提供合适的服务或产品，最终实现客户满意度与忠诚度的提高。客户对产品或服务的不满和责难称作客户抱怨。客户产生抱怨的原因有很多，如产品质量问题，服务人员、服务环境、服务制度问题，企业对客户期望管理失误，此外还包括客户自身原因。处理客户抱怨的原则包括及时性原则、专门性原则、鼓励性原则、站在客户角度原则。

处理客户投诉是客户管理的重要内容，在处理客户投诉时，服务人员要全面、准确了解客户投诉的内容。一般来说，客户投诉的内容包括产品质量、购销合同、货物运输、服务提供等若干方面。处理客户投诉时要遵循预防、及时、责任、记录原则。在对待客户投诉时，客户服务人员要善于倾听客户心声，要充分理解客户，要以微笑、礼貌的方式对待客户，要给予客户更多的关怀。本项目的教学重点是处理客户投诉的原则与处理客户投诉的方法，核心技能是掌握处理客户投诉的技巧。

知识应用

一、项目情景模拟

背景介绍：

张三网购了A公司的羽绒服，收到货后张三发现羽绒服上有破洞，于是张三向A公司投诉。以下是张三与A公司客户服务人员王五的对话。

王五：“上午好，A公司，12号为您服务，请问您有什么需要我帮忙的吗?”

张三：“羽绒服收到后发现上面有破洞。”

王五：“先生，十分抱歉。首先请问您贵姓，再麻烦您告诉我您的订单号，我帮您查一下。”

张三：“我姓张，订单号是123456789。”

王五：“张先生您好，我会在今天下午2:00前安排人员到您处拍摄破损物品的照片，您看方便吗?”

张三：“好的。”

王五：“张先生，请您告诉我您的电话和地址。”

张三：“139××××××，北京东直门××号。”

王五：“张先生，请您告诉我您的传真号，我给您传一下我们的索赔函。”

张三：“850×××××。”

王五：“张先生，请您填写好发给我，我的传真号是65×××××，我再次代表公司向您表示歉意，等我收到破损照片和您的索赔函后，我会立即与您联系，我的分机号是1122。请问张先生是否考虑补发替代品?”

张三：“不用了。”

王五：“张先生，请您稍后对我的服务进行评价。”

第二天，王五和张三的对话如下：

王五：“上午好，请问是张先生吗?”

张三：“是的。”

王五："我是A公司的客服人员，请问张先生现在讲话方便吗？"

张三："方便。"

王五："张先生，我已经收到破损照片和您的索赔函，按照公司规定可以对您进行赔付，稍后我会安排人员把索赔款给您送去，再次代表公司向您表示歉意，欢迎您继续使用我公司的产品。谢谢！"

张三："好的，谢谢！"

王五："张先生，请您稍后对我的服务进行评价。"

模拟要求：

1. 每个小组选派两名同学，分别扮演王五和张三，要求形象逼真、角色融入度好。
2. 其他小组对表演者进行点评，要求公平、公正，最后给出合理的分数。

二、项目情景分析

针对下列三个情景中的客户投诉，判断客户投诉的类型，分析客户投诉产生的原因，将圆满解决客户投诉的方法填入表6-2。

情景1：张女士在某家电专卖店购买冰箱时，导购员向她推荐了一款冰箱。导购员说："这款冰箱采用了新技术，静音且省电。"可是使用了一个星期之后，张女士感觉冰箱的制冷效果不太好，主要是制冷速度慢。于是，张女士找到商家要求换货。商家不同意，说："又想马儿好，又想马儿不吃草，怎么可能呢？这就如同鱼和熊掌不可兼得一样，既然省电环保，当然不能快速制冷。"但是，张女士认为，导购员在她选购冰箱时存在故意突出冰箱优点，隐瞒冰箱不足的误导。因为导购员当时除了向张女士大力宣传节能环保外，并没有提醒她制冷速度较慢等不足之处。现在张女士知道了这一不足，认为这款冰箱不适合她家使用，要求商家给她换一款其他制冷速度快、制冷效果好一点的冰箱。可是商家不同意，认为张女士既然选择了这款冰箱，而冰箱又不存在质量问题，没有理由要求换货，双方争执不休。最后，张女士一气之下，提出"现在我不想换了，要求退货"，商家更不愿意退货了。于是，张女士向消费者协会和市场监督管理部门进行了投诉，并表示如果商家不能满足其要求，她就准备向当地法院起诉。

情景2：某孕妇到一家超市购物。因当天下雨，超市的地板很滑，她一不小心闪了腰，幸好没什么大问题，只是虚惊了一场。但是，该孕妇考虑到如果地面还是那么湿滑，其他孕妇也有可能滑倒。于是，她向客户服务中心建议，超市能否在下雨天往地板上撒一些防滑粉末等。可是客服人员懒洋洋地扔出一句话："我没有权利决定这件事情。"受到冷落之后，该孕妇一气之下，向客户经理进行了投诉：因为超市地板很滑，导致她闪了腰，现在肚子有点痛，要求超市赔偿或支付检查费。

情景3：李先生是一家酒店的常客，他每次入住后，酒店的公关部经理都要前去问候。李先生好面子，总爱当着他朋友的面批评酒店，以突显自己身份尊贵。这次当公关经理去房间拜访时，李先生和他的几位朋友正在聊天，李先生一见公关部经理就说："我早就说过了，我不喜欢房间里放什么水果之类的东西，可这次又放了。还有，我已经是第12次住你们酒店了，前台居然还不让我在房间里办理入住。我知道，你们现在生意好了，有没有我这个穷客人都无所谓了。"

表 6－2　客户投诉类型及解决方法

情　景	投诉类型	投诉原因	解决方法
情景 1			
情景 2			
情景 3			
分析结论			

三、案例分析

捷运公司的汽车服务

捷运公司从事的是机场的汽车服务。刚开始时，公司把注意力放在了培训司机为客户服务方面，如怎样帮客户搬运行李、怎样准确报站等，司机们也做得很好。但是，捷运公司没有意识到客户的一个需求：对客户来说，最主要的是两班车之间间隔的时间要短。这一服务上的缺陷引起了不少客户的抱怨（尽管客户的平均等车时间仅为 7～10 分钟）。为此，捷运公司投入巨款购买了汽车，雇用了司机，把两班车之间的间隔时间缩减为最长 5 分钟，有时两班车之间间隔仅 2～3 分钟，最终得到了客户的认可。捷运公司发展壮大后，又开发了另一项业务：租车给乘飞机来该市的客户，待他们返回机场乘飞机时再将车还回。由于租车的客户大多数是商人，因此，对他们来说最重要的是速度。这项业务为很多客户提供了方便，但客户很快就发现了一个问题：租车的服务速度很快，但还车手续的办理速度太慢，客户抱怨没有时间在柜台前排队等着还车。捷运公司想出了一个办法：当客户将车开到公司的停车场时，服务人员就将汽车上的号码（车的挡风玻璃上有车的编号牌）输入计算机，这些计算机与主机相连，等到客户到柜台前时，服务人员就能叫出其姓名，整个过程只需询问两个问题——里程数与是否加过油，就能把票据打印出来。这样一来，原来需要 10 分钟的还车时间现在缩短到了只需要 1 分钟，客户十分满意。

思考题：

（1）在此案例中，捷运公司奉行了什么样的经营理念？

（2）结合此案例，阐述重视客户不满意的意义。

在线测评　　要点巩固

项目七 客户保持与客户流失管理

素养目标

◎ 学会识别客户流失信息，建立正确的客户关系评价体系；

◎ 学会换位思考，能站在客户的角度思考问题，始终以客户为中心，持续提供高品质服务，逐渐形成自己的品牌。

知识目标

◎ 理解客户保持与客户流失的含义；

◎ 掌握客户保持的影响因素、方法，熟悉客户保持管理的内容；

◎ 掌握客户流失的分类，熟悉挽回流失客户的方法。

能力目标

◎ 能够运用相关指标评价客户保持效果；

◎ 能够分析客户流失的原因，学会防止客户流失的方法。

项目描述

在营销手段日益成熟的今天，企业的客户是一个很不稳定的群体，即使是满意客户，也有可能“投靠”竞争对手。所以，企业不仅要有能力吸引客户，而且要有能力留住客户。

项目分析

现代企业之间的激烈竞争，迫使企业必须想方设法赢得客户信赖，大多数企业确实也一直在努力。但是，为什么客户的反应与企业的努力会出现偏差呢？问题可能存在于企业活动的任何一个环节，即企业如果在处理客户关系的过程中没有真正将工作落到实处，那么无论企业标榜自己多么真诚，无论企业付出多少努力，都不会得到客户的充分信任，最终只能被客户抛弃。

任务分解

为了更好地帮助读者学习与掌握客户保持与客户流失管理的相关知识与技巧，本项目分解为以下两项任务：

任务一　客户保持管理

任务二　客户流失管理

任务一　客户保持管理

任务引入

在当前激烈竞争的市场环境下，做好客户服务工作是企业留住客户的有效手段，否则就会导致企业客户不断流失，使企业经营陷入困境。

相关知识

一、客户保持概述

客户保持是指企业通过努力来巩固并进一步发展与客户长期、稳定关系的动态过程。客户保持需要企业与客户相互了解、相互适应、相互沟通、相互满意、相互忠诚，这就要求企业在建立客户关系的过程中，与客户进行良好的沟通，让客户满意，最终实现客户忠诚。

客户保持率是指企业与老客户保持交易关系的比例，也可理解为客户忠诚度。企业留住老客户的能力是企业保持市场份额的关键。实际上，留住老客户比开发新客户要容易得多，成本也低廉得多。

客户保持率＝客户保持数/消费人数×100%＝1－客户流失率

企业通常以重复购买行为来测量客户保持率，客户保持对公司盈利的增加具有重要作用。那些在客户保持方面表现卓越的企业往往具有长远的战略，并具备强大的竞争力。

提高客户保持率的有效方法之一就是提供卓越的客户服务。优秀的客户服务能产生令人满意的客户体验，提高客户的忠诚度，最终实现长期的客户保持。目前，衡量一个企业是否成功的标准已不再仅仅是企业的投资收益率和市场份额，还包含该企业的客户保持率、客户份额及客户资产收益率等指标。

客户保持的重要作用就在于：它能从现有客户中获取更多市场份额，增加企业的产品盈利，降低企业的销售成本，提高员工的忠诚度，提高企业的美誉度等。

二、客户保持的影响因素

影响客户保持的因素有以下几点：

（1）客户的购买行为受社会环境、个人特性和心理等方面的影响。这部分因素是企业无法控制的，但是对于分析客户消费心理有着重要的意义。由于来自同一社会阶层或具有同一种心理、个性的客户往往具有相似的消费行为，企业可以通过分析这些因素对客户进行分类，对不同类型的客户实施相应的营销策略，企业也可以将不同客户的销售结果与客户特性进行对比，以了解它们之间的关联性。

（2）客户满意度与客户保持呈非线性的正相关关系。企业可以从建立顺畅的沟通渠道、及时准确地为客户提供服务、提高产品的核心价值和附加价值等方面来提高客户的满意度。

（3）客户在考虑是否转向其他供应商时必须考虑转移成本。转移成本的大小直接影响客户维护成本。转移成本的大小受市场竞争环境和客户建立新的客户关系所花费成本的影响。

（4）客户关系具有明显的生命周期特征。在不同的生命周期中，客户保持具有不同的特点。一般来说，在考察期，客户的转移成本较低，客户容易流失；随着交易时间的延长，客户从稳定的交易关系中能够获得越来越多的便利，客户越来越趋于稳定，但企业仍需一如既往地提供令客户满意的服务或产品。

三、客户保持的方法

（一）注重产品质量

长期稳定的产品质量是保持客户的根本。高质量的产品本身就是维护客户的根本因素。这里的质量不仅指产品符合标准的程度，还包括企业应不断根据客户的意见和建议，开发出真正满足客户需求的产品。因为随着社会的发展和市场竞争的加剧，客户的需求正在向个性化的方向发展，与众不同已成为一部分客户的追求。

（二）提供优质服务

在激烈的市场竞争中，服务与产品质量、价格、交货期等共同构成企业的竞争优势。由于科技的发展，同类产品在质量和价格方面的差距越来越小，而在服务方面的差距却越来越大，客户对服务的要求也越来越高。虽然再好的服务也不能使劣质产品成为优质产品，但优质产品会因劣质的服务而失去客户。

大多数客户的不满并不是由产品质量引起的，而是源于服务质量问题。客户往往会把若干因素掺杂在一起：产品或服务的可信度、物流的速度、产品说明书的准确度、电话咨询时对方是否彬彬有礼、员工的精神面貌等，这些因素都很重要，其中一些甚至非常关键。有人提出，在竞争焦点上，服务因素已经逐步取代产品质量和价格，世界经济已进入服务经济时代。

（三）塑造良好的品牌形象

面对日益繁荣的商品市场，客户的需求层次有了很大的提高，客户开始倾向于产品品牌的选择，偏好差异性增强，习惯于指名购买。客户品牌忠诚的建立取决于企业的产品在客户心目中的形象，只有让客户对企业有深刻的印象和强烈的好感，客户才会成为企业品牌的支持者。

（四）感情投资

一旦与客户建立了业务关系，企业就要积极寻找产品之外的关系，用这种关系来强化交易关系。如记住个人客户的生日、结婚纪念日，企业客户的厂庆纪念日等重要的日子，并采取适当的方式表示祝贺。对于重要客户，企业负责人要亲自接待和走访，并邀请他们参加本企业的重要活动，使其感受到企业所取得的成就离不开他们的全力支持。对于一般的客户，企业可以通过建立俱乐部、联谊会等固定沟通渠道，保持并加强双方的联系。

小案例

某公司的一个客户经理给一个客户打了很多次电话，客户都不见他。后来他送给对方一部该公司的新款电话机，当第二天再打电话给该客户的时候，客户的态度发生了很大的变化。有人问那位客户经理："这主要是什么原因呢?"客户经理想了想说："可能他觉得我真的在关心他、在乎他。"事实正是如此，礼品不一定很昂贵，却能使客户感到你在关心他，并从心理上接受你。

对于以上客户保持的方法，企业既要认识到这四个方面都很重要，忽视任何一个方面都会造成不利的后果，同时也应权衡这四个方面不同的侧重点。客户保持的第一层次是注重质量，优质服务和品牌形象是第二层次，在此基础上进行的感情投资则是第三层次。

四、客户保持管理的内容

越来越多的企业管理层已意识到客户保持管理的重要性，具体来说，客户保持管理包括以下几个方面的内容。

（一）建立、管理并充分利用客户数据库

企业必须重视客户数据库的建立、管理工作，注重利用数据库来开展客户关系管理，可以分析现有客户情况，找出客户数据与购买模式之间的联系，为客户提供符合其需求的产品和服务，并通过各种现代通信手段与客户保持密切的联系，从而建立持久的合作关系。

（二）通过客户关怀提高客户的满意度与忠诚度

客户关怀贯穿于客户从购买前、购买中到购买后的客户体验的全部过程。购买前的客户关怀活动主要是在提供有关信息的过程中进行沟通和交流，这些活动能为以后企业

与客户建立关系打下基础。购买期间的客户关怀与企业提供的产品或服务紧密地联系在一起，包括订单的处理以及各个相关的细节都要与客户的期望相吻合，以满足客户的需求。购买后的客户关怀主要集中于高效地跟进和圆满地完成产品的维护和修理等工作。售后的跟进和关怀的目的是促使客户产生重复购买行为，并向其周围的人多开展对产品有利的宣传活动，形成口碑效应。

（三）利用客户投诉和抱怨分析客户流失的原因

为了留住客户，企业必须分析客户流失的原因，这可从分析客户的投诉和抱怨入手。客户对某种产品或服务不满意时，可以说出来，也可以一走了之。如果客户拂袖而去，企业连消除客户不满的机会都没有了。

客户的投诉和抱怨给了企业弥补失误的机会，这类客户有可能再次光临。因此，企业应充分利用客户投诉和抱怨这一宝贵资源，鼓励客户提出不满意的地方，及时解决客户的不满，以改进企业产品质量和重新修订服务计划。

任务实施

客户保持效果的评价指标

一、客户重复购买率

重复购买次数越多，客户对企业的忠诚度就越高，客户保持效果就越好。

二、客户需求满足率

客户需求满足率是一定时期内客户购买某产品的数量占其对该类产品或服务全部需求的比例，该比例越高，企业的客户保持效果越好。

三、客户对本企业商品或品牌的关注程度

客户对本企业产品和品牌关注的次数、渠道和信息越多，客户保持效果越好。

企业要想实现客户满意，进而达到客户忠诚，就必须采取一定的管理对策，做好客户保持工作，同时要尽量避免优质客户的流失。只有这样，才能不断地提高企业客户资产的价值。

四、客户对竞争产品或品牌的关注程度

客户对竞争产品的关注度提高，多数情况下是由于客户对竞争产品的偏好有所增加，客户保持效果有可能下降。

五、客户购买挑选的时间

客户购买挑选的时间越短，客户保持效果就越好。

六、客户对价格的敏感程度

当客户对产品产生喜爱和信赖时，客户对其价格变动承受能力强、敏感程度低。

七、客户对产品质量问题的承受能力

当企业客户保持效果较好时，客户对出现的质量问题会以宽容和同情的态度对待。

任务二　客户流失管理

任务引入

有关调查显示，在自然状态下，一家企业每年的客户流失率为10%～25%。为了保持一个相对稳定的市场占有率，企业必须以更高的成本去开发和培养新客户。对企业而言，这不仅是经济上的损失，而且对企业声誉、品牌形象的影响也很大。因此，企业应及时采取有效措施进行客户流失管理。

相关知识

一、客户流失的定义

客户流失是指本企业的客户由于种种原因转而购买其他企业产品或服务的现象。客户流失可能是与企业发生一次交易的新客户的流失，也可能是与企业长期交易的老客户的流失，还可能是中间客户（代理商、经销商、批发商和零售商）的流失，甚至是最终客户的流失。一般来说，老客户的流失率小于新客户的流失率，中间客户的流失率小于最终客户的流失率。客户流失率的计算公式如下：

客户流失率＝客户流失数/消费人数×100%

小资料

美国学者格里芬（Jill Griffin）和欧文斯汀（Michael W. Lowenstein）曾归纳总结了做好客户挽回管理工作的四大理由：一是因为企业拥有流失客户的购买记录和相关信息，所以挽回一个流失客户比获得一个新客户的可能性更大；二是挽回一个流失的客户比获得一个新客户有更高的投资回报率；三是与流失客户对话，可以帮助企业发现并改善产品和服务中存在的缺陷，纠正沟通过程中产生的错误信息；四是制订流失客户补救计划，可以抑制抱怨客户传播企业的负面信息，鼓励客户进行正面宣传，从而维护企业形象。

二、客户流失的分类

现在的客户最关心的已经不是单纯的产品和服务的价格了，而是产品和服务是否能够满足他们的需求，如果这些问题不能及时得到解决，就可能导致客户流失。客户流失通常可分为主动流失和被动流失两大类。

（一）主动流失

1. 自然流失

这种类型的客户流失不是人为因素造成的，典型的例子如搬迁、死亡等。所以，面对这种情况，企业几乎无能为力，但这种类型的客户流失并不严重，而且对企业的影响也比较小。当然，面对这种情况，企业还是可以采取一些措施来降低损失的，一个典型的做法就是广泛建立企业的连锁服务网点和经营分公司，让客户在更多的地方见到企业的身影。

2. 恶意流失

所谓的“恶意流失”，是从客户的角度来说的。一些客户为了满足自己的某些私利而选择了离开原来的合作企业。比如，个别电信运营商的用户在拖欠了大额的通信费用后选择了离开这家电信运营商，转而投靠别的电信运营商，从而达到不交费的目的。这种类型的客户流失应该怎样避免呢？企业可以建立完善的客户信用管理机制：一方面在客户初次与企业合作时让其填写必要的个人资料；另一方面建立详细的客户信用档案，在开展业务时对客户信誉进行评级。

客户关系管理的目标之一是要求企业与客户建立双赢式的朋友关系，让客户对企业保持忠诚。从这个角度来说，企业要避免客户“恶意流失”，最重要的还是要把自己的工作做到位。

3. 竞争流失

这种类型的客户流失是由于企业竞争对手的影响所造成的。当前的市场上没有常胜将军，任何一个企业都处在激烈的竞争环境中，稍有不慎就会陷入泥潭，甚至跌入深渊。市场上的竞争往往是白热化的，突出表现在价格战和服务战上。产品投入市场初期，用户对价格和质量比较敏感，这个时期，商家竞争主要集中在价格上。竞争结果往往是不同商家的产品价格和质量日益趋同，这个时候的竞争就突出反映在商家所能够提供的服务上了。对于服务型企业，这一点表现得更为突出。面对激烈的市场竞争，企业一般可以采取以下三种策略。

（1）进攻策略。集中力量，发挥自身优势，主动发起攻势，改进产品和服务的质量，提高产品声誉，加强品牌优势。说得通俗一点，就是要与竞争对手“针尖对麦芒”地展开竞争。

（2）防守策略。如果企业自身实力有限，就应当努力提高服务水平和服务质量，实行优惠价格，尽量保持和巩固现有市场。

（3）撤退策略。企业通过市场分析或前景预测，如果感到前景对自己不利，就干脆放弃这种产品或服务，以利用有限的资源开发新产品或新服务，开拓新市场。

市场调查表明，因为对手的竞争引起的客户流失量不到客户流失总量的 30%，更多的情况还是因为客户对当前企业不满才选择了离去。所以，在当前竞争日益激烈的市场环境中，企业首先应保留住自己现有的客户，然后再去吸引和争取新的客户。

4. 过失流失

我们把除去上述三种情况之外的客户流失统称“过失流失”，之所以称之为“过失流失”，是因为对企业而言，这些客户的流失都是由于企业自身工作中的过失造成的。这种类型的流失占客户流失总量的比例最高，给企业带来的损失也最大。

小案例

某公司客户挽留员小李受命联系流失的客户刘女士。上午，小李拨通了刘女士的电话：“刘女士，您好，我是××公司的小李，您现在方便说话吗？”

刘女士：“方便。”

小李：“是这样的，根据公司的记录，您已经好久没有光顾我们公司了，公司非常看重您这样的客户，所以我们想了解一下是什么原因，是最近比较忙吗？还是其他什么原因？”

刘女士：“我最近经常去另一家商店购物，我觉得那家的品牌更适合我的风格，而且我觉得他们的服务要更好一些……”

（二）被动流失

1. 非恶意被动流失

非恶意被动流失比较容易避免，而且出现这种情况的概率较小。一个有效的避免方法就是为客户提供提醒服务。

2. 报复性被动流失

报复性被动流失是指客户因对企业的产品和服务不满而出现的流失。要防止和减少这类流失，企业必须及时妥善地处理客户的抱怨和投诉。

3. 恶意被动流失

恶意被动流失一般是客户故意诈骗等原因导致的，对此类客户没有挽留的必要。

三、客户流失原因分析

客户需求得不到切实、有效的满足往往是导致客户流失的关键因素，具体表现在以下几个方面。

（一）客户自身因素

客户对产品或服务的期望高于实际的消费体验时会心理不平衡，产生不满情绪，由于不满，客户就会流失掉。当然，由于客户消费的多样化、多层次化、复杂多变性和非理性化，客户在消费时并不会承诺放弃尝试其他企业的产品或服务。另外，由于购买力的提高，客户需求与期望也会发生相应转移，客户可以选择购买其认为更有价值的产品或服务。

（二）竞争对手夺走了客户

任何一个行业的客户都是有限的，特别是优质客户更是弥足珍贵。有资料显示，20%的优质客户能够给一个企业带来80%的销售业绩。所以，优质客户往往会成为各大企业争夺的对象。也许你的主要竞争对手现在正在对你的大客户动之以情、晓之以理、诱之以利，以使他放弃你而选择它。任何一个品牌或者产品肯定都有软肋，而商战中的企业往往最容易抓住竞争对手的软肋，一有机会，就会乘虚而入。

（三）质量不稳，缺乏创新失去客户

企业产品质量不能保证，缺乏创新，往往会导致客户“移情别恋”。任何产品都有自己的生命周期，随着市场的成熟及产品价格透明度的提高，产品带给客户的利润空间往往越来越小。若企业不能及时进行创新，客户自然会另寻他路。

（四）细节的疏忽使客户流失

细节的疏忽也会导致客户的流失。比如，一些区域代理商大老远地跑到企业参观，企业负责人由于疏忽居然没有为客人安排用餐，或者没有帮客人预订酒店等，这些细节的疏忽往往会给客户留下非常不良的印象。

（五）诚信出现问题使客户流失

诚信出现问题是导致客户流失的一个重要原因。有些企业喜欢向客户随意承诺，结果又不能兑现，让客户觉得企业没有诚信而放弃与企业合作。例如，某医药企业给经销商承诺了很多，其中一项承诺是答应经销商订购30万元货就免费送一台微型车。经销商订购了30万元的货，但企业的承诺却一直没有兑现。这样一来，客户就会觉得企业缺乏诚信，双方的合作也就不免会出现问题。

（六）企业人员流动导致客户流失

这也是企业客户流失的重要原因之一，特别是企业高级营销管理人员，他们是企业最不稳定的“流动者”，每年都有变动，在他们流失的背后，往往伴随着客户的大量流失。如在制造企业中，每年都会有部分业绩优秀的营销人员自己创业或被竞争对手挖走，这些营销人员具备很强的个性张力，他们的离去往往会带走一批营销精英，而这些营销精英的离职又往往会“忽悠”走一批客户。

（七）企业波动导致客户流失

企业的波动期往往会出现客户流失。任何企业在发展过程中都会经历震荡，比如高层出现矛盾、企业资金暂时紧张、企业发生意外灾害等。这时候，嗅觉灵敏、以利为先的客户也许就会纷纷倒戈。

四、客户流失对企业的影响

在今天的市场上，虽然很多企业提出了“客户零流失”的目标，但是客户流失的风险和代价越来越小，幻想留住所有客户根本是不可能的。无论是老客户还是新客户，都

可能会流失，而这种流失将对企业发展产生极大的影响。

（1）客户背后有客户，流失一位重复购买的客户，不仅会使企业失去这位客户可能带来的利润，还可能丧失与受其影响的客户进行交易的机会，甚至影响企业对新客户的开发。

（2）客户流失不断消耗企业的财力、物力、人力，损害企业形象，会对企业造成巨大伤害。

因此，企业一定要争取与流失的客户“破镜重圆”，实在无法“重归于好”的，也要安抚好这些流失的客户，以有效阻止其散布负面评价而造成不良影响。

五、客户挽回的策略

（一）服务第一，以客户为先

优质的客户服务可以为企业带来较高的利润，并保证企业基业长青。优秀的企业不会一味通过降低和削减成本来增加收入，因为成本削减总有一个限度，所以企业一般会通过重新设计服务战略来达到目的。服务战略包括制定全方位的客户服务解决方案、建立服务矩阵、加强服务创新和优化服务流程等内容。

企业和客户应建立双赢关系而不仅仅是买卖关系。客户服务比推广销售和广告宣传更能增加企业营业额和利润，因此，企业想战胜对手，就必须学会站在客户的立场和角度去思考问题。在对客户服务的认识上，企业要意识到：客户服务工作的好坏关系到企业的长远发展，即使短期内难以见到效益，也应坚持下去。

（二）建立良好的客户关系

要想留住优质客户，企业需要与客户建立良好的关系。当前，业界普遍流行的观点是：企业成功＝（能力＋勤奋＋机遇）×关系。该观点认为，缺少能力、机遇和勤奋中的任何一项，只要有一定的关系，同样可以成功，即关系是企业成功的重要因素。具体而言，要做到对客户真诚、尊重和重视客户，学会问客户问题和倾听客户的建议，只有这样，才能与客户建立良好的关系。

（三）服务战略分解到位

有些企业有自己完整的服务战略，也有很详细的服务流程，但是服务规程执行起来很困难，特别是员工满意度、客户满意度很低，这种矛盾其实是一个企业的服务战略如何落实的问题。实际上，很多企业都存在这样一个瓶颈，认为战略是管理层制定的，执行是基层员工去做的，这其实是战略目标分解工作没有做到位。把战略目标逐层分解到企业员工日常工作的每一天，这是企业管理层在制定战略时首先要有的意识。此外，就是要建立一个执行监控机制，实际上就是把战略目标分解成远期目标、近期目标、年度目标、月度指标，包括每位员工的行为规划等。

（四）别忽略潜在的优质客户

每个人的精力都是有限的，不可能和所有的人去打交道。我们要选择重点，并设定目标，然后围绕这个目标去长期、持续地投入时间和精力。但在这一过程中，要摒弃那些功利性的做法，既要重视眼前有用的客户，也要对潜在的优质客户保持持续的关注和投入。

小案例

亡羊补牢，为时未晚

某医疗器械公司是为医院化验室生产自动化微生物化验设备的专业公司。两年前，该公司流失了不少小型化验室客户，为此，公司要求销售人员与每一个流失的客户沟通，了解客户流失的根本原因。调查结果发现，问题出在客户既怀疑公司医疗设备的可靠性，又对公司的售后服务不满意。

该公司虚心听取了流失客户的意见，研制了新型医疗设备，提高了化验的精确性，缩短了化验时间，并完善了售后服务。经过短短两年的努力，许多流失的客户又重新回来了，该公司不但在市场上确立了其领先地位，而且经济效益也有了明显的提高。

资料来源：朱菲菲．大众创业当老板．北京：中国铁道出版社，2016.

六、怎样挽回流失的客户

企业面对客户关系出现倒退情形时，不应轻易放弃流失客户，而应当积极对待，尽力挽回客户，并尽快恢复与客户的关系。

（一）缓解不满，调查原因

首先，企业要积极与流失客户联系，访问流失客户，诚恳表达歉意，消解客户的不满情绪；其次，要了解客户流失的原因，弄清问题究竟出在哪里，并虚心听取客户的意见、看法和要求，让客户感受到企业的诚心，给客户反映问题的机会。

（二）对症下药，尽力挽回

企业要根据客户流失的原因制定相应的对策，尽力挽回流失的客户。

小案例

某银行总裁召集300多名员工开会，说他收到了许多不满客户的来信。他指出，从现在开始，银行要致力于取悦、维系客户。为了实现这个目标，该银行开始针对流失客户进行调查，调查要了解的信息包括为何离开、有什么要求等。银行将收集到的信息整理后，制定了一个行动方案并开始执行，同时经常检查流程，以满足客户日益变化的需求。

几年后，该银行的客户流失率在行业中最低，大约每年为5%，只有其他银行的一半。在没有多做额外工作的情况下，该银行在行业内的排名由第38位上升到第4位，利润增加了16倍。

（三）对流失的不同级别的客户采取不同的态度

对企业来说，不是每一位流失客户都是企业的重要客户，在资源有限的情况下，企业应根据客户的重要性来分配挽回客户的资源，即挽回的重点是那些能给企业带来较大利润的流失客户，这样才能达到挽回效益的最大化。针对不同级别的流失客户，企业应当采取不同的态度：对重要客户要极力挽回；对主要客户要尽力挽回；对普通客户的流失和非常难避免的流失，可见机行事；基本放弃对小客户的挽回努力。

（四）彻底放弃根本不值得挽回的流失客户

有些流失客户根本不值得挽回，具体如下：

（1）不可能带来利润的客户。

（2）无法履行合同约定的客户。

（3）损害员工士气的客户。

（4）声望太差，与之建立业务关系会损害企业形象的客户。

对这些不值得挽回的客户，企业要彻底放弃。

任务实施

如何防止客户流失

一、为客户提供高质量服务

服务质量的高低关系到企业利润。每个企业都在积极寻求用高质量的服务留住企业的优质客户。一般来说，制造类企业的主要精力都放在营销管理和技术研发上，但随着产品技术的日趋同质化，服务也越来越成为影响市场份额的关键因素。

二、严把产品质量关

没有好的质量做依托，企业就很难取得长足发展。肯德基的服务是一流的，但依然出现了“苏丹红事件”，而让对手有机可乘，致使客户群体部分流失；阿司咪唑等药物也因在质量上出现问题而导致企业发展受挫。

三、加强与客户的即时沟通

企业要多与客户沟通，协调好客户关系，同时传达好客户的要求、意见。如可多给客户提出一些客户公司管理上的缺陷以及对客户所在市场的分析，让客户接受公司的建议。这就需要企业员工有较高的职业素养和对市场的判断力，以及丰富的管理技巧。当然，要注意沟通过程中人际角色、信息角色和决策角色的处理，即除和客户保持正常的业务关系外，尽量不要干预客户的其他事务，否则会影响客户关系。

四、保持高效的执行力

要想留住客户，良好的策略与执行力缺一不可。许多企业虽能为客户提供好的策略，但却因缺乏执行力而失败。在多数情况下，企业与竞争对手的差别就在于双方的执行力。

作为管理者，重视执行力有助于制定更健全的策略。事实上，要制定有价值的策略，管理者必须同时确认企业是否有足够的条件来执行。在执行中，一切都会变得明确起来。面对激烈的市场竞争，管理者角色定位需要变革，即要从只注重策略制定，转变为策略与执行兼顾。以行动为导向的企业，策略的实施能力会优于同行，客户也更愿意“死心塌地”地跟随企业一起成长。

小案例

流失客户藏商机：中石油济南分公司锁定可挽回客户

中石油济南分公司加大客户开发力度，拟充分利用现有政策开展客户挽回工作。为此，公司着重开展了以下工作：

一是梳理上一年以来的流失客户，尤其是销售量较大的客户，安排油站比对卡系统逐一核对客户消费信息，组织岗位、片区、油站对流失客户进行电话回访，本着先易后难、先大后小的原则采取针对性措施，灵活运用现有政策，努力挽回客户。

二是开展年度客户普查工作，加大普查真实性的抽查审核，建立普查考核机制，通过电话抽查和实地调查的形式，对油站和片区的普查真实性进行严格考核，由此建立高质量客户普查档案。

三是定期对主要竞争对手进行蹲点调查，明确月度调查计划，充分利用现有政策，努力争取竞争对手的客户。

四是落实好货车集中停放地的客户调查工作，按照前期制定的方案，督促片区和油站做好落实。由于集中停放地的客户落脚时间长，有交流时间充裕的优势，因此公司加大了对过路客户的开发力度。

五是做好降价期间新增客户的持续开发和维护工作。公司要求所有降价站点降价期间做好客户信息收集工作，进行客户信息储备。此外，公司还督促这些油站做好客户的后期维护和继续开发工作。

六是加大新开发客户的奖励力度，在原有发卡奖励政策的基础上，对完成任务的油站加倍奖励，并结合充值额给予额外奖励，提升油站开新卡的积极性。

资料来源：大河网．流失客户藏商机：中石油济南分公司锁定“可挽回客户”．(2016-01-05)[2025-02-24]. https://www.sohu.com/a/52464778_121315.

项目小结

企业要想让客户满意，进而达到客户忠诚，就必须采取一定的管理对策，做好客户保持工作，同时要尽量避免优质客户的流失。客户保持所带来的不但是客户保留，而且这些客户会把他们对企业的满意和忠诚告诉所认识的人，这种“宣传”效果绝对胜过企业花巨资拍摄广告所带来的收益。对企业而言，客户保持比吸引新客户更能减少企业的运营成本。在做好客户保持的同时，企业还要注意做好客户流失管理工作，尤其要掌握客户挽回的策略和技巧。

知识应用

一、客户流失分析

（一）实训目的

加深对客户流失类型以及客户流失原因的理解，能够根据不同情况，采取相应措施进行客户流失分析。

（二）实训内容

（1）客户流失调查问卷的设计。

（2）客户流失调查记录表的填写。

（3）客户流失调查的分析。

（4）客户流失分析报告的撰写。

（5）客户流失改进建议的提出。

（三）实训步骤

1. 初步调查（定性为主）

该步骤具体包括：鉴定核心客户群；确认关键流失指标；公司内部数据采集（销售情况）。

2. 深入调查（定量为主）

该步骤具体包括：不同类客户群的特征描述；流失原因组成；流失方向/周期分布。

3. 详细分析与建议

该步骤具体包括：流失影响分析；流失原因分析；改进预期。

4. 关键指标验证

第一轮的数据揭示的结果很可能是误导因素，可通过相关因素去验证，如通过小组访谈再次确认这些关键因素。

5. 计划实施预测

该步骤具体包括：预测计划实施成本与效果；实验性实施。

6. 计划实施跟踪

跟踪不同类客户的组成比例，以判断计划是否成功；跟踪单笔销售与重复销售的变化。

二、分析案例中挽回流失客户的做法

（一）实训目的

通过本次实训，让同学们了解诸多客户流失的原因，了解企业挽回流失客户的方法，帮助同学们提高分析问题和解决问题的能力。

（二）实训内容

（1）分组讨论下面资料中的银行是怎样挽回流失客户的。

M 银行是一家信用卡公司，近期该公司的客户流失相当严重。为了扭转这一局面，M 银行开始针对流失的客户进行调查，调查问题包括他们为何离开、他们对信用卡公司有何要求等。M 银行将收集到的信息分析后，制定了行动方案并开始执行。半年过去了，M 银行的客户流失率迅速下降，公司的利润则持续提升。

（2）每组选代表上讲台汇报讨论结果。

（3）教师点评、归纳。

（三）角色扮演

请几位同学分别扮演 M 银行的客户，讨论 M 银行在挽回流失客户的做法中有哪些可取之处。

在线测评　　要点巩固

项目八 数字化时代客户关系管理

素养目标

◎ 能够利用数字信息优势主动学习、自主学习、深度学习，提升分析解决问题的思维能力和实践能力；

◎ 增强善于抓住数字化变革和科技赋能新机遇的意识。

知识目标

◎ 掌握数字化客户关系管理、大数据、人工智能、智能客服、社交媒体的含义；

◎ 了解网络客户服务的优势、内容、关键、工具；

◎ 掌握数字化时代的客户关系管理策略；

◎ 熟悉大数据、人工智能、社交媒体在客户关系管理中的应用。

能力目标

◎ 学会运用大数据技术进行客户关系管理；

◎ 学会运用人工智能技术进行客户关系管理；

◎ 学会运用社交媒体进行客户关系管理。

项目描述

数字化客户关系管理（Digital Customer Relationship Management，DCRM）是现代企业优化管理、提升效益的必备措施之一。从数据整合到客户体验再到业务流程优化，企业需要在各个维度上思考、实践，才能实现 DCRM 的有效实施，对企业的发展产生积极作用，赢得更多客户信任和支持。

项目分析

随着数字化时代的到来，企业面临着前所未有的变革与挑战。数字化技术通过提升客户体验、增强客户忠诚度、优化销售流程以及辅助决策制定等方面，对客户关系管理产生了深远的影响，帮助企业在数字化时代提升竞争力。

任务分解

为了更好地帮助读者学习和掌握数字化时代的客户关系管理的相关知识和相关技巧，本项目分解为以下四项任务：

任务一　数字化时代客户关系管理认知

任务二　大数据客户关系管理

任务三　人工智能客户关系管理

任务四　社交媒体客户关系管理

任务一　数字化时代客户关系管理认知

任务引入

在数字化时代，客户关系管理已经成为企业获取竞争优势的关键。企业需要深刻认识到客户关系管理在数字化时代的意义和作用，从而制定有效的实施策略，加强数据安全和隐私保护，促进跨部门和跨渠道的协同工作，加强培训和人才建设。只有这样，企业才能在激烈的市场竞争中立于不败之地。

相关知识

一、数字化客户关系管理概述

（一）数字化客户关系管理的概念

数字化客户关系管理（DCRM）是指将客户关系管理理念与数字技术相结合，通过数据整合、业务流程优化等手段，实现企业客户体验，增强企业与客户之间的互动与沟通，提升企业竞争力和市场份额，并最终实现企业效益最大化的一种管理方式。数字化客户关系管理不仅增强了企业与客户之间的关系，还提高了企业的决策效率，实现了精准营销，最终为企业创造更高的商业价值。

（二）数字化客户关系管理的作用

首先，数字化客户关系管理能够帮助企业深刻了解客户需求，掌握客户行为数据，实现更精细化、个性化的分析和营销，有助于企业制定科学、合理的市场发展战略。

其次，数字化客户关系管理能够优化企业内部业务流程，减少不必要的工作环节，提升效率，最终实现降低成本的目的，让企业将更多的精力投入创新和发展上。

最后，数字化客户关系管理还能够提高企业的反应速度，更好地与客户互动，让客户感受到更便捷、更出色的服务，提升客户满意度，实现企业的可持续发展。

二、数字化技术对客户关系管理的影响

（一）数字化技术对客户行为的影响

（1）客户信息获取方式的改变。数字化时代让客户能够更加快速、便捷、准确地获取产品和服务等相关信息，能够及时认识市场的现状和发展趋势，同时能够更加深入地了解竞争对手。

（2）客户参与度的提高。数字化平台为客户提供了更多的交流和反馈渠道，客户参与企业活动的意愿和程度都得到了提升。

（3）客户需求的个性化。随着数字技术的普及，客户需求越来越趋向于个性化，客户能够更加方便地表达自己的需求和意见。

（二）数字化技术对客户关系管理的影响

（1）数据驱动的决策制定。数字化技术能够帮助企业收集、整合和分析客户数据，为企业制定决策提供更加科学和准确的数据支持，使企业更加精准地制定市场策略、产品策略和服务策略。

（2）提供个性化的服务。数字化技术能够根据客户的个性化需求，通过邮件、电话、短信等多种方式快速有效地联系客户，提高客户留存率和投资回报率，为客户提供更加贴心和精准的服务，提高客户满意度。

（3）高效的客户沟通。数字化技术为客户和企业之间的沟通提供了更加便捷的渠道，有助于提高客户满意度和忠诚度。

三、数字化工具在客户关系管理中的作用

（一）数据分析工具的作用

（1）数据分析工具可以收集、整理和分析客户数据，了解客户的消费行为、购买偏好和互动记录等信息，帮助企业更好地了解客户需求、偏好和行为模式，从而制定更精准的营销策略和产品改进措施。

（2）通过数据分析，企业可以识别潜在客户群体，预测未来的市场需求和竞争态势，发现新的商业机会。

（3）数据分析工具可以评估营销活动的效果，通过对营销活动的数据分析，企业可以了解不同渠道和推广活动的效果，确定哪些渠道和活动对于客户群体更具吸引力，从而优化资源配置，提高市场推广效果。

（二）自动化工具的作用

（1）客户服务自动化。通过智能客服和自动化呼叫中心，企业可以快速响应客户咨

询及意见反馈，提高客户满意度和忠诚度。自动回复规则和智能推荐系统能够根据客户历史数据和行为，提供个性化的服务和产品推荐，从而提升客户体验。

（2）营销任务自动化。营销自动化技术可以自动化处理大量重复的营销任务，如解答常见问题、发送邮件和发布社交媒体帖子等，节省营销人员的时间和精力，让他们更专注于营销方案设计和营销策略制定。

（3）销售流程自动化。自动化工具通过自动化收集和分析客户数据，提供可视化的数据报表和图表，帮助销售人员制定更合理和更有效的销售策略。自动化工具还可以避免错过商机，提高转化率和成交率。

（三）社交媒体平台的作用

（1）社交媒体平台已经成为企业与客户沟通、交流、互动的重要渠道，企业可以通过社交媒体发布产品信息、解决客户提出的问题和收集市场反馈信息。

（2）社交媒体平台的数据分析功能可以帮助企业了解客户在社交媒体上的消费行为和兴趣爱好，从而制定更加合理有效的营销策略。

（3）企业可以在社交媒体平台上树立自身品牌形象，与客户建立情感联系，提高客户满意度和忠诚度。

（四）人工智能与机器学习的作用

（1）人工智能和机器学习技术可以帮助企业自动识别和预测客户需求，提供个性化的服务和优化解决方案。

（2）通过机器学习技术，企业可以不断优化客户体验，例如自动推荐相关产品或服务、自动调整网站或应用程序的功能和布局等。

（3）人工智能和机器学习可以帮助企业提高客户留存率、预测客户流失并采取措施挽回客户。

四、数字化时代客户沟通技巧

（一）利用社交媒体建立联系

（1）建立专业形象。企业可以在社交媒体上展示专业、积极的企业形象，通过发布有价值的内容来吸引目标客户。

（2）互动与回应。企业可以及时回应客户的评论、问题，积极与客户互动，增强客户参与感和忠诚度。

（3）定制化信息。企业为客户提供定制化的信息，根据客户的需求和兴趣推荐产品，提高客户满意度。

（二）实时响应客户需求

（1）快速响应。对客户的咨询、投诉等需求，提供快速、准确的响应，体现企业的专业性和高效性。

（2）个性化服务。针对不同客户的个性化需求，提供定制化的解决方案，提升客户体验。

（3）持续跟进。对客户需求进行持续跟进，确保问题得到妥善解决，增强客户信任感。

（三）倾听与反馈机制

（1）倾听客户需求。积极倾听客户的声音，了解客户的真实需求和期望，为改进产品和服务提供依据。

（2）反馈机制。建立有效的反馈机制，收集客户的意见和建议，及时调整策略，提升客户满意度。

（3）数据分析。运用数据分析工具，对客户反馈进行深入分析，发现潜在问题，优化客户体验。

五、数字化时代的客户关系管理策略

在数字化时代，客户关系管理的重要性日益凸显。随着技术的发展和消费者行为的变化，企业必须采用新的策略和工具来管理与客户的关系。以下是企业在数字化时代进行有效客户关系管理的关键策略。

（一）数据驱动的客户洞察

（1）客户数据收集。通过各种渠道收集客户数据，包括社交媒体、在线行为、购买历史等，以全面了解客户需求和偏好。

（2）数据分析和挖掘。利用数据分析工具对收集到的客户数据进行深入挖掘，发现潜在的市场趋势和细分客户群体。

（3）客户洞察应用。将数据分析结果转化为具体的客户满意度等，为制定营销策略提供客户洞察，如购买动机、忠诚度等，为制定营销策略提供依据。

（二）整合多渠道沟通

客户通过多种渠道与企业互动，包括社交媒体、移动应用、电子邮件和传统电话等。企业需要整合这些渠道，确保在任何接触点都能提供一致的体验和高质量的服务。

（三）移动优先策略

随着智能手机和移动设备的普及，移动优先成为企业必须考虑的策略。企业应确保其客户关系管理系统和网站在移动设备上表现良好，方便客户随时随地进行互动。

（四）社交媒体管理

社交媒体是现代客户关系的重要组成部分。企业应积极管理其社交媒体平台，及时响应客户的询问和反馈，同时利用社交媒体进行品牌宣传和客户互动。

（五）个性化客户互动

（1）定制化服务。根据客户的个性化需求和偏好，提供定制化的产品或服务，以满足不同客户的需求。

（2）个性化沟通。通过个性化的沟通方式，如一对一的在线咨询、定制化的邮件和短信推送等，提高客户满意度和忠诚度。

（3）个性化推荐。利用客户数据和购买历史，为客户提供个性化的产品推荐和交叉销售机会，提高客户购买率和满意度。

（六）利用人工智能和自动化工具

人工智能（AI）和自动化工具可以帮助企业提高效率，减少重复性工作。例如，使用聊天机器人自动回答客户的常见问题，或使用自动化营销工具来发送个性化的电子邮件和推送通知。

（七）持续的客户教育和支持

提供持续的客户教育和支持，帮助客户更好地了解和使用产品和服务。这可以通过在线教程、视频、博客文章、客户论坛和在线研讨会等形式实现。

（八）反馈和持续改进

鼓励客户提供反馈，并将其视为改进产品和服务的机会。通过定期收集和分析客户反馈，企业可以不断优化其客户关系管理策略和流程。

在数字化时代，客户关系管理变得更加复杂和动态。企业必须采用新的技术和策略来适应这一变化，包括利用大数据和分析工具、采用云计算技术、整合多渠道沟通、实施移动优先策略、管理社交媒体、提供个性化体验、映射客户旅程等。通过这些方法，企业可以更好地管理客户关系，提升客户满意度和忠诚度，从而在竞争激烈的市场中取得成功。

任务实施

企业如何在数字化时代实现客户关系管理

在数字化时代，客户关系管理策略的革新已成为企业提升竞争力、实现可持续发展的关键。随着大数据、云计算、人工智能等技术的迅猛发展，传统的客户关系管理模式正逐渐向更加智能化、个性化和高效化的方向转变。

一、数据驱动的个性化服务

在数字化时代，企业能够通过收集和分析大量客户数据，包括购买历史、浏览行为、社交媒体互动等，来深入了解每个客户的需求和偏好。基于这些数据，企业可以提供高度个性化的服务和产品推荐，从而显著提升客户满意度。例如，通过机器学习算法预测客户的潜在需求，提前推送相关产品信息，或是根据客户的行为模式调整营销策略，以更精准地触达目标客户群体。

二、全渠道整合的无缝体验

数字化时代下的 CRM 不再局限于单一渠道，而是强调跨渠道的一致性和连贯性。企业需要构建一个覆盖线上与线下、社交媒体、电子邮件、即时通信等多种渠道的集成系统，确保客户无论在哪个节点都能获得一致的体验。这种全渠道的客户关系管理策略能够打破信息孤岛，实现客户数据的统一管理和实时更新，使企业能够更灵活地响应客户需求，提供无缝衔接的服务。

三、利用AI和自动化提升效率

人工智能和自动化工具是数字化客户关系管理策略的重要组成部分。通过聊天机器人、智能客服等应用，企业能够在无需人工干预的情况下处理大量的客户服务请求，显著降低运营成本，同时提升响应速度和服务质量。此外，自动化工作流程可以帮助企业优化内部流程，如自动触发营销活动、追踪销售线索等，从而提高工作效率，让团队成员有更多时间专注于创新和高价值的工作。

四、强化数据分析能力

在数字化客户关系管理中，数据分析不仅是了解客户的基础，更是驱动决策的关键。企业应投资于先进的数据分析工具和技术，如预测分析、情感分析等，以深入洞察市场趋势、客户行为和偏好变化。通过对数据的深度挖掘和分析，企业可以及时调整策略，预测并满足未来的客户需求，从而在竞争中保持领先。

五、注重客户参与和反馈

数字化时代的客户关系管理策略还强调与客户的双向沟通。企业应鼓励客户参与，通过社交媒体、在线社区、客户评价系统等渠道收集反馈，不仅能够及时解决客户问题，还能从中获取宝贵的改进意见。建立一个开放、透明的沟通平台，可以让客户感受到被重视和尊重，进而增强对企业的忠诚度。

六、持续优化和迭代

企业应定期评估客户关系管理策略的效果，根据市场变化和客户反馈进行调整和优化。采用敏捷开发的方法，快速迭代产品和服务，以适应不断变化的客户需求。同时，保持对新技术的敏感度，积极探索新的数字化工具和平台，为客户提供更加创新和便捷的体验。

总之，数字化时代的客户关系管理策略要求企业从数据驱动、全渠道整合、AI自动化、强化数据分析、客户参与以及持续优化等方面入手，构建一个以客户为中心、高度个性化和高效的管理体系。只有这样，企业才能在激烈的市场竞争中脱颖而出，实现可持续发展。

任务二　大数据客户关系管理

任务引入

在当今数字化时代，企业要取得成功并保持竞争力，客户关系管理成为一项至关重要的战略。然而，传统的客户关系管理方法面临着信息获取不全、数据分析困难等问题。随着大数据技术的发展，大数据客户关系管理应运而生，为企业带来了更广阔的发展空间。

相关知识

一、大数据概述

（一）大数据的概念和特点

大数据（Big Data）也称巨量资料，指的是所涉及的资料量规模巨大到无法通过主流软件工具，在合理时间内达到撷取、管理、处理，并整理成为帮助企业经营决策更积极目的的资讯。大数据具有大量（Volume）、高速（Velocity）、多样（Variety）、低价值密度（Value）、真实性（Veracity）五大特点。

（二）大数据的应用

金融行业：大数据在高频交易、社交情绪分析和信贷风险分析三大金融创新领域发挥重要作用。

汽车行业：利用大数据和物联网技术的无人驾驶汽车，在不远的未来将走入我们的日常生活。

互联网行业：借助大数据技术，企业可以分析客户行为，进行商品推荐和有针对性的广告投放。

餐饮行业：利用大数据实现餐饮 O2O 模式，彻底改变传统餐饮经营方式。

电信行业：利用大数据技术实现客户离网分析，及时掌握客户离网倾向，出台客户挽留措施。

能源行业：随着智能电网的发展，电力公司可以掌握海量的用户用电信息，利用大数据技术分析用户用电模式，可以改进电网运行，合理地设计电力需求响应系统，确保电网运行安全。

物流行业：利用大数据优化物流网络，提高物流效率，降低物流成本。

城市管理：可以利用大数据实现智能交通、环保监测、城市规划和智能安防。

生物医学：大数据可以帮助我们实现流行病预测、智慧医疗、健康管理，同时还可以帮助我们解读 DNA，了解更多的生命奥秘。

体育和娱乐：大数据可以帮助我们训练球队，决定投资哪种题材的影视作品，以及预测比赛结果。

安全领域：政府可以利用大数据技术构建起强大的国家安全保障体系，企业可以利用大数据抵御网络攻击，警察可以借助大数据来预防犯罪。

二、大数据客户关系管理概述

大数据客户关系管理是通过采集、整合和分析大量的客户数据，从而更好地理解客户需求和行为，为客户提供个性化的产品和服务。

大数据客户关系管理不仅能增加销售额，提高客户满意度，还能帮助企业预测客户行为，提供更精准的市场营销策略。

大数据客户关系管理的核心思想是“了解客户，满足客户”。

三、大数据时代客户关系管理的挑战与机遇

（一）挑战

（1）数据隐私保护。随着企业对客户数据的收集和应用，数据隐私保护问题日益突出。企业需要严格遵守相关法律法规，保证客户数据的安全。

（2）数据分析能力。大数据技术的应用对企业的数据分析能力提出了更高要求。企业需要培养专业的数据分析团队，提高数据分析水平。

（3）数据质量。大数据时代，企业获取的数据质量参差不齐。如何筛选和清洗数据，提高数据质量，是企业面临的重要挑战。

（二）机遇

（1）提高客户满意度。大数据技术在客户关系管理中的应用有助于企业更好地了解客户需求，提供个性化服务，提高客户满意度。

（2）优化营销策略。大数据技术可以帮助企业制定更精准的营销策略，提高营销效果。

（3）提升企业核心竞争力。大数据技术在客户关系管理中的应用有助于企业提升核心竞争力，抢占市场份额。

大数据技术在客户关系管理中的应用为企业带来了诸多机遇和挑战。企业应充分利用大数据技术，优化客户管理策略，以应对市场竞争和客户需求的变化。

任务实施

企业如何利用大数据进行客户关系管理

随着大数据时代的到来，企业面临巨大的机遇和挑战。大数据分析能够帮助企业更好地了解客户需求，优化销售策略，提升客户满意度，增加销售额，从而增强企业核心的竞争力。

一、收集和整合数据

企业可以通过多种渠道收集客户数据，如客户基本信息、网站访问记录、交易记录、社交媒体数据等。这些数据可能来自企业内部，也有可能来自企业外部，需要对其进行整合和清洗，以确保其质量和准确性。

二、构建客户画像

企业根据收集和整合的数据，对客户创建画像。客户画像不仅涵盖了客户的静态特

征，还包括其需求、喜好和动态行为模式，为企业提供了更加全面、深入的客户洞察，便于给客户推荐相似的产品和服务，提高销售转化率。

三、实施精准营销

基于客户画像，企业可以制定更加精准的营销策略。例如，通过大数据分析，企业可以识别出具有潜在购买意向的客户群体，并为其推荐个性化的产品和服务、定制化的促销活动信息等，从而提高营销效果。此外，企业还可以利用大数据技术对营销活动的效果进行实时监测和评估，及时调整策略，优化营销效果。

四、优化客户服务

大数据技术可以帮助企业更好地了解客户的需求和服务偏好，提供个性化的服务，从而优化客户服务流程。例如，通过分析客户的投诉和反馈数据，企业可以发现服务中的不足和问题，并及时进行改进。此外，大数据技术还可以帮助企业预测客户的需求和问题，及时制定解决方案，提高客户服务的主动性和效率。

五、预测客户流失

通过分析客户的购买历史、浏览行为、评价反馈等数据，企业可以预计客户流失率，并提前采取措施进行预警和挽回。例如，当系统识别出某个客户的购买频率、购买间隔和购买金额减少等异常行为时，可以自动触发预警机制，提醒企业应及时与该客户取得联系，了解情况，分析原因并提供解决方案。此外，企业还可以利用大数据技术对流失客户进行分析，找出流失原因并改进产品或服务，从而降低客户流失率。

六、调整销售策略

通过大数据分析，企业可以预测客户的潜在需求、市场的细分和目标定位，从而及时调整销售策略和方案，提前做好采购、生产和库存安排，降低营销成本，增加利润。同时企业还可以通过大数据分析来帮助决策，包括产品研发、市场推广、销售目标等方面。大数据分析的结果能够给决策者提供有价值的信息和洞察力，帮助决策者作出更明智的决策。

小案例

某电商企业通过引入大数据技术，实现了客户关系管理的全面升级。首先，该企业利用大数据技术构建了精细化的客户画像，为后续的精准营销提供了有力支持。其次，该企业通过大数据分析，识别出具有潜在购买意向的客户群体，并为其推送个性化的产品和优惠信息，从而提高了营销效果。此外，该企业还利用大数据技术优化了客户服务流程，提高了客户满意度和忠诚度。该企业统计数据显示，引入大数据技术后，其客户满意度和忠诚度均得到了显著提升，销售额和利润也实现了稳步增长。

任务三　人工智能客户关系管理

任务引入

在当今数字化、智能化的商业环境中，客户关系管理和人工智能已成为企业运营不可或缺的两大利器。客户关系管理是一种战略性的商业过程，它利用先进的技术来管理企业与客户之间的关系，从而优化业务流程，提高客户满意度和忠诚度。而人工智能作为一种前沿技术，能够通过模拟人类的智能行为来执行复杂的任务，为企业带来前所未有的效率提升和创新机会。

相关知识

一、人工智能与智能客服概述

（一）人工智能的概念

人工智能（Artificial Intelligence）是以计算机科学为基础，由计算机、心理学、哲学等多学科交叉融合的交叉学科、新兴学科，研究、开发用于模拟、延伸和扩展人的智能的理论、方法、技术及应用系统的一门新的技术科学，它企图了解智能的实质，并生产出一种新的、能以与人类智能相似的方式作出反应的智能机器，该领域的研究包括机器人、语音识别、图像识别、自然语言处理和专家系统等。

（二）智能客服的概念

智能客服是指利用人工智能技术，如自然语言处理、机器学习等，来实现自动化和智能化的客户服务。它不仅能提供 24 小时不间断的服务，而且能够快速准确地回答客户的问题，提高服务效率。此外，通过分析客户的消费行为和偏好，智能客服还能为客户提供个性化的服务，提高客户满意度。

二、人工智能的核心技术

（一）机器学习技术

机器学习技术是人工智能的核心技术之一，通过让计算机从数据中学习和自动改进，使其具备适应性和智能化。机器学习包括监督学习、无监督学习和强化学习等方法，可以用于模式识别、预测分析、数据挖掘等任务。机器学习的应用非常广泛，例如自动驾驶、智能客服、智能音箱等都是采用机器学习的技术。

（二）自然语言处理技术

自然语言处理技术是指让计算机理解、分析和生成自然语言的技术。它涉及语音识别、语义分析、情感分析、机器翻译等多个子领域，可以应用于智能助理、智能客服、文本分析等场景。自然语言处理的主要任务包括语言理解和语言生成，即让计算机识别和理解人类的语言，并生成人类能理解的语言。

（三）计算机视觉技术

计算机视觉技术是指让计算机能够理解、解释图像和视频的技术。通过图像处理、特征提取、目标检测等方法，计算机可以实现图像识别、人脸识别、物体跟踪等功能，应用于安防监控、无人驾驶、医学影像分析等领域。计算机视觉技术在人工智能中的应用非常广泛，能够帮助机器理解和分析视觉信息，从而执行更复杂的任务。

（四）语音识别技术

语音识别技术使计算机能够将口头语言转化为文本或执行相应的命令，这项技术已经广泛应用于智能客服、自动驾驶等领域，成为智能设备的重要组成部分。

三、智能客服的优势

（一）服务智能化，提升管理效率

在客户服务中，仅依靠人工客户服务来进行对话耗时耗力，智能客服可以通过一些自动化操作帮助客服人员减少工作量，提高企业客户服务管理的效率，如智能工作数据统计、智能质检等。人工客服因工作压力大、强度高、重复度高等职业特性，导致离职率居高不下，也因此增加企业招聘、培训等方面的人力成本。智能客服没有管理负担，也没有离职风险。智能客服永远忠诚，管理者无须花费过多精力去管理，提升了管理效率，降低了人力成本。

（二）全年无休，有效降低服务成本

智能客服机器人可以实现客户服务的连续性，改善客户体验。相比人工客服日均 8 小时在线时长，机器人可以实现 7×24 小时的接待工作，且全年无休。不管客户什么时间咨询都能及时响应，减少因无人应答带来的负面影响。

（三）无接待上限，同时接待海量访客

在保证对话质量的情况下，人工客服最多能同时接待 5～6 个访客，一旦到了咨询高峰期，咨询量呈指数增长，人工客服应接不暇，容易造成访客流失。

智能客服无接待上限，可以同时解答成千上万个客户发起的在线咨询，避免因等待或排队时间过长造成的访客流失，保证了回复客户的响应效率。

（四）售前+售后，适用多种场景

目前智能客服适用多种场景，售前和售后都可使用智能客服。智能客服不仅是技术进步的产物，更是市场需求和消费者期望共同推动下的必然趋势。企业应积极拥抱智能化、数字化的发展潮流，借助智能客服提升客户服务水平，增强竞争力，抢占市场先机。

任务实施

企业如何利用人工智能进行客户关系管理

人工智能已经逐渐走进我们的生活，并应用于各个领域，其中客户关系管理作为企业与客户互动的核心环节，正迎来 AI 技术的深刻变革。人工智能在客户关系管理中的创新应用，包括预测性分析、自动化流程、智能客服、个性化推荐、情感分析等方面。

一、预测性分析

人工智能技术能够帮助企业分析客户行为数据，预测客户的购买意向和未来需求。通过深度学习和数据挖掘算法，人工智能系统可以对客户的历史购买记录、社交媒体行为和市场趋势等数据进行建模和分析，准确预测客户未来的行为和需求。基于这些预测结果，企业可以针对不同客户制定个性化的营销策略和服务方案，提前满足客户的需求，增强客户黏性和忠诚预测分析。

二、自动化流程

人工智能技术可以帮助企业实现客户关系管理流程的自动化。通过自动化处理客户咨询、订单处理、售后服务等流程，可以大大提高工作效率和客户满意度。通过人工智能技术的支持，企业可以更好地分配有限资源，如人员和资金等，减少人力资源无效的消耗和资金的有效使用。企业还可以运用机器学习模型预测客户价值、购买意向等指标，根据这些指标将资源合理调配到每个客户上，从而取得最大化营销效果。

三、智能客服

智能客服是人工智能在客户关系管理中最直接、最广泛的应用之一。通过人工智能算法对海量的客户数据进行分析和挖掘，企业可以了解客户的需求、偏好和需要解决的问题，给出准确的回答和解决方案，并将其转化为有效的营销策略。这种应用不仅提高了响应速度，还降低了人力成本，同时提高了客户服务的准确性和客户的满意度。

四、个性化推荐

人工智能技术可以实现客户关系管理的个性化服务。人工智能的个性化推荐系统能够通过分析客户的历史行为、购买记录、浏览偏好等数据，为客户推荐符合其兴趣和需求的商品或服务，如商品推荐、新闻推荐等。无论是在线聊天、语音识别还是图像识别，智能客服系统都能通过分析客户的语音、文字或图像内容，实现智能化服务。这种应用不仅提高了客户满意度，还促进了销售额的增长。

五、情感分析

情感分析是人工智能在客户关系管理中的一个重要应用。通过对客户在社交媒体、在线评价、反馈中的情感倾向、客服聊天记录等文本数据进行情感分析，企业可以了解客户对品牌、产品或服务的情感倾向，了解客户的需求和情绪，并及时采取行动，解决潜在的问题。

人工智能在客户关系管理中的应用为企业带来了诸多创新机遇和变革。企业可以更加精准地了解客户需求和行为特征，制定个性化的营销策略和服务策略，提高客户满意度和忠诚度。同时，这些应用还能够降低人力成本，提高工作效率，为企业带来更大的商业价值。因此，企业应该积极探索和尝试人工智能在客户关系管理中的应用，以实现持续创新和发展。

任务四　社交媒体客户关系管理

任务引入

社交媒体已成为现代社会中信息传播和交流的主要渠道之一。它为企业提供了一个与客户互动、建立品牌形象、推广产品和服务的重要平台。

相关知识

一、社交媒体概述

社交媒体也称社会化媒体、社会性媒体，是人们用来创作、分享、交流意见、观点及经验的虚拟社区和网络平台。社交媒体和一般的社会大众媒体最显著的不同是，社交媒体让用户享有更多的选择权利和编辑能力，自行集结成某种阅听社群。社交媒体能够以多种形式来呈现，包括文本、图像、音乐和视频。

社交媒体平台通常具有强大的用户黏性和活跃度，为企业提供了与目标客户直接互动的机会。现阶段社交媒体主要包括社交网站、短视频分享平台、微博、微信、博客、论坛、播客等。社交媒体传播的信息已成为人们浏览互联网的重要内容，社交媒体具有实时性、互动性、多样性、全球性和个性化等特点。

二、社交媒体对客户关系管理的影响

（一）提升客户满意度

通过及时回应客户问题和反馈，企业可以提升客户满意度，增强客户忠诚度。

（二）降低客户获取成本

社交媒体为企业提供了一个低成本的客户获取渠道，有助于降低市场营销成本。

（三）促进口碑传播

满意的客户会在社交媒体上分享他们的购买经历，有助于企业口碑传播，吸引更多潜在客户。

三、社交媒体在客户关系管理中的优势

（一）良好便捷的沟通

社交媒体提供了最快速便捷的沟通方式，企业可以直接将信息传递给客户，无须经过其他媒介的过滤和延迟。这种直接沟通有助于提高信息传播的效率和效果。

（二）实时互动性

社交媒体允许企业和客户进行实时互动，企业可以及时了解客户的需求和反馈，从而更好地调整产品和服务。

（三）广泛的覆盖面

社交媒体平台涵盖了各个年龄层、职业层和地域层，为企业提供了广泛的受众群体，有助于企业扩大品牌影响力和市场占有率。

（四）成本效益

与传统媒体营销相比，社交媒体营销的成本较低，企业可以通过较小的投入达到较好的宣传效果。

四、社交媒体在客户关系管理中的应用

（一）收集客户需求和反馈

通过社交媒体，企业可以收集客户的姓名、地址、联系方式、经营状况、销售能力、业务往来等基本信息，以及客户的兴趣与行为数据，从而更好地了解客户需求，制定更精准的市场策略，为客户提供个性化的服务和解决方案，从而建立品牌忠诚度。

（二）扩大品牌影响力和市场占有率

通过社交媒体平台，企业可以分享品牌故事、价值观，提升品牌形象，吸引更多客户。社交媒体的实时性和互动性使得信息传播速度极快，有助于扩大品牌影响力和市场占有率。

（三）提升营销效果

企业可以通过社交媒体上的直播、专题活动等形式吸引客户关注和参与，促进销售。除了内容发布和广告投放外，企业还可以结合社交媒体的特点，采取创新的营销策略。例如，通过举办线上活动、发布用户生成内容、与意见领袖合作推广等方式，提升营销效果。

（四）提升客户服务质量

企业通过社交媒体平台可以实时与客户互动，快速回应客户的提问、反馈和投诉，提供个性化的服务。通过社交媒体平台，企业可以实时了解客户需求，及时解决客户问题，提升客户满意度和忠诚度。

五、利用社交媒体维系客户关系

（一）及时回应客户反馈和问题

客户在社交媒体反馈问题或提出建议时，企业应及时回应，展现出对客户的关注和尊重。针对客户反馈的问题，企业应积极寻求解决方案，并尽快给予答复和解决，提高客户满意度。

（二）定期回访和关怀客户

企业通过社交媒体定期回访客户，了解客户需求和满意度，以及时发现潜在问题。在重要节日或客户生日等特殊日子，通过社交媒体向客户发送关怀问候，增强客户忠诚度。

（三）运用数据分析和个性化服务

企业通过社交媒体收集客户数据，了解客户需求、偏好和行为模式。基于数据分析结果，企业为客户提供个性化服务和产品推荐，提高客户满意度和忠诚度。

（四）建立危机管理和应对机制

企业通过社交媒体监测舆情，及时发现和预防潜在危机。在危机发生时，企业应迅速启动应急预案，积极与客户沟通，化解危机。危机处理后，企业应对事件进行总结和反思，加强内外部沟通协作，提高危机应对能力。

任务实施

企业如何利用社交媒体建立客户关系

企业通过选择适合的平台、提供有价值内容、积极互动、社交媒体广告和结果监测与分析等，可以有效地与客户建立联系，提升品牌忠诚度和增加销售机会。企业利用社交媒体建立客户关系需要长期投入和持续改进，但其带来的收益是巨大的。

一、确定目标客户群体

（一）明确目标客户群体

企业利用社交媒体平台，根据大量客户的特征、购买记录等数据，找出谁是企业的潜在客户、客户的需求是什么、哪类客户最有价值等，并把这些客户作为企业客户关系管理的实施对象，以便更好地为他们提供有价值的产品和服务。

（二）客户画像

企业通过收集与分析消费者的社会属性、生活习惯、消费行为等主要信息数据，对客户全貌进行数字建模，以实现客户类型的标签化，抽象出客户的商业全貌。企业通过客户画像的方式，将目标客户群体进行细分，以便更有针对性地制定营销策略和发布内容。

（三）客户调研

企业利用社交媒体平台进行客户调研，了解客户的喜好、需求和痛点，从而更好地满足客户的期望，更加精准地推送有价值的内容，并预测市场发展趋势，关注竞争对手在社交媒体上的动态，为产品研发和竞争策略提供依据。

二、创建吸引人的社交媒体形象

企业通过社交媒体平台展示品牌的核心价值观、产品特点和服务优势，树立独特的品牌形象；通过提供优质的产品和服务，以及激励客户在社交媒体上分享使用心得和评价，提高品牌知名度和口碑；通过讲述品牌故事、产品故事和使用场景等方式，拉近与客户的关系，增强客户对品牌的认同感和忠诚度。

三、定期发布有价值的内容

企业在社交媒体平台上发布有价值的内容，可以吸引客户的关注；提供与产品或服务相关的有价值内容，可以吸引客户的参与和兴趣；注重内容的创新和个性化，可以让客户持续关注。

（一）内容策略

企业在利用社交媒体平台进行客户关系管理之前，需要明确企业的目标、目标客户群体、内容发布频率和互动形式等，可以通过新产品发布会、行业动态、技术分享、使用技巧、优惠活动和品牌故事等内容来吸引客户的关注。

（二）内容类型

企业根据目标客户群体的偏好和需求，选择适合的内容类型，如文字、图片、视频等有价值的内容供客户参考和选择。

（三）发布频率

企业根据目标客户群体的个性化需求、购买行为等特征，保持一定的内容发布频率，以增加曝光度和互动性，同时避免过度发布造成用户反感。

小案例

GoPro 利用社交媒体展示用户的创造力和冒险精神。通过鼓励用户上传使用 GoPro 相机拍摄的照片和视频，增加了品牌的可信度和影响力。

四、选择合适的社交媒体平台

不同的社交媒体平台有不同的用户群体和特点，因此，企业根据目标客户的需求和产品的特点来选择合适的平台是非常关键的。

企业可以通过建立社区和互动平台，鼓励客户之间的交流和分享，提高用户黏性和参与度。企业还可以组织有趣的互动活动，如问答、投票、话题讨论等，激发用户的参与热情。企业及时回应客户的评论、问题和反馈，关注用户需求和意见，可以增强用户忠诚度和满意度。

五、利用社交媒体广告

社交媒体广告是建立客户关系的重要手段之一。通过社交媒体广告，企业可以精准地将产品和服务展示给目标受众。

（一）利用社交媒体的广告工具

企业可以利用社交媒体的广告工具，根据用户的兴趣、行为等进行精准投放，设置明确的广告目标，根据目标客户群体的特点和需求，制定具有吸引力的广告内容和投放策略。

（二）运用数据分析优化广告效果

通过社交媒体平台的数据收集和分析功能，了解广告的曝光率、点击率、转化率等指标，不断优化广告内容和投放渠道，吸引更多潜在客户，并引导客户与企业合作。

（三）运用多种广告形式

利用图片、视频、动态广告等多种形式，提高广告的互动性和吸引力，吸引潜在客户的关注，并能够激发受众的购买欲望和购买行为。

小案例

李宁在社交媒体上的成功推广主要来自其对用户的个性化关注。通过精妙的广告创意和与粉丝的互动讨论，李宁建立起强大的品牌忠诚度。

六、寻找合作伙伴和资源共享

不同的社交媒体平台吸引不同的用户群体，企业可以通过符合企业特点的社交媒体平台寻找具有互补优势的潜在合作伙伴，与潜在合作伙伴建立联系，了解彼此的需求和优势，探讨合作方式和利益分配，共同开拓市场和资源。

七、监测和分析结果

企业为了有效地进行客户关系管理，可利用社交媒体监测工具对企业在社交媒体平台上的活动进行监测和分析。这不仅可以帮助企业了解客户的行为和喜好，评估企业在社交媒体平台上的影响力，及时发现和解决潜在的问题，实时与客户进行互动和沟通，而且还可以不断调整和改进自己的营销策略，巩固和改善客户关系。

项目小结

随着数字化时代的到来和信息技术的不断发展，企业的客户关系管理迎来了更多的机遇和挑战。数字化时代的客户关系管理需要不断创新和实践，以适应市场的变化和客户需求的变化。首先，数字化技术可以帮助企业实现客户数据的全面整合和分析，通过大数据技术，企业可以收集和分析客户在各种渠道上的行为和反馈数据，从而为客户提供更加全面和个性化的服务体验；其次，社交媒体等新型渠道的出现，为企业的客户服务工作提供了新的途径，通过社交媒体，企业可以更加便捷地与客户进行沟通和交流，提供更加及时和高效的服务；最后，人工智能和机器学习等技术的不断发展，帮助企业实现客户服务的智能化和自动化，从而提高客户满意度和忠诚度。通过智能化的客户服务流程和数据驱动的决策支持，人工智能可以帮助企业更加精准地满足客户的需求和期望，提高客户满意度和忠诚度。数字化时代的客户关系管理还需要注重客户体验的优化和提升，企业应通过不断的技术创新和服务创新来提高客户体验的满意度和便利性，为客户创造更多的价值，从而赢得更多的市场份额和客户信任。

知识应用

案例分析

京东智慧物流

浙江国际智慧交通产业博览会期间，京东物流作为科技物流企业代表参展，在现场展示了无人机、无人仓、无人车、京东地图、智能空间物流、青流箱等物流“黑科技”。在博览会现场，京东物流新一代无人机、无人仓、配送机器人等智能物流设备一一亮相，让人大开眼界。其中，XI 无人机和 Y3 无人机成为与会者关注的焦点，它们不仅可往返 20 千米送货，而且能全自主定点悬停抛货、自动卸货并返航。

除了无人机，京东无人仓、无人车同样吸睛。京东无人仓强大的仓储系统，连同多个系列的自动驾驶技术产品，从商品入库、存储，到包装、分拣，真正实现了全流程、全系统的智能化、无人化。

2019 年 7 月，京东物流研发团队为了解决包裹异常问题，推出了以“物流计算＋AI”为核心的异常订单动态履约解决方案，简单来说，此方案就是通过技术手段，让用户实时了解异常包裹动态，告知用户异常包裹到达的确切时间。

2022 年 1 月，京东物流“京蜓”自转旋翼支线物流无人机完成公路起飞、夜航和异地转场等三项关于适航科目的飞行测试。这次飞行的成功，意味着京东物流支线航空物流能够摆脱机场和跑道限制，依托仓储周边的临时起降点起降。

基于人工智能、大数据、云计算及物联网等底层技术，京东物流不断扩大软件、硬件和系统集成的三位一体的供应链技术优势，不仅通过自动搬运机器人、分拣机器人、智能快递车、无人机等，在仓储、分拣、运输及配送等环节大幅提升效率，还自主研发了仓储、运输及订单管理系统等，支持客户供应链的全面数字化，通过专有算法，在销售预测、商品配送规划及供应链网络优化等领域实现智能决策。凭借这些专有技术，京东物流已经构建了一套全面的智慧物流系统，实现服务自动化、运营数字化及决策智能化。

思考题：

（1）京东的无人机、无人仓、无人车等技术对电商的物流环节有什么影响？

（2）京东的智慧物流系统是如何实现决策智能化的？

在线测评　　要点巩固

项目九 客户服务质量管理

素养目标

◎ 弘扬爱岗敬业精神，以饱满的工作热情和认真的工作态度，为客户提供优质的服务；

◎ 培养锐意进取、勤于探索、勇于实践的改革创新精神。

知识目标

◎ 理解客户服务质量、客户服务体系、客户服务绩效管理的含义；

◎ 掌握客户服务质量的测定方法；

◎ 熟悉提高企业客户服务质量的技巧，掌握客户服务体系建设的内容。

能力目标

◎ 学会提升客户服务质量的方法与技巧；

◎ 掌握建设客户服务体系的技能；

◎ 掌握对客户服务绩效进行考核的技能。

项目描述

在社会经济迅猛发展的今天，企业有着非常多的发展机会，如何把握市场、把握机会是企业的首要任务。企业要想赢得市场，就必须了解市场、了解客户需求。对于企业而言，谁获得了客户，谁就获得了市场，企业只有占领了市场，才有发展的机会。因此，提高客户服务质量是企业的一项非常重要的任务。

项目分析

有数据显示，如果客户服务工作做得不好，94%的客户会离去；如果没有妥善解决客户的问题，89%的客户会离去；每个不满意的客户，平均会向 9 个亲友叙述不愉快的经历；有效地解决客户投诉可挽回75%的客户。正因如此，越来越多的企业希望通过建立和完善客户服务中心，为客户提供快捷、高效、统一、优质的服务。同时，很多从事客服工作的管理人员也正在探索如何建立更加合理的质量监控体系，以进一步提升客户服务质量，进而全面提升客户的满意度与忠诚度。

任务分解

为了更好地帮助读者学习和掌握客户服务质量管理的相关知识和相关技能，本项目分解为以下四项任务：

任务一　提高客户服务质量

任务二　建设客户服务体系

任务三　实施客户服务绩效管理

任务四　互联网时代的客户服务质量管理

任务一　提高客户服务质量

任务引入

在市场竞争日益激烈的今天，服务质量高低已成为决定企业能否赢得客户的关键因素，企业只有通过有效的管理，不断提升自己的服务质量，才能满足或超越客户的需求和期望，才能真正留住客户。

相关知识

一、客户服务质量的含义

客户服务质量的管理要以客户的需求为基础、为中心、为出发点，要以企业的策略为条件，最终以客户的感受为结果。客户对所接受服务的感知和体验与对服务的期望相比较，当感知大于期望时，服务是高质量的；当感知和期望相一致时，服务质量是合格的；当感知小于期望时，服务质量则不合格。即使企业认为自己提供的是符合高标准的服务，也可能不为客户所喜爱和接受。因此，从某种意义上说，服务质量是一个主观范畴。这一概念包含以下三个方面的内容：

（1）目标客户。目标客户是指那些基于他们的期望或需要而希望得到某种服务的人或企业。客户需求的多样性导致企业提供服务的多样性。

（2）服务水平。服务水平是一个相对概念，是相对于满足目标客户的期望而言的。只要企业所提供的服务满足了目标客户的期望，就可以认为企业的服务质量是符合要求的。

（3）连贯性。连贯性是服务质量的基本要素之一，它要求服务提供者无论在何时何地都应提供同样质量的服务。

小案例

服务质量投诉案例分析

某物流公司接到客户来电反映，公司某营业处在受理货物时，因货物较重（100千克左右），需要营业处工作人员协助装卸，工作人员则向客户表示卸货必须支付装卸费，并对客户说出了“发就发，不发就拉倒”之类的话语，引起客户严重不满并投诉。

一客户到营业处办理发货业务，要用营业处的胶带捆扎所携带物品，因工作人员与客户沟通不当发生争执，并伴有不礼貌用语现象的发生，客户产生强烈不满情绪，投诉至集团公司客服中心，最终导致客户未在本公司办理此业务，而是去别家物流公司办理了货物托运业务。事情发生后，经过及时与客户沟通和道歉，客户表示下次可以考虑与公司合作。

分析以上两起投诉事件，可以看出该物流公司主要存在如下问题：

（1）营业处工作人员对工作不负责任，服务意识不强，对于上门办理业务的客户，没有及时为其提供方便超值的服务，同时工作人员对客户的抱怨以及恶劣的服务态度造成客户对公司严重不满。

（2）事情发生后，工作人员没有及时做好客户安抚工作，最终导致客户未能在本公司办理业务，给公司的生产经营造成了损失，暴露了营业处在服务质量上还存在较多漏洞。关于服务质量问题，目前大部分经营单位都存在服务意识不强、无大局意识，导致客户不满意的现象。

资料来源：曹宗平．客户服务管理．北京：科学出版社，2011.

企业应重视与客户的沟通，及时处理客户的不满，及时与客户进行有效的沟通，避免因服务态度不好而引起客户流失事件的发生。坚定服务理念，规范服务行为，让客户感受到企业是怀着真诚、友好的心态来服务的，本着“客户至上”的原则，想客户之所想，急客户之所急。

企业要不断增强员工服务意识、端正员工服务态度、优化服务质量；切实改进工作作风，更好地为客户提供优质服务；进一步规范公司经营流程，不断巩固和提升企业形象。

二、客户服务质量的测定方法

客户服务质量的测定多采用评分量化的方式进行，具体包括：一是测定客户的预期服务质量；二是测定客户的感知服务质量；三是确定服务质量分数。

在实际工作中，为了准确了解客户预期和感知的服务质量，企业一般采用问卷调查的方法，根据问卷获得的数据建立服务质量模型进行评定。其大致流程如下：

第一步，确定服务质量评价标准。

第二步，根据各标准在所调查的行业中的地位确定权数。

第三步，对每条标准设计 4～5 道具体问题。

第四步，设计调查问卷。问卷内容通常包括两部分：一部分用来测定客户对企业服务的期望；另一部分用来测定客户对真实服务质量的感受。

第五步，发放调查问卷，请客户逐条评分。

第六步，对回收的问卷进行综合统计。

第七步，采用消费者期望值模型，即服务质量分数＝实际感知服务分数－预期服务分数，分别测算出预期质量和感知质量。

第八步，根据上述公式，求得平均服务质量差距值，其差距值越大，表明感知质量与预期质量差距越大，服务质量越差；反之，则服务质量越好。

企业运用上述方法进行测定，可以得到第一手数据，然后加权平均，给各个维度赋予一定的权重，用这个维度的得分与权重相乘，就可以算出维度得分，再将所有参与调查的客户各维度实际感知评分与服务预期评分分别加总，将总数作差距对比，就可以得到客户对企业服务质量的综合评价结果。

三、客户服务质量差距分析

在客户服务过程中，由于个体自身的复杂性，在服务传递过程中往往会产生各种偏差，我们通常用服务质量差距模型来分析服务质量差距。

服务质量差距模型是 20 世纪 80 年代中期到 90 年代初，美国营销学者帕拉休拉曼（A. Parasuraman）、赞瑟姆（Valarie A. Zeithamal）和贝利（Leonard L. Berry）等人提出的，是专门用来分析服务质量问题根源的工具。

服务质量差距模型如图 9－1 所示。

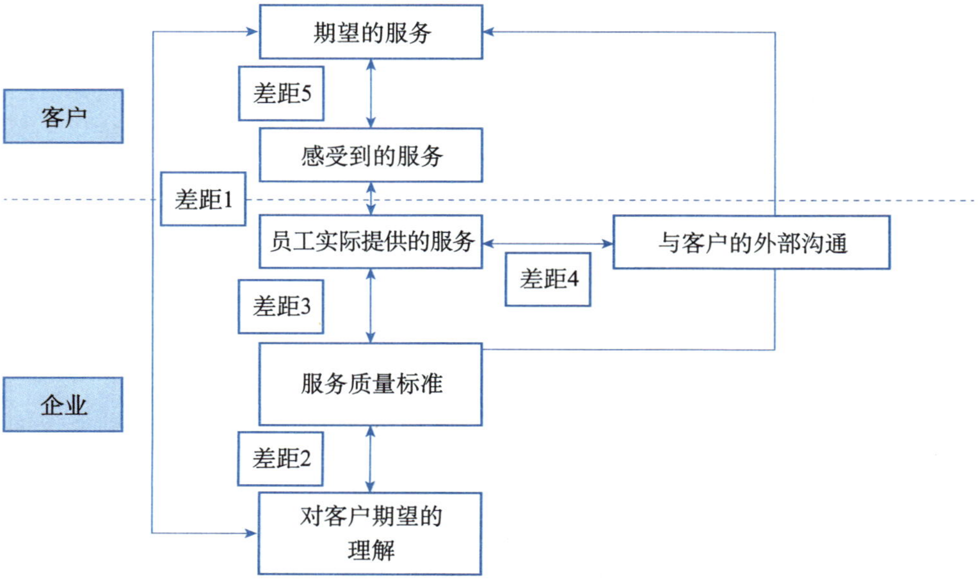

图 9－1　服务质量差距模型

服务质量差距主要有以下五种。

（一）客户的期望与管理者对客户期望的认知之间的差距

服务提供者并非总能理解客户需要什么样的服务、什么样的服务水平是必要的，以及客户期望企业以什么样的途径提供服务等，因此产生了客户的期望与管理者对客户期望的认知之间的差距。

产生这一差距的原因如下：

（1）对市场的研究和需求分析不准确。

（2）提供的解释信息不准确。

（3）没有分析客户需求。

（4）企业与客户联系的信息在向管理者传递的过程中失真或丧失。

（5）过多的组织层次阻碍或改变了在企业与客户的联系中所产生的信息。

这个差距的存在会误导企业的服务管理方向，尤其是企业的服务质量标准如果是由管理人员制定的，那么员工的服务行为就会被一个错误的标准所误导，即遵照这个标准是不可能让客户满意的。

（二）管理者对客户期望的理解与服务质量标准之间的差距

受到多种因素的限制，企业管理者试图满足甚至超越客户的期望常常很困难，如资源有限、管理不当等，这些因素常常使管理者对客户期望的认知无法充分落实到所制定的具体服务质量标准上，从而引起管理者对客户期望的理解与服务质量标准之间的差距。具体影响因素包括以下方面：

（1）管理人员缺乏应有的职业知识，致使服务质量标准设计出现失误。

（2）服务质量管理不善。

出现这种情况的原因是，最高管理层没有对服务质量给予足够的重视，服务质量没有被赋予最高优先权。改进的措施就是把服务质量放在优先位置。如今，在服务竞争中，客户感知的服务质量是成功的关键因素，因此在管理清单上把服务质量排在前面是非常必要的。

（三）服务质量标准与员工实际提供的服务之间的差距

在企业员工向客户提供服务时，其所遵循的服务质量标准并不能完全体现在其所实际提供的服务上，由此产生了服务质量标准与实际提供的服务之间的差距。

影响这一差距的因素有以下几个：

（1）服务质量标准太复杂或太苛刻。

（2）员工对服务质量标准有不同意见。

（3）服务质量标准与企业文化相冲突。

（4）服务质量管理混乱。

（5）企业没有按照服务质量标准为员工工作提供便利。

引起差距的原因通常是错综复杂的，很少只有一种原因在单独起作用，因此改正措施并不那么简单。大体来说，这些原因可分为三类：管理和监督不力；员工对标准规则的认识和对客户需要的认识产生了偏差；缺少生产系统和技术的支持。

（四）员工实际提供的服务与客户感受到的服务之间的差距

客户感受到的服务与员工实际提供的服务并不等同，这是因为客户的感受取决于其对服务期望的大小，而客户期望的形成则与企业的广告宣传等密切相关。若企业的宣传有夸大的倾向，客户期望就会过高，其感受到的服务水平也会偏离实际。若客户对企业的服务情况缺乏了解，则难以判断实际提供的服务质量。影响员工实际提供的服务与客户感受到的服务之间的差距的主要因素包括以下方面：

（1）部门间在沟通上存在问题。

（2）过分宣传，承诺过度。

（五）客户期望的服务与客户感受到的服务之间的差距

服务质量的高低取决于服务提供过程中自然产生的以上四种差距。差距越小，表明传递越充分，与客户期望的差距越小，服务质量也就越高。但一般差距总是存在的，在某些情况下还很大。这四种差距在服务传递过程中渐次产生并逐渐累加，最终体现为第五种差距，即客户期望的服务与客户感受到的服务之间的差距。

四、提高企业客户服务质量的技巧

在激烈的市场竞争中，提高客户服务质量是企业销售工作的重要内容，以下是提高客户服务质量的六大技巧。

（一）讲究客户服务礼仪

客服人员接打国内客户电话时要使用普通话，拿放话筒时动作要轻，通话时语气要平稳、诚恳，音量要适中，语速要得当。接电话时要先报出公司名称或自己所在部门，如“您好，某公司”“您好，××部”；若电话响铃时间过长，应在报出公司名称后致歉说“让您久等了”。对方要求找人时，应先问清对方姓名，随后说“请稍等”；对方要找的人不在时，应询问是否找其他人代替或留言，通话结束时要说“再见”。随时准备便条纸，将对方的留言记录下来，以便事后处理。打电话前应先理出谈话要点，待对方应答后，报出公司名称或自己的部门；结束谈话时，应向对方致谢并说“再见”。

（二）有良好的服务态度

无论是销售中还是销售后，客户服务人员都应该有良好的服务态度，尤其是对待客户投诉，必须虚心听客户反映，将问题记录好，协调有关部门解决，同时向有关领导汇报。在不违反公司规定的前提下，客户服务人员应尽量满足客户需求，解决好了不仅能获得客户的认可，还有可能带来良好的宣传效应，提高产品的口碑，扩大销售群体。

（三）做好客户跟踪服务

客户服务人员要及时跟踪对服务和商品投诉的处理，总结所遗留的问题，并与有关部门沟通后确定解决方案。客户服务人员还要不定期地进行客户回访，以让客户心存感激，让客户了解公司非常重视他。

（四）做好客户档案记录

客户服务人员一定要尽可能详细地记录好客户的全部资料，尤其是大客户。客户资料不仅包括客户的名称、地址、联系电话等基本信息，还包括客户购买产品的数量、价格、合同执行情况、资金到位是否及时、有无不良记录等，通过对这些信息的分析可以确定客户的忠诚度，据此判断是否与客户长期合作，同时为企业的相关决策提供依据。

（五）做好客户投诉服务

首先，客户服务人员应进行客户投诉原因分析。

（1）对商品的抱怨，涉及价格、品质、残缺度、过期、标志不清、缺货等。

（2）对服务的抱怨，涉及工作人员态度不佳、收银作业不当、服务项目不足、现有服务作业不当、无正当理由取消原来提供的服务等。

（3）安全方面的抱怨，涉及意外事件的发生、环境的影响等。

其次，客户服务人员要按企业的相关规定进行处理，要做到：使客户的不满与抱怨能够得到妥善处理，使其在心理上觉得受到了尊重，将客户投诉的影响降到最低。

此外，在处理客户投诉时还应注意：

（1）保持心情平静。

（2）认真听取客户投诉。让客户先发泄情绪；真诚地去劝慰对方，并了解客户目前的情绪状况；倾听事情发生的细节，找到问题的症结。

（3）站在客户的立场上，为对方着想。做好沟通记录，了解客户所反映的问题；提出解决方案；执行解决方案；做好事后总结。

（六）提高员工素质

对员工定期进行专题培训，如销售的沟通技巧、倾听的艺术、营销口才、大客户营销策略、企业信誉度分析等，提高员工思想素质、服务意识，要求每位员工尽职尽责地完成本职工作。同时组织员工学习各项专业知识，提高服务水平。加强监督，检查员工考勤、仪容仪表。各岗位员工在工作中应严格要求自己，不迟到、早退，不顶撞客户，对每一位客户都要做到微笑服务，遵守公司的规章制度。要以“超越客户期望”为服务宗旨，充分调动各岗位人员热忱服务的积极性，为客户提供满意的服务。将出现的问题用最快、最好的方式解决，解决不了的问题及时向领导汇报。要做到让客户“乘兴而来，满意而归”。

所以，客户在营销工作中占有非常重要的地位，客户就像企业的免费广告，会将自己的购物体验传递给其他人。客户是产品的消费对象，客户的认可将给企业带来许多有形和无形的利益。因此，客户服务是举足轻重的，客户服务质量的高低将直接影响企业的效益。这就要求客户服务人员掌握提高客户服务质量的技巧，为客户提供高质量的服务。

五、制定客户服务质量标准

为了提高客户服务质量，企业需要通过制定客户服务质量标准对服务加以规范。客户服务质量标准主要包括以下几方面内容。

（一）客户服务资源标准

客户服务资源标准主要包括客户服务环境标准、客户服务系统标准和客户服务质量监控设备标准。客户服务环境应保持整洁、干净与舒适，物品应摆放整齐，服务用具应齐全和方便取用等；客户服务人员应保证客户服务系统的性能和执行标准符合要求；客户服务质量监控设备应能够及时响应，并具备所需功能。

（二）客户服务人员工作规范

客户服务人员工作规范是对客户服务人员的仪表、服务态度、语言标准和服务行为等进行的规范。

（三）客户服务业务标准

客户服务业务标准包括进行客户咨询和受理客户投诉等方面的标准。

任务实施

有效实施客户服务质量管理

在社会经济迅速发展的今天，企业为了提高服务质量，规范服务程序，确保在发生异常时能进行及时、有效的处理，从而提升客户服务质量和客户满意度，必须实施行之有效的客户服务质量管理。客户服务质量管理主要包括客户服务质量的检查、控制、评估和审核。

一、客户服务质量的检查

企业在客户服务质量管理过程中，应对客户服务人员的服务工作进行质量检查，检查内容包括工作制度检查、服务过程检查、服务环境安全卫生检查及其他可能影响服务质量的检查等。

二、客户服务质量的控制

企业进行客户服务质量控制时可采取以下措施：

（1）建立健全客户服务质量管理控制体系。具体做法是：在客户服务部经理的领导下，由客户服务质量主管负责实施，负责监督客户服务过程中的质量控制状况，发现问题及时处理，杜绝隐患。

（2）推行质量管理责任制，制定质量管理奖罚条例。具体做法是：由客户服务部经理主持制定客户服务人员服务质量管理责任制度和奖罚措施，明确相关岗位职责，督促客户服务人员有效完成所在岗位工作目标。

三、客户服务质量的评估

客户服务质量的评估主要包括可靠性、响应性、保证性、移情性和有形性五个要素。

（一）可靠性

可靠性反映了一家企业服务表现的一贯性和可信任度，它意味着可以相同的方式、无差错地提供服务。可靠性是诸评估要素中最重要的一项。不能提供可靠服务的企业通常被认为是不成功的企业。

（二）响应性

响应性是指一家服务型企业可适时提供其承诺的服务。响应性涉及服务人员提供服务的意愿和自觉性，有时候客户会遇到服务人员忽略客户需求的情况，这属于没有响应的情形。让客户等待，特别是无原因的等待，会降低客户对服务质量的实际感知效果。出现失败服务时，迅速解决问题则会提高客户对服务质量的实际感知效果。例如，在误点的航班上提供小食品可以将旅客潜在的不良感受转化为美好的回忆。

（三）保证性

保证性是指公司的能力、对客户所展示的礼貌及运营的安全性。能力是企业提供服务时的知识和技术；礼貌是企业的服务人员对待客户的方式；安全反映了客户希望远离危险的心理需求。

（四）移情性

移情性是指企业设身处地地为客户着想和对客户给予特别关注，理解客户需求并能为客户提供需要的服务。相反，如果企业对客户的需求视而不见，或者提供的服务令客户感到不舒服或不便利，那么这家企业的客户服务工作显然是失败的。

（五）有形性

服务是无形的，但是客户会在某种程度上依据服务环境，即有形的设施、设备、工作人员的外表、交流材料等对服务质量作出评判。可以说，良好的环境是服务人员对客户进行细致照顾和关心的有形表现。

客户从这五个方面将预期的服务与感知的服务相比较，最终形成自己对服务质量的评判。期望与感知的差距越小，说明客户对服务质量越满意。

四、客户服务质量的审核

企业进行客户服务质量审核，目的是在服务质量管理实施过程中对一些问题能够准确识别并及时制定纠正和预防措施，提高各级客户服务人员操作的规范性，从而为企业创造良好的经营环境，并不断提高企业的经济效益。

任务二　建设客户服务体系

任务引入

在当今以客户为主的时代，只有树立“以客户为中心”的服务理念，形成完善而优化的客户服务体系，并确保其严格地执行，才能增加客户的满意度，赢得客户，赢得市场。

相关知识

一、客户服务体系的含义

客户服务体系是优秀企业尤其是销售服务企业的重要组成部分，由明确的客户服务理念、相对固定的客户服务人员、规范的客户服务内容和流程等一系列要素构成。客户服务体系以客户为中心，以提升企业知名度、美誉度和客户忠诚度为目的。

二、客户服务体系建设的主要内容

企业建设客户服务体系，目的是从客户的实际需求出发，为客户提供真正有价值的服务，以帮助客户更好地使用产品，体现了企业“良好的客服形象、良好的技术、良好的客户关系、良好的品牌”的核心服务理念。这一理念要求企业以最专业的服务队伍，及时和全方位地关注客户的每一个服务需求，并通过提供广泛、全面和快捷的服务，使客户体验到无处不在的满意服务和可信赖的关心。

（一）从管理机制上强化客户服务

（1）建立沟通渠道。建立网站，提供在线服务；设立服务热线和投诉电话；建立防伪查询平台；建立客户反馈信息收集机制，以有效收集信息。

（2）维护客户关系。建立客户管理档案；建立完善的客户回访制度；设立客户评比制度；进行客户满意度调查；主动提供有针对性的客户服务活动。

（二）从企业文化上提升服务理念

（1）明确的服务理念。服务理念贯穿企业各个环节；企业员工熟知并认真执行本企业服务理念；对外宣传服务理念，准确传达到每一位客户。

（2）明确的服务承诺。准确有效地将服务承诺传递给每一位客户；在产品材料中，准确地说明所承诺的服务；完全履行所承诺的服务。

（3）明确的服务策略。服务策略能够对整个服务工作起到指导作用；服务策略既能满足客户需要，又能保持合理的服务成本。

（4）明确的服务工作目标。

（三）从制度保障上提高客户满意度

（1）制定服务规章制度。服务规章制度覆盖产品服务各个环节；服务规章制度以文件形式体现，形成服务规范体系；服务人员严格执行服务规章制度。

（2）制定服务流程。服务流程使整个服务处于有序状态；服务人员严格按照服务流程开展工作；服务流程通过一定的渠道展示给客户。

（3）实施服务监督与奖惩。设立内部服务监督机构；对服务部门及人员实施奖惩。

（4）加强服务制度管理。按照严格的程序制定各项服务制度；定期修订各项服务制度。

（四）从客户投诉上加快反馈速度

（1）畅通投诉渠道。建立投诉接待制度，提供多种形式的投诉渠道。

（2）完善投诉记录制度。建立投诉记录制度，详细记录投诉原因、处理结果等信息。

（3）加强投诉处理力度。及时处理客户投诉，有效解决客户投诉；投诉解决率不低于90%；及时弥补服务中的不足，有效减少投诉。

总之，客户服务体系是以客户服务为核心，围绕客户服务建立的一整套服务应对系统，包括制度、标准、流程、架构、人员等在内的一切人、财、物、信息和文件等软硬件的组合。

任务实施

如何建设客户服务体系

从客户服务角度来说，客户服务体系越完善越好，但对于一个企业来说，资源却是有限的。企业一般应针对所在行业的特点建立适合自己的客户服务体系。

一、梳理企业目标

根据客户群体需求以及自身产品的定位，确定企业目标，明确客户服务的总体目标和战略定位。

二、树立以客为尊的服务理念

树立主动服务意识，提供优质服务，让客户享受到星级服务，在客户心目中树立品牌形象，发展潜在客户，提高成交率。

三、确定主要工作内容

售前：以专业知识回答客户咨询，对客户信息进行收集、统计、分析，建立完善的信息库等。

售中：对产品的配送速度、配送质量、产品质量好坏及时跟进等。

售后：收集与反馈客户意见、受理与记录客户投诉等。

四、根据工作内容确立部门组织框架

客户关系维护：客户信息管理、客户需求等。

售后服务管理：售后的跟进、客户投诉等。

服务方式：热线电话、Web 在线回复等。

五、工作流程梳理

根据实际情况制定业务流程和操作规范。

六、确定工作职责范围

如协助开拓网络营销资源和渠道；负责部门内部沟通与外部联系；收集行业及客户信息；负责业务需求调研；负责实施售前、售后服务。

七、开展培训

积极开展与客户服务有关的培训，如客户服务专业技能培训等。

八、规章制度的制定及完善

制定和完善客户服务相关规章制度，如信息管理制度、售后服务制度、服务礼仪制度等。

任务三　实施客户服务绩效管理

任务引入

企业为了实现自身发展的战略目标，通常会将企业战略目标层层分解为部门和员工的工作目标，在此基础上通过绩效考核，对部门和员工的工作结果进行评价，以及时发现工作中存在的问题并进行修正。在这一过程中，企业可通过提升员工业绩来实现企业的战略目标，从而使企业发展进入良性循环。

相关知识

一、客户服务绩效管理的概念

客户服务绩效管理是指在客户服务系统中，客户服务组织、客户管理人员和员工全部参与进来，管理人员和员工通过沟通、激励等方式，将企业的客户服务战略、管理人员的职责、管理的方式和手段，以及员工的绩效目标等基本内容确定下来；在持续不断沟通的前提下，管理人员帮助员工清除服务工作中的障碍，提供必要的支持、指导和帮助，与员工共同完成客户服务绩效目标，从而实现客户服务组织的远景规划和战略目标。

二、客户服务绩效管理的特点

客户服务绩效管理具有以下三个特点。

（一）强调系统

客户服务绩效管理是一个完整的系统，而不是一个简单的步骤。但在理论阐述以及管理实践中，我们都会遇到这样的问题：把绩效管理等同于绩效考核。不少企业在实施绩效管理时往往认为，企业做了绩效考核表，量化了考核指标，年终实施了考核，就是做了绩效管理了。在实践中，实施绩效管理包括制定目标、沟通管理以及对绩效管理中一些必要技巧与技能的运用等内容。如果绩效管理忽略了这些工作，那么企业的绩效管理就会处于低层次的水平。因此，我们必须系统地看待绩效管理。

（二）强调目标

客户服务绩效管理强调目标管理，“目标＋沟通”的绩效管理模式被广泛提倡和使用。当企业目标明确，员工明白自己努力的方向，管理人员就能更好地通过员工的绩效目标对员工进行有效管理。这样，管理人员和员工才会更加团结，共同致力于绩效目标的实现，更好地服务于企业的战略规划和远景目标。

（三）强调沟通

沟通在客户服务绩效管理中起着决定性的作用。制定绩效目标要沟通，帮助员工实现目标要沟通，年终评估要沟通，分析原因要沟通，总之，绩效管理的过程就是持续不断沟通的过程。离开了沟通，企业的绩效管理将流于形式。因此，绩效管理需要重视管理沟通的改善。

三、客服部关键绩效考核指标

客服部关键绩效考核指标如表 9－1 所示。

表 9－1　客服部关键绩效考核指标

序号	KPI 指标	考核周期	计算公式或定义	资料来源
1	客户意见反馈及时率	月度	$\frac{\text{在标准时间内反馈客户意见的次数}}{\text{总共需要反馈的次数}}\times100\%$	客服部
2	客户服务信息传递及时率	月度	$\frac{\text{标准时间内传递信息的次数}}{\text{需要向相关部门传递信息的总次数}}\times100\%$	客服部
3	客户回访率	月度	$\frac{\text{实际回访客户数}}{\text{计划回访客户数}}\times100\%$	客服部
4	客户投诉解决速度	月度	$\frac{\text{月客户投诉解决总时间}}{\text{月解决投诉总数}}$	客服部
5	客户投诉解决满意率	月度	$\frac{\text{客户对解决结果满意的投诉数量}}{\text{总投诉数量}}\times100\%$	客服部
6	大客户流失数	月/季/年度	考核期内大客户流失的数量	客服部
7	大客户回访次数	月/季/年度	考核期内对大客户回访的总次数	客服部
8	客户满意度	月/季/年度	接受调研的客户对客服部工作满意度进行打分（按算术平均值计算）	客服部

四、客户服务人员绩效考核方案

客户服务人员绩效考核方案如表 9－2 所示。

表 9－2　客户服务人员绩效考核方案

方案名称	客户服务人员绩效考核方案	受控状态	
		编　　号	

一、目的

(1) 规范公司及各分部客户服务部工作，明确工作范围和工作重点。

(2) 使总部对各分部客户服务部工作进行合理掌控并明确考核依据。

(3) 鼓励先进，促进发展。

二、范围

1. 适用范围

公司各分部客户服务部。

2. 发布范围

公司总部、各分部客户服务部。

三、考核周期

采取月度考核为主的方法，对客户服务人员当月的工作表现进行考核，考核实施时间为下月的1—5 日，遇节假日顺延。

四、考核内容、考核指标数据来源和考核指标

1. 考核内容

(1) 服务类。电话回访（回访完成率、回访真实度、不满意投诉解决率）、咨询电话（专业技能、接听质量、投诉解决回复率、客户满意度）、其他类投诉（客户投诉解决率、客户满意度）。

(2) 管理类。总部监控报表上交及时性、报表数据真实性、报表整体质量。

2. 考核指标数据来源

(1) 分部上报。报表包括日报、月报、创新工作、新业务拓展、先进事迹和好人好事等。

(2) ERP 系统查询。总部主要通过 ERP 系统进行查询与核对。

(3) 总部客户服务部进行抽访。

(4) 其他渠道，包括行政管理部、总部客户服务部、总部值班电话、网上投诉等。

3. 考核指标

客户服务人员绩效考核如下所示。

客户服务人员绩效考核表

项目	权重	考核标准										得分
		比率	扣分	比率	扣分	比率	扣分	比率	扣分	比率	扣分	
专业技能、接听质量	30%	抽查每次不合格扣 2 分，扣完为止，性质严重的另行处罚										
客户投诉解决率	20%	0%	0	0～0.4%	2	0.4%～1%	4	1%～1.5%	10	1.5%以上	10	
回访完成率	10%	100%	0	95%以下	1	80%～95%	2	75%～80%	3	75%以下	5	

续表

项目	权重	考核标准										得分
		比率	扣分	比率	扣分	比率	扣分	比率	扣分	比率	扣分	
回访真实度	10%	0%	0	1%	1	2%	2	3%～5%	3	5%以上	5	
客户满意度	10%	100%	0	95%以下	1	80%～95%	2	75%～80%	3	75%以下	5	
报表上交真实性	10%	不真实的，每次扣2分，本项分值扣完为止，性质严重的另行处罚										
审计、纠错及行政通报等	10%	从当月总分中扣罚，每次扣罚2～10分，视问题性质由人力资源部会同客户服务部经理讨论决定，当月分值扣完为止										
奖励	收到客户表扬信一次，加1分；被部门表扬一次，加2分；被公司表扬一次，加3分；被媒体表扬一次，加5分（需要分部提供文字材料）											
处罚	被部门批评一次，扣2分；被公司批评一次，扣3分；被媒体批评一次，扣5分											
总计												

说明：

（1）电话抽查以总部客服抽查为主，原则上每周不低于一次。

（2）回访完成率：每月实际回访条数÷（200条×实际在岗人数）×当月应出勤天数×100%。

五、绩效考核的实施

（1）考核分为自评、上级领导考核及小组考核三种，其中小组考核成员主要由与客户服务人员工作联系较多的相关部门人员构成，三类考核主体所占的权重及考核重点如下所示。

三类考核主体所占的权重及考核重点

考核者	权重	考核重点
被考核人	15%	工作任务完成情况
上级领导	60%	工作绩效、工作能力
小组考核	25%	工作协作性、服务性

（2）客户服务人员考核实施标准如下所示。

客户服务人员考核实施标准

项目	数据来源	抽查途径	标准答案
专业技能、接听质量	电话抽查	公司抽查/其他途径	按公司规定
客户投诉解决率	公司抽查	客户投诉/公司抽查	100%解决并回复
回访完成率	公司抽查	公司抽查	按公司规定
回访真实度	公司抽查	公司抽查/客户投诉	100%回访到位
客户满意度	公司抽查	公司抽查/客户投诉	按公司规定
客户服务资料的完整性	公司抽查	公司抽查	按公司规定

续表

六、考核结果的运用 （1）连续×个月（季度）评比综合排名前三名，分别奖励×××元、×××元、×××元。 （2）月考核评比综合排名后三名，要求分部客户服务部经理仔细分析落后原因，针对落后原因寻找改进措施，并在月工作通报下发后 4 天之内将整改方案报总部客户服务部备案。 （3）总部将视情况对分部客户服务部经理及主管进行考核。 （4）汇总月度考核结果，进行年终优秀分部客户服务部评比。

任务实施

客户服务绩效管理的流程

就绩效管理的实施过程来看，客户服务绩效管理的流程包括六个阶段，即制订绩效计划阶段、编制绩效评估指标阶段、对绩效评估人员开展培训阶段、实施绩效评估阶段、开展绩效反馈面谈阶段和绩效评估结果应用阶段。要做好绩效管理，既要从宏观上把握这六个阶段，也要从微观上注意这六个阶段的实施细节。

一、制订绩效计划阶段

绩效计划是指管理者与员工共同讨论，就实现目标的时间、责任、方法和过程进行沟通，以确定员工以什么样的流程、完成什么样的工作和达到什么样的绩效目标的管理过程。绩效计划主要包括两大部分：一是绩效管理实施的具体计划；二是绩效目标的确定。一般来讲，制订具体的绩效实施计划主要是对绩效管理的整个流程运作从任务上、时间上、方法上、宏观层面和微观层面进行总体规划，如在哪一具体时间段开展什么工作以及由谁来做、要达到什么水平和层次等细节性问题。

制定绩效目标，企业需要把握以下两个关键问题：

（1）制定绩效目标的依据要充分，并且能支撑企业战略目标的实现。

（2）尽量采用参与性强的方法，制定广大员工认同的绩效目标。

只有企业与员工双方认可的绩效目标，才能对员工产生实质性的激励和导向作用。因此，制定绩效目标时一般要做好以下三方面工作：

（1）明确企业未来一段时间的战略目标。

（2）确定部门各岗位的职责。

（3）制定绩效目标时，要了解企业和部门内外部环境。

二、编制绩效评估指标阶段

一般来讲，编制绩效评估指标可采用 SMART 原则进行设定，S 代表具体的（Specific），指绩效考核要切中特定的指标；M 代表可度量的（Measurable），指绩效指标要尽可能便于量化统计和分析；A 代表可实现（Attainable）；R 代表现实性的（Realistic），指绩效指标是实在的、可衡量和观察的；T 代表时限（Time-bound），指完成绩效指标有特定的时限。依据 SMART 原则构建企业绩效指标后，仍需要注意以下几个问题：

（1）能够量化的指标一定要量化，不能量化的指标切勿勉强量化。

（2）评估标准要坚持适度原则。

（3）评估指标要针对不同工作岗位的性质而设定。

三、对绩效评估人员开展培训阶段

绩效评估是一项非常重要的工作，同时也是一项容易受人为因素干扰的工作。为保障绩效评估反馈信息的真实可靠性，企业有必要对绩效评估人员开展相关培训工作，使其能够以高尚的职业道德和较高的工作技能，实事求是地推进绩效评估工作。

当然，对负责绩效评估的人员展开培训的第一步还在于对绩效评估人员的界定。所谓绩效评估人员，是指参与企业绩效评估工作的相关组织成员。绩效评估人员有以下六类：直接上级、同级同事、直接下属、被考评者本人、服务对象、外聘的考评专家或顾问。

四、实施绩效评估阶段

实施绩效评估阶段是整个绩效管理的关键阶段，这是因为所实施的效果如何将直接影响所得出的绩效评估结果的公正性，进而关系到依据评估结果所制定的人力资源管理政策的正确性和可操作性。就评估的实施来讲，其主要包括以下两方面的内容：

（1）绩效考核方法的选择，即在拟定了绩效指标后如何选择合适、恰当的方法获取真实、可靠的绩效信息，仍是需要重点把握的问题。

（2）实施过程中的监控问题，重在预防实施细节偏离绩效计划。

五、开展绩效反馈面谈阶段

此阶段通常会被企业忽视或轻视。在绩效汇总结果向员工反馈之前，应及时与员工进行正式、有效的沟通，共同商讨存在的问题和制定相应的对策。开展绩效反馈面谈实际上是一个增强组织人文关怀和凝聚力与实现企业目标的过程。通过绩效反馈面谈，既可以表达组织对员工的关心，增强员工的组织归属感和工作满意感，也可以帮助员工查找绩效不佳的原因，同时与员工一起制订下一个绩效周期的工作计划，推动员工个人职业生涯的发展。

六、绩效评估结果应用阶段

绩效评估结果主要集中于两方面的应用：一方面是绩效奖惩，如员工工资的调整、相关人员职位的晋升、绩效奖金的发放等；另一方面是绩效提升，企业需要根据绩效评估结果所反映的问题制订下一绩效周期计划。就两方面的关系来讲，两者是相辅相成、互相促进的。

绩效激励主要是采用正激励与负激励相结合的策略，坚持做到应奖励的人员给予重点奖励，应惩罚的人员给予适度惩罚，避免步入奖惩无效的境地。

任务四 互联网时代的客户服务质量管理

任务引入

随着互联网技术的快速发展，越来越多的业态受到互联网的冲击。当这种冲击不断加深和变革不断加剧的时候，互联网就不再仅仅是一门技术，而是逐渐演变成为一种思维方式，即“互联网思维”。互联网时代如何提升客户服务质量越来越受到企业的关注。

相关知识

一、互联网时代如何提升客户服务质量

（一）以互联网思维开展客户服务

在互联网时代，信息生产和传播的方式发生变化。信息不再是由一小部分人制造的了，每个人都是信息的源头，信息不再是一点对多点的单向传播，而成为多点对多点的多向传播。更为关键的是，在整个信息产生和传播的过程中，信息不再是这张大网的核心，“人”取代了信息成为这个核心。因为人是核心，所以“用户思维”成为互联网思维的核心。“以用户为中心”的用户思维贯穿于企业运营的始终，不仅体现在做品牌的层面，还体现在市场定位、品牌规划、产品研发、生产销售、售后服务、组织设计等各个方面，影响着企业各环节的决策。

基于用户思维，有效“客户服务”就是要覆盖业务价值链中的全过程，每个环节都在和用户交流，渗透到用户的日常业务活动中，让用户获得最佳服务体验，从而实现企业的业务价值。

有人说，在互联网时代，一切行业都是服务业，所有企业都是服务企业，可见客户服务的重要性。有效的客户服务，目的是让企业产品或服务形成良好的口碑，建立信任度强的用户关系，形成强大的“粉丝效应”，与用户成为朋友，让用户真心地认可、传播、维护企业。

（二）注重用户的参与感

在互联网时代，消费者选择产品或服务的决策心理已经发生了巨大的转变，消费者对产品和服务的需求不再停留于功能层面，更想借此表达自己的情感，渴望参与到供应链上游活动（如采购、设计甚至制造）的决策。参与感是用户思维最重要的体现，让用户参与能满足用户“在场介入”的心理需求，抒发其“影响世界”的热情，满足其对存

在感、成就感、归属感的渴求。因此，在业务价值链中把做产品、做服务、做品牌、做销售的过程开放，让用户参与进来，并在业务价值链的各个环节做到全员客服。真正的用户参与就是与用户友爱互动、真诚沟通，融入用户当中，和用户打成一片，把用户当成朋友，让用户发自内心地喜欢本企业。创新来自客户需求，用户会帮助企业进步，可以不断地改善企业的产品和服务质量，企业反过来又能更好地服务用户，形成良性互动的企业与用户的关系。

（三）重视用户体验

用户体验是一种感觉或感受，是用户在接触产品或服务的整个过程中形成的综合体验。所有环节的产品或服务，都是为了实现用户最佳体验的目标。

1. 用户体验的核心是为谁设计

“为谁设计”是用户体验的原点。只有原点确定，设计用户体验的坐标系统才能明确下来。不同用户群体的需求千差万别，如果脱离了特定用户群体的需求，产品或服务再好，想法再精妙，都无法和用户产生共鸣。最好的产品或服务就是解决用户的痛点和痒点。

2. 好的用户体验一定要注重细节

用户体验往往是“成也细节，败也细节”。在当今竞争日益激烈的时代，企业间的产品或服务在功能上不会有很大的差别，用户感知的东西往往是细节。因此，客户服务过程中的每一个细节一定要让用户能够感知到，并且这种感知要超出用户的预期，给用户带来惊喜。只有这样，企业才能获得更高的用户满意度，才可能给企业带来很好的口碑传播。

3. 用户体验一定要聚焦

好的用户体验要像针扎一样，给用户一定的刺激。如果企业什么问题都不去关注，顾及方方面面，什么功能都想做，最后生产的产品就没有鲜明的、让人怦然心动的特色。用户体验一定要聚焦于一个点，围绕这个点做到极致甚至创新，在这个点上打动用户，给用户带来价值。创造了用户价值，也就带来了商业价值。

4. 简约带来良好的用户体验

用户思维使商业活动回归人性，所有的产品和服务都要从人性的角度出发：看起来简捷、用起来简化、说起来简单，这样才能给用户带来全新的体验。企业提供的产品和服务简约，用户才会选择和使用，才会有后续的双向互动。

（四）“快”是做好服务的根本

互联网时代行业竞争激烈，反应速度慢的企业基本上没有成长的机会，甚至会面临生存危机。“快”是行动准则，是对待用户的态度。用户对服务的根本需求就是企业能够快速响应用户需求，快速地拿出基于特定需求的解决方案，快速地解答用户提出的问题和疑惑。因此，做好服务的核心就是“快”。

俗话说：“时势造英雄。”不同时代有不同的思考背景，或者说“历史思维”，只有理解时代赋予的思维方式，才会有适合时代背景的处理方式和成就。目前“以人为核心”

的互联网思维已成为一种新的商业智慧，互联网时代下的客户服务也需要以互联网思维作为指导思想。

二、互联网时代的服务质量管理工作

在提升服务质量的沟通中，有两个关键环节：质量标准的沟通与质量异常的沟通。

（一）质量标准的沟通

1. 质检人员与主要领导的沟通

质量标准是需要由管理层统一设定的，质检人员衡量客户服务质量的标准应该符合管理层的要求。质检人员要做到与主要领导充分沟通，以保证不偏离中心的质量目标。在这个沟通过程中，主要领导也可以通过与质检人员的交流，了解到目前服务质量处于什么水平、哪一项做得好、哪一项是需要提升的。我们知道，质量标准并不是越高越好，应该充分考虑客户对服务的期望与管理层的战略规划，制定切实可行的质量标准。

2. 质检人员与基层管理人员的沟通

在呼叫中心，质检人员与基层管理人员的矛盾时有发生。当某个客服人员被质检扣了分，而基层管理人员认为其服务质量没有问题时，往往出现基层管理人员替客服人员找质检“说理”的情况。

所以，在明确了质量标准后，呼叫中心应该组织质检人员与基层管理人员沟通，通过沟通，使质检人员与基层管理人员对于服务质量的衡量标准达成共识；通过沟通，使基层管理人员认识到质检人员是辅助他们进行质量管理的，是为了与基层管理人员一起提升客户服务水平的；通过沟通，消除质检人员与基层管理人员的“对立”情绪，形成统一认识。

3. 质检人员与客服人员的沟通

相对于质检人员与基层管理人员，质检人员与客服人员之间的“矛盾”更为明显，因为质检扣分往往会直接影响到客服人员的绩效。质检与客服人员对于“标准”的沟通是化解矛盾的首要途径。

（二）质量异常的沟通

质检工作的开展必然会发现各种各样的质量问题，这些问题相对于“标准”而言就是质量异常点。发现了质量异常点，通过有效的沟通能够更好地运用质检结果，采取有效措施，改善服务水平。当然，对于个性问题，也可以将相关情况反馈给基层管理人员，由他们与客服人员进行沟通与辅导。

工作中的沟通无处不在，呼叫中心运营管理中沟通的作用也远不止这些，这里主要提及的是在提升服务质量方面如何有效地运用沟通，达到从质检部门到呼叫中心高层，由质检人员到基层管理人员以及客服人员对服务质量标准的统一认识，培养对服务质量异常点的积极态度，借助沟通这种更加人性化的途径，提升呼叫中心的服务质量。

任务实施

企业在互联网时代怎样维护客户关系

一、利用“RATER 模型”提高服务质量

这里的第一个 R 是信赖度（Reliability），即客户服务人员要能可靠地和准确地履行向客户作出的承诺；A 是保证度（Assurance），即客户服务人员要确保具有相应的知识、能力和公关艺术来向客户传递信任和信心；T 是可见度（Tangibles），即要求客户服务人员所在公司拥有相应的机构、设备、人员及联系工具等，用来确保向客户提供相应的服务；E 是关怀度（Empathy），即要求客户服务人员关心客户或针对客户特定需要保持关注等；最后一个 R 是反应度（Responsiveness），即要求客户服务人员随时响应客户需求并提供及时的服务。

二、建立客户数据库

客户关系管理最重要的工具就是客户数据库。客户数据库是公司及其客户关系所有信息的存储文档，客户服务人员需要妥善保管并动态维护。

三、进行情感联络

在完成一项业务后，客户至少应收到一封来自客户服务人员的感谢信。一封手写的感谢信能起到不可估量的良好效果。一些需要安装示范或使用培训的产品，若客户服务人员能与安装或培训人员一道亲临客户现场安装或培训，肯定能收到良好的效果。

四、积极处理客户的抱怨

客户抱怨是正常的，重要的是如何妥善地处理好客户的抱怨。关系营销中积极处理好客户的抱怨不仅能化解“危机”，而且还能创造出巩固客户关系的重要机遇。研究表明，抱怨的客户所记住的是问题如何能被圆满地解决而不是问题本身。因此，企业及其客户服务人员应该做好客户抱怨的处理工作：以平和的心态认真地听取客户的抱怨，了解客户抱怨的核心事项；以真诚的态度向客户提问，以界定客户的抱怨与理解分歧；提出稳妥的解决方案，以获得客户的认同；真诚地向客户道歉，获得客户的理解和支持。

项目小结

客户服务是一个过程，是在合适的时间、合适的场合，以合适的价格、合适的方式向合适的客户提供合适的产品和服务，使客户合适的需求得到满足，企业价值得到提升的活动过程。客户服务管理是了解与创造客户需求，以实现客户满意为目的，企业全

员、全过程参与的一种经营行为和管理方式。它包括营销服务、部门服务和产品服务等内容。

客户服务体系是以客户为服务对象的组织构成和制度构成。有效的客户服务体系是保证客户满意的必要条件，它能够增加客户满意度、培育客户忠诚度，为企业赢得良好的口碑，有利于扩大业务量，有利于树立良好的企业形象。反之，差的客户服务体系会降低客户满意度，使企业没有“回头客”，长此以往，必然会影响企业的业绩。

客户服务绩效管理是指在客户服务这个完整系统中，客户服务组织、客户管理人员和员工全部参与进来，管理人员和员工通过沟通、激励等方式，将企业的客户服务战略、管理人员的职责、管理的方式和手段，以及员工的绩效目标等管理的基本内容确定下来；在持续不断地沟通的前提下，管理人员帮助员工清除服务工作过程中的障碍，提供必要的支持、指导和帮助，与员工共同完成客户服务绩效目标，从而实现客户服务组织的远景规划和战略目标的过程。

知识应用

一、分析优质和劣质的客户服务体验

回想近 3 个月你所接受和感受到的最好和最差的客户服务，各举一例。回忆一下当时发生了什么、对方说了什么或做了什么、用了什么样的语调，以及采取了哪些积极的或消极的行动，并将相应的内容填入表 9 - 3。

表 9 - 3　优质和劣质的客户服务体验分析

班级________　　　　姓名________　　　　学号________

你所打交道的企业或机构的名称：			
序号	体验内容与感受	优质客户服务体验	劣质客户服务体验
1	他们如何招呼你： 直呼其名；热情似火；温文尔雅；盛气凌人；漠不关心		
2	他们隔多久才接待你： 马上；店员结束聊天之后；当队列向前移动时		
3	你认为接待你的人视你为哪一种人： 一个尊贵的客户；可以向你推销任何东西的人；讨厌的人		
4	你对所受到的服务有何感受： 满意的；受尊重的；恼火的；失望的；无能为力的；快乐的；生气的		
5	对方提供的服务是否符合你的期望		

续表

序号	体验内容与感受	优质客户服务体验	劣质客户服务体验
6	这一感受是否会影响你与该企业或机构以后的交往		
7	列出声誉卓著/声誉不佳的企业各 3 家		
8	企业的声誉从何而来		
分析结论			

二、案例分析

新星公司是一家小型公司。在创业初期，降低成本、提高销售额成为公司的总目标。那时候由于业务繁忙，公司没有形成一套正式的、完整的绩效考评制度，只是由公司负责人王某兼任人力资源总监。王某会不定期地对工作业绩好的员工提出表扬，并给予物质奖励，对工作态度不积极的员工提出批评；在员工的销售业绩连续下降时，他会找员工谈心，找缺陷，补不足，鼓励员工积极进取。

现在公司规模大了，已经由最初的十几个人发展到现在的上百人。随着规模的不断扩大，管理人员和销售人员增加，问题也出现了：员工的流失率一直居高不下，员工的士气也不高。王某不得不开始考虑建立绩效考评的正式制度等问题。

思考题：

（1）该公司建立正式的绩效考评制度是否必要？请说明具体原因。

（2）该公司员工流失率居高不下、士气不高的原因在哪里？

（3）对公司负责人王某就建立绩效考评制度提几点建议。

在线测评　　**要点巩固**

参 考 文 献

[1] 苏朝晖．客户关系管理：理念、技术与策略．5版．北京：机械工业出版社，2024.
[2] 苏朝晖．客户关系管理：客户关系的建立与维护．6版．北京：清华大学出版社，2024.
[3] 伍京华．客户关系管理．北京：高等教育出版社，2021.
[4] 王栖，王娟，吴瑞杰．客户关系管理．北京：电子工业出版社，2020.
[5] 包兴．数字时代下的客户关系管理．北京：经济管理出版社，2024.
[6] 杜明汉．客户服务与管理．武汉：华中科技大学出版社，2010.
[7] 邵兵家，钱丽萍．客户关系管理．3版．北京：清华大学出版社，2023.
[8] 左世翔．新编客户关系管理．成都：西南财经大学出版社，2020.
[9] 邬金涛．客户关系管理：数字教材版．3版．北京：中国人民大学出版社，2022.
[10] 王广宇．客户关系管理．3版．北京：清华大学出版社，2013.
[11] 方玲玉．客户服务与管理：项目教程．4版．北京：电子工业出版社，2024.
[12] 左春雨，丁建石．客户关系管理．2版．北京：中国人民大学出版社，2021.
[13] 周洁如．现代客户关系管理．3版．上海：上海交通大学出版社，2022.
[14] 栾港．客户关系管理理论与应用．3版．北京：人民邮电出版社，2023.
[15] 林建宗．客户关系管理理论与实务．2版．北京：清华大学出版社，2018.
[16] 李海芹．客户关系管理．3版．北京：北京大学出版社，2023.
[17] 王艳萍，张为，周道．客户关系管理．郑州：郑州大学出版社，2022.
[18] 黄芳．客户关系管理实务：微课版．2版．北京：人民邮电出版社，2022.
[19] 李瑞丽，杜茜，沈婧，等．客户服务与管理．北京：清华大学出版社，2021.
[20] 丁雯，李婷．客户服务实务．5版．大连：东北财经大学出版社，2022.
[21] 许巧珍．客户服务与管理．北京：中国人民大学出版社，2021.
[22] 吕梁．客户服务与管理：微课版．2版．北京：人民邮电出版社，2024.
[23] 施志君．电子客户关系管理与实训．北京：化学工业出版社，2009.
[24] 王春凤，曹薇，范玲俐．客户关系管理．上海：上海交通大学出版社，2017.
[25] 李艳华，张莉萍，张杰．客户服务与管理．北京：中国人民大学出版社，2022.
[26] 杨叶飞，柳娟．客户服务与管理．北京：中国人民大学出版社，2024.
[27] 杜慕群．管理沟通．3版．北京：清华大学出版社，2018.
[28] 袁年英，邹德军．客户服务与管理：微课版．西安：西安电子科技大学出版社，2024.
[29] 何冯虚，郭玉金．客户服务与管理．北京：高等教育出版社，2022.